传播与中国译丛
新闻·新技术·公共生活

主　编 ◎ 陆　晔
执行主编 ◎ 李红涛　白红义

跨越国界的规范

一种新闻观念的批判性反思

[澳] 史蒂文·马拉斯 (Steven Maras) ◎ 著
丁方舟 ◎ 译　　陶文静 ◎ 校

中国传媒大学出版社
·北京·

图书在版编目(CIP)数据

跨越国界的规范：一种新闻观念的批判性反思/(澳)史蒂文·马拉斯(Steven Maras)著；丁方舟译.--北京：中国传媒大学出版社，2023.9
(传播与中国译丛.新闻·新技术·公共生活)
ISBN 978-7-5657-3153-2

Ⅰ.①跨… Ⅱ.①史…②丁… Ⅲ.①新闻学—研究 Ⅳ.①G210

中国版本图书馆CIP数据核字(2022)第016559号

Copyright©Steven Maras 2013
本书简体中文版专有出版权由Polity Press授予中国传媒大学出版社。未经出版者书面许可，不得以任何形式抄袭、复制或节录本书中的任何部分。
著作权合同登记号 图字:01-2022-7083

跨越国界的规范:一种新闻观念的批判性反思
KUAYUE GUOJIE DE GUIFAN:YIZHONG XINWEN GUANNIAN DE PIPANXING FANSI

著 者	[澳]史蒂文·马拉斯(Steven Maras)
译 者	丁方舟
校 译	陶文静
责任编辑	唐 颖 于水莲
封面设计	拓美设计
责任印制	阳金洲

出版发行 中国传媒大學出版社

社 址	北京市朝阳区定福庄东街1号	邮 编	100024
电 话	86-10-65450528 65450532	传 真	65779405
网 址	http://cucp.cuc.edu.cn		
经 销	全国新华书店		
印 刷	北京中科印刷有限公司		
开 本	880mm×1230mm 1/32		
印 张	11.75		
字 数	254千字		
版 次	2023年9月第1版		
印 次	2023年9月第1次印刷		
书 号	ISBN 978-7-5657-3153-2/G·3153	定 价	52.00元

本社法律顾问：北京嘉润律师事务所 郭建平

目 录

- 总　序 / 1
- 中文版序 / 5
- 译者序 / 9
- 致　谢 / 15

- 引言 / 001
  - 客观性作为一种跨越国界的规范
    - 准则？ / 006
  - 定义客观性 / 009
  - 为什么新闻客观性很重要？ / 013
  - 一个不受欢迎的道德试金石 / 018
  - 出发点 / 021

- 第一章　新闻客观性何时兴起？为何兴起？ / 026
  - 新闻客观性的驱动因素 / 027
  - 新闻客观性产生的年代：
    - "舒德森—席勒"问题 / 045
  - 结　论 / 067

- 第二章 对新闻客观性的主要反对意见有哪些？/ **069**
    价值观 / 070
    科学主义的新闻与空洞的事实 / 073
    客观性是带有偏见和不负责任的 / 075
    对信息源的依赖 / 077
    框架盲症 / 078
    客观性作为矛盾的术语和危险的
      神话 / 082
    客观性作为一种旁观者的新闻：
      倾向附着性新闻 / 087
    真理和现实的本质 / 088
    本然的观点 / 092
    结　论 / 096

- 第三章 为什么"事实"引发了这么多争议？/ **098**
    哲学的使用和滥用 / 098
    把事实和真相放在一起 / 101
    事实和沟通问题 / 114
    分离理论 / 118
    "后现代主义" / 120

- 第四章 为新闻客观性辩护的依据是什么？/ **124**
    一致性条件 / 124
    解释的理由 / 127

事实性的理由 / 127

形而上学的理由 / 129

程序上的理由 / 133

"立场" / 136

"实用"的理由 / 139

结　论 / 142

- 第五章　客观性是一个被动的过程还是一个主动的过程？ / 145

  基于"减法"的客观性 / 147

  "加法"式的客观性 / 149

  关怀性新闻 / 150

  解释性报道 / 152

  重新评估麦卡锡时代的解释性报道 / 155

  结　论 / 165

- 第六章　客观性能否与政治或伦理承诺共存？ / 168

  事实、价值观和世界 / 170

  作为伦理和意识形态承诺的客观性 / 172

  报道批判性的反主流文化 / 174

  有关怀的记者 / 181

  参与式记者和公众议程 / 184

  战争新闻的客观性 / 189

  客观性和看门人角色 / 193

  公共或公民新闻 / 199

  结　论 / 206

- 第七章　在 24/7 新闻和在线新闻时代，客观性
　　　　正在发生改变吗？ / **207**
　　　　有线电视、卫星和变革的挑战 / 211
　　　　新闻的福克斯化 / 214
　　　　重塑 BBC 的客观性 / 217
　　　　半岛电视台 / 220
　　　　新闻博客和公民新闻 / 227
　　　　结　论 / 239

- 第八章　客观性是一种普适的新闻规范吗？ / **240**
　　　　客观性作为一种规范 / 243
　　　　跨国主义、规范和社会条件 / 246
　　　　客观性标准在多大程度上被美国
　　　　　以外的国家采用？ / 250
　　　　结　论 / 268

- **参考文献 / 272**
- **索　引 / 324**

总　序

　　二十世纪六十至七十年代,伴随着以新闻编辑部为核心的组织化新闻生产规范化程度的提升,以及以电视为代表的大众传播媒介对社会生活日益深刻的影响,在世界各国媒介社会学领域,诞生了一大批基于经验研究的卓越新闻生产社会学理论成果。其中多部经典著作在初版三十年之后引进中国,如盖伊·塔奇曼的《做新闻》(初版1978年,中译本2008年)、赫伯特·甘斯的《什么在决定新闻》(初版1979年,中译本2009年)等。这些著作在中国的"理论旅行",嵌入中国新闻传播学科的本土语境,与中国新闻业在社会主义市场经济蓬勃发展引领下改革创新的理论反思和业务实践相互激发,无论对于搭建学科知识地图还是推动原创性经验研究并与国际学术同行展开交流和批评,都起到积极作用。

　　近年来,信息与传播技术(ICT)革命和以全球化、数字化、移动互联网为标志的新传播形态,极大地挑战了大众传播媒介的组织化新闻生产逻辑。

在线新闻媒体、移动社交平台、短视频平台,各类新型新闻生产和传播模式的快速演化,社会大众从新闻受众到新闻用户的转变,颠覆了传统的新闻生产流程,从新的维度激活和维系社会公共生活,生产出有关数字时代"何为新闻""新闻何为"的全新理解。就像2017年3月,著名科技文化前沿期刊《连线》封面报道聚焦"危机中的新闻业",八篇文章围绕上述主题展开讨论,"新闻业危机"话语一度成为学界和业界的焦点。

21世纪初以来,新一代媒介社会学者围绕数字时代新闻学的理念和实践,展开了扎实的经验研究,力图从对新闻学相关重要理论概念在移动互联网时代的反思和数字新闻生产实践两个维度,批判性地发掘、拓展、阐释新技术环境下新闻和新闻业之于当今世界风云变幻的理论意义与现实价值。这套《传播与中国译丛——新闻·新技术·公共生活》可以说是欧美数字时代新闻生产社会学研究最新成果的集中呈现。

与十多年前引进二十世纪六七十年代美国新闻生产社会学经典著作不同,这套丛书所选的著作与过往相比,翻译引进的时间差很小。这些学术专著所关注的议题,无论是对新闻学核心概念的理论反思,还是对数字新闻生产实践的经验阐释,无不具有强烈的当下性和前沿性,既是对新技术时代"新闻业危机话语"的回应,也强烈地预示着全新的数字新闻业的前景。其中,戴维·莱夫在传统新闻业"日薄西山"的当口踏入田野,记录美国新闻业如何适应变化、求得生存。当然,莱弗的出发点和民族志的焦点仍然是传统媒体机构的新闻编辑部。C.W.安德森则将眼光转向一整座城市,浓墨重彩地呈现出费城新闻生态系统的演变和都市新闻业再造的轨迹。在系统的实证研究之外,本译丛还收录了三种"纯理论"著作,它们立足数字时代,分别对公共性和客观性这两个"古老"概念和公民见证这个"年轻"概念做了历史性、比较性的梳理和阐释。这些理论和实证著作,不仅有助于我们理解现在,也有助于我们想象新闻、新技术与公共生活的未来。

这套丛书的译者和译校,皆为目前国内新闻传播学领域的优秀中青年学者。他们接受过系统的学术训练,理论功底扎实,具有丰富的经验研究积累,在各自的研究领域尤其是新闻社会学相关领域,都完成过有较高学术价值的原创性研究成果。译者的专业素养,加上试译、译校等翻译把关程序,务求让这批著作以可信的面貌呈现在中国读者面前。更重要的是,从翻译开始,我们希望开启并推动积极、有效的学术批评和学术对话。

我们也希望这套丛书能从新技术场景下新闻与社会生活的关系出发,勾连、回望、对话新闻学研究的历史和经典,激励新一代学者立足移动互联网时代中国新闻传播实践的丰富样态,发展出既有现实针对性又有理论阐释力的原创学术成果,为中国和世界留存一份我们的思考,就像波兰诗人米沃什的著名诗篇:"书籍将会站在书架上,此乃真正的存在……书籍比我们持久。"

执行主编　李红涛
白红义
主　　编　陆　晔
2021 年 8 月 23 日

中文版序

在我接受教育的知识界,写一本关于客观性的书并不是一个理所当然的选择。我接受的是后现代怀疑主义文化的训练,这种文化受到法国哲学以及英澳文化与媒介研究的影响。然而,本书的诞生源于这样一种想法:越来越多的信息通过媒介传递给公民,这些信息需要谨慎处理。在我看来,为了理解如何负责任地传播公共信息,我需要分析新闻客观性的历史,这是19世纪末和20世纪初出现的最重要的信息伦理形式之一。

本书的另一个重要意义与媒介实践和专业人士对这一理念的理解有关。"客观性"是一个被广泛使用的术语,它产生于哲学和科学领域。在处理文化价值问题的时候,客观性受到了一系列立场和意识形态的质疑——要么拒绝它们,要么以支持中立的理想将它们边缘化。但是,价值问题并不简单,而且似乎总是会被反复提起,并以不同的方式影响着新闻从业者的工作,如通过超然、歪曲、透明、准确、诚实等理念。这些复杂的术语通过"报道新闻"或"实事求是"等看似简单的短语持续影响着我们的讨论。正是从这一角度出发,我不仅对捕捉有关这个术语的不同"哲学"争论感兴趣,而且对新闻从业者和新闻学者对新闻客观性的看法也很感兴趣——他们所理解的新闻客观性可能与科学客观性不同。由此,本书不打算作为支持或反对客观性的宣言,也不是一篇哲学论文,而是对新闻业界和新闻学界关于客观性的不同论述和有时相互冲突的观点进行考察。

对于中文版的读者来说,了解这部著作的一些背景可能是有用的。认识论和新闻实践之间的复杂交集影响了我与莱利亚·格林(Lelia Green)合作撰写的第一篇关于这个主题的文章,这篇文章是在美国"9·11"事件之后写的,这一高度感性的事件检验了无偏见客观性理念的有效性(Green & Maras, 2002)。它还影响了后来我与乔伊斯·聂(Joyce Nip)合著的一篇关于20世纪初中国客观性规范的论文(Maras & Nip, 2015)。我们发现,第一本中文手册宣扬了一种新闻理念,它被认为是一种客观性的形式,但更重要的是,它试图论证一种创新性的新闻理念。"客观性"被认为是将事实与意见分开的基础。我很谦卑,希望这本译作以自己的方式,成为这个正在进行的思想旅行的一部分。毫无疑问,关于中国教育机构教授客观性的方式以及学界对客观性的理解,还有很多可以研究的议题。

自从本书首次出版以来,与假新闻、错误信息(misinformation)和种族报道等相关的问题进一步影响了客观性。事实和意见之间的界限变得越来越模糊。女性主义研究、批判性种族研究、第一民族研究等一系列领域都在呼吁从文化视角重新审视客观性,并呼吁建立更适合复杂多变的全球政治、身份认同和价值观世界的新闻模式。这往往会转化为对客观性的批判。然而，本书鼓励读者超越对这个词的肤浅拒绝。客观性规范并不总是代表一种有问题的、空洞的或"无由来的观点"，而是可以作为一种工具，通过对一系列视角的考察和对社会秩序矛盾的仔细分析来实现"客观性的最大化"。

在写作本书的过程中，我想报答一份知识上的恩情，它来自一群在传统上被归于"媒介社会学"阵营的学者的著作，其中包括迈克尔·舒德森（Michael Schudson）、丹尼尔·席勒（Daniel Schiller）、盖伊·塔奇曼（Gaye Tuchman）、赫伯特·甘斯（Herbert Gans）和詹姆斯·凯瑞（James W. Carey）等。他们对客观性作为一种社会和行为规范而不是抽象概念的好奇心给我带来了很大的启发。

杰里米·伊格尔斯（Jeremy Iggers）那句令人难忘的话"客观性可能已经消亡，但余烬尚存"捕捉到了当下流行的观点。然而，"客观性"一词如今虽然较少出现在新闻职业道德规范中，但这一事实并不意味着我们应该停止积极讨论客观性规范以及对其的重塑。事实上，在学术会议上和公众的想象中，客观性仍然经常被提及，这一规范可以通过其他术语来理解，比如公正、公平和偏见。随着多元观点和错误信息的浪潮不断高涨，我们可以有把握地说，人们对以事实为导向的新闻和信息的兴趣相较于观点而言并没有消失。

在本书的研究过程中，我一直坚持的想法是客观性有可能是很难达到的，但应该努力去达到。虽然这对某些人来说是一种安慰，但这样的表述还是给个体新闻从业者造成了沉重的负担，而我们知道这在很大程度上要取决于展开媒介工作的文化组织以及媒介机构的价值判断和它们希望向公众提供的信息质量。

令人惊讶的是，在本书之前，并没有试图考察该领域文献的学术著作。回顾文献，我发现客观性确实受到了批评，只是不同时期的不同批评者出于不同的原因给出了不同的批判。正如传播学者詹姆斯·凯瑞所言，客观性报道的惯例可能是为了"报道另一种文化和另一个社会"而发展起来的，但围绕这个术语持续不断的批评和对话突出了新闻业的重要性，以及我们对世界上正在发生的事情有更多了解的文化渴望。

史蒂文·马拉斯

2022 年 9 月

参考文献

GREEN L，MARAS S. From impartial objectivity to responsibility affectivity：some ethical implications of the 9/11 attacks on America and the war on terror[J]. Australian journal of communication，2002，29(3)：17-30.

MARAS S，NIP J Y M. The travelling objectivity norm：examining the case of the first Chinese journalism handbook[J]. Journalism studies，2015，16(3)：326-342.

译者序

新闻客观性究竟意味着什么？对新闻从业者来说，它是一种跨越国界的规范吗？对新闻学者来说，它又是一种不言自明的新闻理念吗？本书作者史蒂文·马拉斯（Steven Maras）正是带着这些疑问展开了讨论。在他看来，新闻客观性其实是"历史的产物，并与特定的文化型构过程以及新闻从业者对自身的专业抱负联系在一起"。作者认为，虽然美国的新闻模式时常被视为全球最知名的客观性新闻模式，但这样的观点无疑带有"种族中心主义"的色彩。因此，本书并没有把美国模式作为代表性样本，而是将其当作一个特殊案例，同时将讨论范围扩大到美国以外的地方，进而考察嵌入不同国家文化中的多元范式。这也就意味着，本书把新闻业视作一种跨越国界的专业，把客观性视作一种在不同文化中拥有不同制度化路径的实践，进而在跨国视角与各国不同的新闻文化视角之间取得一种平衡。

而在学界,客观性一直都是一个存在争议的概念。媒介社会学和新闻学领域的许多学者都讨论过客观性,但是很少有像本书这样专门讨论客观性的著作。本书的创新之处就在于将客观性这一概念重新"历史化和情境化",通过梳理重要文献和关键议题,对不同时期、不同流派学者围绕客观性展开的讨论进行审视和批判。作者首先通过文献梳理,从价值、流程、语言这三个方面对客观性进行了定义。在价值层面上,新闻的客观性可以关联到三个核心目标:一是把事实和评论区分开来;二是不将情感涉入新闻呈现中;三是追求公正和平衡。在流程层面上,新闻客观性包括提供对立的、平衡的观点,使用支持性证据,通过引用来确认出处等。在语言层面上,客观性成了一种语言游戏,用以建构新闻业的权威形象,说服公众新闻提供的事实信息值得信赖。

综合上述三个层面的定义,本书把新闻客观性定义为一个"概念—综合体",即一个用于构思、定义、安排和评估新闻文本、新闻实践和新闻机构的通用模型。所以从某种程度上来说,我们可以说新闻客观性是一个国际公认的但又与具体情境相关联的概念,但作者也敏锐地捕捉到了一个事实,那就是从全球范围而言,新闻业对客观性的强调已经大不如前,在许多国家为新闻从业者设立的行业自律准则里,客观性甚至没有再如过往那样作为一项核心的准则被提出,而是代之以准确性、公正性、可信性等相关概念。当然,这并不意味着客观性已经成为一个过时的道德试金石,而是说明全球新闻业对这一理念的批判与反思,以及试图代之以更为准确或适用的概念的努力。在中国情境下,我们在中华全国新闻工作者协会2019年修订的《中国新闻工作者职业道德准则》中仍然可以找到客观性原则,但它被置于真实、准确、全面这三大原则之后,这也印证了作者所言的客观性在不同的新闻文化中有着不同的制度化路径。这种全球比较视野可以帮助我们更好地在不断变迁的新闻生态环境中反思和实践客观性理念。

本书的章节是以研究问题的形式设置的,每个章节考察一个不同的研究问题。在对客观性进行了定义后,本书的第一章首先展开了历史梳理,考察了新闻客观性是何时兴起的以及为何会兴起的问题。美国案例在这一章中被当作一个特殊案例加以讨论。在美国的新闻客观性原则何时兴起这个问题上,两位知名学者——迈克尔·舒德森(Michael Schudson)和丹尼尔·席勒(Daniel Schiller)有着不同的见解,舒德森认为它出现于20世纪20年代,席勒则认为它出现于19世纪30年代。在综合前人成果的基础上,本书把新闻客观性的兴起分为三个历史阶段,第一阶段是19世纪晚期,客观性作为民主现实主义认识论出现;第二阶段是1880—1990年,客观性作为以新闻从业者为中心的职业或机构伦理出现;第三阶段是20世纪初,客观性作为一种信息伦理出现。关于美国新闻业为何会追逐客观性这个问题,作者总结了四个主要的影响因素,包括新闻报道的专业化、技术进步引发的新闻模式国际化以及新闻机构的商业化和去党派化。

第二章总结了新闻客观性的主要反对意见,包括新闻的选择性和价值观、科学主义、信息源依赖以及真理和现实的本质等。第三章从哲学层面探讨了客观性的几个相关概念，如事实与价值、现实主义、实证主义、经验主义等，试图厘清事实之所以如此重要的原因。第四章梳理了对新闻客观性进行辩护的一些依据。正如作者所言，因为我们了解自身的主观性弱点，所以才要保持对客观性的追求。第五章讨论了客观性究竟是一个被动还是主动的过程。作者指出，客观性是一种适应性的规范，可以容纳不同的观点。第六章讨论了客观性是否能与政治或道德承诺共存。作者认为，客观性虽然经常与公正、超然、无涉价值观的判断等联系在一起，但仍然可被视为政治与道德承诺的一种形式。第七章考察了数字新闻时代客观性理念的变迁。作者发现，新闻客观性的概念一边在被摒弃、挑战和修改，一边也在被捍卫和重塑。其中，透明性、参与性、卷入性等新要求正在成为数字时代用户对媒体表现的期望以及信息伦理的核心价值观。第八章讨论了新闻客观性是否能成为一种跨越国界的新闻规范。作者的观点是，这种可能性当然存在，但仍要取决于具体情境中的政治制度、媒介体制以及新闻文化。

不难发现，本书作者把客观性视作一种规范性理想，这也是长久以来新闻学研究的核心路径，那就是从伦理角度考察新闻实践的应然规则。在此基础上，作者从媒介社会学、哲学、历史学等视角切入，考察了学界对客观性理念的理解与批判。同时，作者也认为，客观性作为新闻业的一种实然操作，不可能凌驾于历史之上，而是历史化和情境化的，它在各国不同的新闻文化中有着不同的实践路径,并且不断随着新技术的发展与新闻生态系统的变迁而变迁。因此,本书的意义就在于对建构客观性的历史化和情景化过程进行回溯,帮助读者了解新闻业界何以在各种因素的影响下对新闻实践的好与坏进行重新定义,新闻学界又如何对客观性理念的意涵展开对话与争鸣,进而推动新闻理论的创新和新闻文化的变革。

作为译者,我想感谢本书作者史蒂文·马拉斯教授的理解与支持。在我们通过电子邮件进行的交流中,我能感受到他对这本著作的珍视,感受到他想通过这本著作向媒介社会学领域一系列知名学者致敬的拳拳之心,以及他想向中文读者分享自己的学术思想并激发学术讨论的谦卑态度。感谢本套译丛的执行主编白红义教授,他在译稿的策划、编辑与修改过程中提供了许多诚挚的帮助。感谢中国传媒大学出版社的编辑老师在译稿付梓出版前各个阶段的辛勤工作。本书的翻译过程较为仓促,其中不免存在许多错漏之处,还望诸位读者多多指正。

丁方舟

2022 年 9 月

致　谢

　　我希望本书能致敬所涉的许多研究人员、作者、历史学家以及客观主义实践者和批评者的努力。这个项目受益于许多人的付出，我对他们表示感谢。

　　在美国"9·11"恐怖袭击和反恐战争之后，我对客观性的兴趣变得严肃起来，这段时期以各种方式检验了这个概念的适用性和相关性。在我早期的思考中，莱利亚·格林（Lelia Green）是一位很有价值的合作者。2008 年，我在悉尼大学（University of Sydney）的研究休假期间将自己的想法整合成了一份读书计划，在此期间，我从克里斯·弗莱明（Chris Fleming）那里得到了有关哲学问题的宝贵意见。理查德·斯坦顿（Richard Stanton）是我决定与政体出版社（Polity Press）接洽的明智顾问。梅根·勒马苏里耶（Megan Le Masurier）和马克·布伦南（Marc Brennan）认真阅读了初期草稿，并给出了非常深思熟虑的评论。我的其他部门的同事,尤其是佩妮·奥唐(Penny O'Donnell)和安东尼奥·卡斯蒂略(Antonio Castillo),给了我很多宝贵的建议和鼓励。还要感谢最初提案的三位匿名审稿人给予了我宝贵的鼓励和指导。

2009年,海蒂·兰菲尔(Heidi Lenffer)提供了由文学、艺术和媒体研究计划支持的有效的研究经费。在结项阶段,尤其是在2011年的科研休假以及2012年年初的结稿阶段中,我受益于媒体与传播系等部门同事的鼓励和投入。非常感谢我的院长安娜玛丽·杰格斯(Annamarie Jagose)和系主任杰勒德·高根(Gerard Goggin)在稿件撰写过程中给予的支持。约翰·奥卡罗尔(John O'Carroll)、蒂姆·德怀尔(Tim Dwyer)和安妮·邓恩(Anne Dunn)都对不同的章节草稿发表了评论。菲奥娜·马丁(Fiona Martin)在客观性、透明性、专业主义和新媒体方面提供了宝贵的指导。梅根·勒马苏里耶就如何将这项研究中不同的历史和理论方面融合成更具可读性的形式提供了不可或缺的建议,也十分感谢她"随叫随到"式的编辑支持。彼得·弗雷(Peter Fray)花时间从实践者的角度对几个关键章节进行了精辟的评论。俄勒冈州立大学的比尔·逻各斯(Bill Loges)对其中的两章给出了一些很有价值的评论,包括我在《纽约时报》和福克斯新闻频道的案例中对客观性、伦理和新媒体态度进行讨论的部分。还要感谢两位匿名的审稿人对第二稿的精辟评论和建设性的批评。

本书的写作获得了悉尼大学图书馆工作人员的巨大支持,特别是文献传递部门的工作人员,感谢金·威廉姆斯（Kim Williams）、菲利帕·史蒂文斯（Philippa Stevens）、理查德·布莱克（Richard Black）、约翰·吴（John Wu）、法律图书馆员帕特里克·奥马拉（Patrick O'Mara）和格兰特·惠勒（Grant Wheeler）在时间压力下作出的重大贡献。哈佛大学尼曼新闻基金会（Nieman Foundation for Journalism at Harvard University）负责尼曼报道的编辑助理乔纳森·塞茨（Jonathan Seitz）提供了慷慨的支持。还要感谢纽约公共图书馆参考档案管理员塔尔·纳丹（Tal Nadan）的帮助；感谢《编辑与出版人》杂志执行主编克里斯蒂娜·阿克曼（Kristina Ackermann）以及堪培拉国会大厦众议院（House of Representatives）文员助理（委员会）办公室的塔玛拉·帕尔默（Tamara Palmer）。特别感谢保罗·查德威克（Paul Chadwick）协助查阅有关澳大利亚广播公司和客观性的过往及当下的关键文件。

和其他许多书一样，本书是在履行行政和教学职责、照顾家人和朋友、匆忙往返于日托中心和理疗中心的间歇中完成的。特别感谢贾斯汀·佩恩（Justin Payne）和特西·潘（Tessie Phan）在2011—2012学年的支持和鼓励。自2006年以来，我有幸与媒体、法律和伦理学专业的学生讨论了本书中的许多主题。从某种意义上说，本书是为他们而写的，是与他们对话。我不仅得益于政体出版社编辑和制作人员的专业素养，还特别得益于安德里亚·德鲁根（Andrea Drugan）耐心、睿智和严谨的编辑工作。

如果没有我的伴侣特丽莎·里索（Teresa Rizzo）的

支持,本书是不可能写出来的。她阅读并评论了最后的草稿,而且在很长一段时间里,她在很多方面照料了这个项目和我。感谢我的儿子卢克·马拉斯(Luc-Xuhao Maras),感谢他的耐心。本书是献给我的父亲托米斯拉夫·马拉斯(Tomislav Maras)的,他热爱精彩的学术和政治辩论,并鼓励我解决与广大公众有关的问题。

引 言

在媒介和新闻领域,很少有概念像客观性报道这么具有争议性。客观性(objectivity)传统被认为是"美国新闻业最伟大的成就之一"(Barth,1951:8),以及"盎格鲁-撒克逊媒体从政治权威中独立出来以后新闻业最重要的发展"(Brucker,1949:269)。有研究发现,直到 20 世纪 90 年代,美国新闻业都是"以客观性报道为基础的专业新闻业的忠实信徒"(Donsbach,1995:30)。对有些人来说,客观性是良性新闻业的黏合剂,是"自由主义民主制社会中新闻从业者所持新闻专业理念的基石"(Lichtenberg,1991a:216)。而对另一些人来说,客观性是一种欺骗,一种模糊不清的文化,一种带着资本主义或国家偏见的所谓中立立场;它旨在推动一种有关外部真相或理想的信仰,这种真相其实并不存在,而是只取决于个人立场。由此,客观性被描述为一种神话和一种口号(Bell,1998a:16)。它可以被视为一种生机的根源,一种高尚的准则,抑或仅仅是一种对准确性的追求。

新闻从业者本身也意识到了客观性以及对客观性的追求有多难（Myrick，2002：52）。他们也许会说，"当然，没有人可以真正做到客观。但我们会尽量保持公正"（Rosen，1993：49；Rosenthal，1969）。因此，如果说新闻客观性是一种理想，那么，它也是一种复杂的理想。如何追求一种永远无法达到的理想呢？这是否意味着这种理想没有价值，抑或它真的代表了新闻从业者的终极美德？

理解新闻客观性理念的一条路径是认识到这种理念（实际上是对这种理念的追求）是历史的产物，并与特定的文化型构过程以及新闻从业者对自身的专业抱负联系在一起。我们将在本书的各章节中讨论这些型构过程。无论对客观性理念的评价是正面的还是负面的，客观性都是讨论新闻业与媒介时的一个重要议题，也因此值得更多深入的考察。

在新闻学研究以及媒介与传播学研究中，客观性是一个核心概念。研究新闻客观性的主要文献也是媒介社会学与新闻学领域中的经典文献，包括迈克尔·舒德森（Michael Schudson）、詹姆斯·凯瑞（James W. Carey）、盖伊·塔奇曼（Gaye Tuchman）、丹·席勒（Dan Schiller）和赫伯特·甘斯（Herbert Gans）等人的作品（这只是其中一小部分）。这方面的文献涉猎广泛，使用的研究方法和概念涵盖历史学、社会学、政治哲学、组织学、媒介述行性分析等领域，更不用说来自新闻学本身的经验材料与分析。此种广泛的研究分布或许说明了为什么我们需要一本专门研究客观性的著作，从而对学界的相关文献以及这一领域的主要研究困难与研究问题进行梳理。本书旨在填补这一空缺,并审视和评估这一丰富而多样的学术领域中的一些关键性议题。

与此同时,对媒介专业人士和从业者(从电视主播到博客博主)来说,客观性也是一个关键概念。许多知名人士都曾因他们在实践中遇到的困难和担忧而谴责或维护过客观性理念。在此又呈现出另一种断裂:即使是在业界,也很少有对客观性概念的充分讨论。如果我们不能从哲学和历史的维度出发,则很难理解这个概念被确立的过程以及它所允许的实践范围。很少有从业者能展开这种思考。也只有少部分学者会把客观性视作媒介实践的一个重要方面以及一种深刻反思的对象,比如芭比·泽利泽(Barbie Zelizer)就把新闻从业者视作一种阐释共同体(1993;参见 Reese,1990)。但至今,我们仍然不能就阐释共同体何以在短期和长期的意义上定义了客观性提出一种权威性解释。

虽然新闻学研究已经发生重要的学术化转向(Zelizer,2004),但不同时代的专业人士与学者围绕客观性展开的讨论仍然没有被深入探讨和比较过。正如马丁·康博伊(Martin Conboy)所建议的,我们可以在话语意义上考察新闻客观性(2004:4),但这样的讨论至今仍未全面展开。现有的讨论陷入了从某个特定方面放弃、肯定或重构客观性理念的泥沼,使得客观性在学者与业界的复杂讨论中给读者留下了一个过于简化的印象。

一方面是学界没有把客观性置于讨论中心并将理论与实际联系起来,另一方面是业界缺乏理论视野。要克服这两方面的分歧,我认为,我们需要重新梳理不同学者对客观性的讨论,同时加深学界与业界之间的对话。要把学界和业界连接起来是一项不容易的任务,因为许多学者通过实践来提出深刻的洞见(更不用说他们自身作为从业者的经验),而许多从业者则从熟练的技能中提取哲学和理论意涵,两股力量都产出了大量成果。在此情境下,我将使用一种特殊的研究方法,那就是梳理核心的概念和研究问题,并将它们与来自专业人士的重要讨论连接起来,从而在视客观性为一种媒介实践形式的基础上提出理论洞见。

有关解释性以及解释性报道的讨论,尤其是麦卡锡时代以来美国新闻实践者的讨论将成为重点;然后我将对这一时期解释性报道与客观性报道的关系展开讨论。许多媒介历史学家专门探讨过客观性及其起源的问题,另外一些学者则无意于将客观性的概念历史化,而是特别关注后麦卡锡时代语境中"直接"的客观性何以被认为是被动而无效的。从20世纪50年代的美国开始,新闻客观性与民主协商过程之间的正相关性开始受到质疑:客观性成了许多人认为的问题的一部分,而非解决方案的一部分。20世纪50年代公民权利与废除种族歧视运动[Davis,2005;Methvin,1975(1970)]、20世纪60年代的社会运动潮[Gitlin,2003(1980)]、20世纪60年代与20世纪70年代越南战争的报道与处理(参见Hallin,1986)以及20世纪80年代的公民参与下降(Merritt & Rosen,1998),进一步给客观性理念及其相关的规范性蒙上了阴影。过往五十年媒介所有权的集中化(Ferré,

2009:21),加上互联网开启的多元讨论与合作空间,又加深了这种批评。当然,我认为,20世纪50年代以来我们对客观性的评价已经受到"解释并非总是准确的"这一观念的影响,由此也使客观性被放置在一种结构化的被动位置上。对客观性的几次批评浪潮都吸收了上述有关客观性与解释性的观点,并且总是重复类似的讨论模式。

接下来,我将一边作为具有批判性的读者调侃学界讨论的一些关键议题,一边作为引导者开启各种不同议题的讨论,例如客观性的起源、事实的现状、客观性报道中价值的地位、解释性报道、"新媒体"的影响以及作为一种国际性规范基础的客观性理念等。作为一个具有批判性的读者,我的任务是梳理重要的文献和主旨,并将客观性这一概念历史化及情境化。我将类似于一个勘探者,在现有和被遗弃的领域以及研究的"片段"中淘金。事实上,我追寻的"矿井"是由一小部分有关新闻客观性的文献构成的;我将有意识地选择这些文献,在不同的章节中不止一次地提到它们,由此把不同的研究立场连接起来,并进行比较和对照。

而作为一个引导者,我的目标是在学界文献中挖掘隐藏的或新颖的研究路径,并将范围缩小至更为专业的讨论中。为了完成这一目标,本书的每个章节都将聚焦一个关键问题,这类问题既是本领域的新人如学生经常提出的,也是研究客观性的学者所关注的。这些问题也将被关联到新闻从业者的讨论中。事实上,本书处理的每一个问题都可以在读者所在的具体国家进行不同的考察。在提出问题的过程中,我不会给出简单的"是"或

"否"的答案,而是会考察不同议题以及不同研究者对这些议题的回应。

客观性作为一种跨越国界的规范准则?

5 　　我的主要目的是分析、解构并情境化新闻中的客观性概念,但客观性也是一种在不同文化中拥有不同制度化路径的实践。在此,我们将遇到两个主要的问题。

　　第一个问题是如何跨越不同的文化来分析"新闻客观性"。在我们把新闻业当作一种跨越国界的专业来加以讨论时,客观性始终是一个核心的(纵然是有争议的)议题。这一规范正面临全球意义上的重构(Ward,2011)。然而,新闻客观性并非在不同国家同时兴起,也并非出现在同样的条件下。在某些国家,它甚至从未兴起,或者只是受到了来自跨文化交往或扩散的影响才会在当地兴起。客观性在不同国家有不同的讨论方式。斯图尔特·艾伦(Stuart Allan)认为英国的中立报道理念是隐含式的,而在美国,客观性则被奉为专业标准(2010:44)。美国的客观性理念伴随着报纸的发展而兴起,并将效率、科学与专业化视为重点(Vos,2012:436)。相反,在英国、澳大利亚以及某种程度上的加拿大,公共服务广电频道是体现客观性规范的重要场所。这就导致其客观性背后的动因或要素等具有极为明显的区别。

　　艾伦将新闻客观性视作一种具有独特的可识别的跨国家规范(2010:28),通常与其他规范(如中立性)相关联,或被替换为以平等作为特征的公正性原则(参见

Allan,1997:309),从而解决了分析跨文化语境中新闻客观性的问题。虽然强调各种经济、政治、科技因素的重要性,但艾伦指出,记者对专业精神的呼吁和第一次世界大战后对偏见的质疑是客观性报道得以广泛传播的关键因素。本书将追随艾伦的观点,把新闻客观性视作一个国际公认的又与具体情境相关联的概念。本书还将考察有关客观性的各种观点,并仔细检视这一规范在不同文化语境中的运作(参见第八章)。

第二个问题是美国的案例是否应作为特殊案例的问题。鉴于去西方化媒介与传播研究的重要性,这一问题显得尤为突出(Curran & Park,2000),但也有必要对美国案例进行具体的分析,尤其是在认识到其复杂性的基础上分析客观性理念在美国的发展。美国的客观性模式可能是"迄今为止全球最知名的专业主义模式",然而,对客观性的批评加上对美国新闻业"本族中心主义"的谨慎考量,使得任何将美国视为代表性样本的做法都带有政治色彩(Josephi,2007:302)。

就像我所引用的学术文献一样,本书将试图在跨国家视角与各国的新闻文化视角之间取得平衡。然而,这项任务并不简单。重点在于认识到西方新闻业并不存在一个单一的范式,而是囊括了嵌入在不同国家文化土壤中的多元范式(Berkowitz & Eko,2007:779-80)。也有人批评这种把客观性提升为"普适原则"的做法(Josephi,2007:302)。尽管如此,围绕美国新闻客观性展开的讨论经常被用作理解美国以外客观性发展的范例。由此,我们不仅可以看到客观性在历史上和文化上的差异,同时还可以探索由英裔美国人发明的这一客观性理念的过程(Chalaby,1996:304)。以此作为参照,加拿大(Hackett & Zhao,1998)、澳大利亚(Peterson,1985)、法国(Chalaby,1996)和英国(Allan,1997)等国的客观性研究虽然强调各自公共领域与制度结构的差异,但也都以在美国兴起的客观性作为重要的分析框架。

美国的这一案例很复杂。一方面,19世纪美国的新闻标准可以追溯到它的英国和欧洲起源(参见 Dicken-Garcia,1989:34)。另一方面,英国便士报模仿了19世纪30年代在大西洋对岸的美国同行形成的大规模发行量策略(Allan,2010:34-5)。毫无疑问,在美国语境中思考客观性的霸权式状态(以及更普适的新闻学研究)影响了其他地方对客观性的讨论;并且,由于这构成了一种"规范",使得这种影响既是普适性的,又是规范性的。

当我们试图展开有关客观性的研究时,总会有一种倾向,即聚焦美国这一在20世纪的大部分时间里吸引了大量学者和专业人士关注的案例。虽然对多个国家客观性的发展进行充分的比较分析是可取的,但我们不仅缺乏做这种研究需要的历史与研究方法基础,同时还存在概念上的问题,尤其是我们如何研究规范及其扩散,以及如何在不同的文化背景下评估客观性的实际效果或影响(参见第八章)。本书对这一问题的回应是把客观性新闻视作一种跨国性规范。作为这一方法的一部分,美国将被处理为特殊案例,这意味着需要深入研究在美国背景下起作用的各种力量。本书还将利用美国案例来梳理更具广泛意义的核心问题。虽然不可能满足每一位读者的需求,但我会将讨论范围扩大到美国以外的地方,在可行的情况下引入其他国家的案例和讨论,并使得本书提出的主题具有更为深入的探讨空间。

定义客观性

对客观性最为简洁的描述可能来自沃尔特·克朗凯特(Walter Cronkite):客观性是在尽量不掺杂偏见和个人意见的情况下对现实或事实的报道方式(转引自Knowlton,2005b:227)。然而,正如许多客观性的定义一样,这一定义也有一些"脱线的地方",一旦被扯断,就有可能把整件衣服扯开。为什么克朗凯特要用对现实的报道来补充事实的报道?所谓的"尽可能接近"是什么意思?——信息源、理解、沟通?定义新闻客观性并非易事。作为一个具有"内在模糊性"的术语(Tumber & Prentoulis,2003:215),每一个有关客观性的定义都依赖客观性应当如何运作这一基础。在本书中,我的目的并不是为新媒体时代提出一种新的客观性概念,我也不是要为新闻客观性进行辩护。事实上,本书旨在对作为理论与实践的客观性的多种模型与框架进行考察,以期为更审慎地讨论这一概念创造空间。本书考察的是不同时期新闻客观性被定义的不同方式。随着讨论的深入,如何定义的问题将不可避免地变得更为复杂,但是在此我们还是可以先下一个基础的定义,它包含客观性的三个层面:价值、过程和语言。这一定义之所以是"基础的",并非因为它是最简单的(事实上,任何一个层面都可以细细推敲),而是因为它捕捉到了新闻客观性的核心层面,即使并非每个相关学者或批评者都关注到了这三个层面。

在价值层面上,我们可以追随埃弗里特·丹尼斯(Everette E. Dennis),把新闻客观性联系到三个核心目标上:

(1)把事实和评论区分开来。
(2)不将情感涉入新闻呈现中。
(3)追求公正和平衡……(Dennis & Merrill,1984:111)

这一表述也得到了迈克尔·舒德森的认同,他认为客观性"引导记者将事实与价值观区分开来,只以冷静而非情绪化的语气报道事实,努力公正地报道事实的每一个主要方面"(2001:150)。这符合客观性中以无利害关系或非个人化方式叙述事件的理念,也符合中性与平衡的原则。

客观性显然是多面向的。因此,一方面,它常常以一系列术语来表达,如不偏不倚、中立、准确、公正、诚实、致力于真理、去人格化和平衡。另一方面,它也强调在报道新闻时不带偏见或倾向性,准确地描述现实,陈述要点,公平无私等(参见 McQuail,1992:184)。有些人则进一步把事实呈现与现实的镜像反映联系起来。客观性的确可以在语义上有多种解释。在席勒看来,客观性是"多义词",有多种可能的含义,应对不同的定义保持开放。他告诫我们,这种开放性使得我们很难捕捉这个概念,"作为一个通用理念,它可能会掩盖在应用和解释方面的公开差异"(1981:196)。这也说明了为何我们不能对客观性做出终极定义,以及这样的讨论为何还会不断延续。

然而,重要的是要认识到,客观性不仅在价值层面上起作用,而且在程序层面上也起作用。杰里米·伊格尔斯(Jeremy Iggers)认为,价值和程序并非总是同时起作用,"有许多新闻从业者在流程上践行客观性,却根本没有认识论意义上的信念感"(1998:92)。也就是说,新闻从业者并不需要以认同客观性理念作为哲学基础来实践新闻客观性。在流程层面上,客观性包括提供对立的、平衡的或替代性的观点,使用支持性证据,通过引用来确定出处,并最终将故事组织成熟悉的新闻格式(Miraldi,1990:16; Kessler & McDonald,1989:21-3; Ward,2004:18)。这些流程对客观挖掘真相十分重要,但与此同时,实践中也会因新闻机构不同而呈现出差异。

新闻客观性还有第三个重要层面,这一层面可以说是最不为人所理解的。它与客观性形成"语言游戏"的方式有关。学者们从不同角度讨论过这种语言游戏,但他们都指出了新闻客观性与再现事件、事实和细节的特定策略之间的关系。例如,杰伊·罗森(Jay Rosen)强调了客观性作为一种"说服形式"的运作方式,"它试图说服该账户的所有可能用户,该账户可以信任,因为它是未经修饰的"(Rosen,2010a)。在文体上,它符合事实,而不是观点。它是一个符号系统,旨在给人一种权威和信任的印象,特别是在核心描述和核心信息方面,如谁、什么、什么时候等。

席勒从另一个角度处理语言游戏。他认为,客观性至少从 20 世纪中期开始就被理解为是一个无形的框架,通过这个框架,故事独立于报道者而存在(1981:1)。这个术语描述了一种复杂的传播情况,即记者是在报道新闻而不是创造新闻。这种情况是媒体凌驾于公共、政治领域的"争论"和冲突之上的核心观念(Kaplan,2002:169;参见 Hackett & Zhao,1998:143;Iggers,1998:109)。

所有新闻都是建构出来的,并受到话语惯例的规制。正如席勒所描述的:

> 一个无形的框架将新闻报道作为一种特殊的公共知识以及一种大众认识论中的关键范畴。新闻报道一再声称,至少理想情况下,它们在不受价值判断或符号影响的情况下叙述事件。新闻是……关于现实的报告,因此不只是故事,而是事实——就是这样。(1981:2)

这个看不见的框架不是用来被看见的,也不是用来被打破的。事实上,席勒认为它掩盖了"常规的存在,从而掩盖了新闻模式的结构"。这个框架是根据对"外部"世界的承诺来定义的,在这个世界里,事实存在于外部,独立于观察者。因此,它与许多客观报道所追求的"现实效应"(Barthes,1986)一起,构成了支持客观性报道的一个重要方面。

然而，这种交流情况的另一个方面是，无形的框架使读者期望一份报道将"在读者处激发起一种中立、公正的反应"(Noyes,1953)。这种反应很难被明确定义，而且会因文化视角的不同而存在很大差异。然而，如果违反了这一原则，就会冒犯到一种公平感，并引发不公平、不平衡和偏见。读者应该自己判断真相。然而，读者的公平感与文体和格式有关，而文体和格式本身取决于读者的熟悉程度甚至习惯。所以，尽管客观性习惯性地与新闻呈现的倒金字塔形式联系在一起，但一篇极端印象主义和解释性的报道就可以满足客观性目标，"如果读者知道新闻是如何呈现在他面前的"(Noyes,1953:63)，准确性问题可以与真实性问题相调和。这就解释了为什么20世纪70年代的新记者能够以"一种奇怪的客观性"开展工作(Wolfe,1973:66)。

虽然席勒认为客观性在应用和解释上是多种多样的，但这三个方面——价值、程序和语言——构成了新闻客观性广泛而基本的定义。考虑到这三个方面，我们可以建议把它定义为一个"概念—综合体"，即"一个用于构思、定义、安排和评估新闻文本、新闻实践和新闻机构的通用模型"(Hackett & Zhao,1998:86)。

为什么新闻客观性很重要？

鉴于学者和专业人士对新闻客观性的激烈讨论及其复杂的历史，另一个问题出现了：我们为什么要关心新闻客观性？总的来说，有四个重要的原因。

客观性之所以重要的第一个原因与政治和政府有关。关于新闻业与民主之间的关系以及新闻业的角色,人们已经写了很多文章——其中很多都存在争议。然而,对斯蒂芬·沃德(Stephen J. A. Ward)来说,"客观性是负责任的新闻媒体为公众利益进行新闻传播的基本准则",是反对威权主义和蒙昧主义的堡垒(2004:321,318)。正如席勒所指出的,"客观性具有普适性的意图,它对基于平等获取事实的公共理性的关注,蕴含着深刻的民主承诺"(1981:181)。

20世纪20年代,沃尔特·李普曼(Walter Lippmann)将新闻、民主和客观性直接联系起来,他在《自由与新闻》(Liberty and the News)一书中写道,"当前西方民主的危机是新闻业的危机"。他注意到,一些关于世界事务的问题正在产生,这些问题需要不容易获得的事实作为支撑(1920:4-5)。他提出的解决方案的一部分就是客观性。李普曼强调"公众和个人的理性判断都依赖于客观性,与客观性信息失去联系是危险的"(1920:57)。他提倡围绕"客观取证的理想"进行新闻培训(1920:82)。李普曼的论点指出了在社会中提供公正信息的重要性,界定了客观性曾发挥重要作用的一个关键方式(作为个人观点形成的依据),同时指出它将继续发挥重要作用。

客观性之所以重要的第二个原因与"媒体权力"有关,这个词的意思不仅仅是"媒体的力量",我将在几个方面使用它,包括媒体"做"某些事情的能力、它对社会的影响力(有些人会说"这言过其实了"),以及行业不同部门之间的权力斗争。媒体权力描述了媒体和新闻业如何占据其领域,如何与公众话语的想象产生关联,以及如何通过客观性来促进或控制公众话语。

权力也在专业标准的水平上运作。每一个标准都依赖于或被定义为一个被贬低的"骇客"工作领域。然而,专业和骇客之间的界限很难确定。长期以来,客观性一直与从耸人听闻的"黄色"新闻向"体面的"新闻转向联系在一起。但这一运动可以被视为媒体圈更深层次权力斗争的一部分。关于客观性的历史研究在这里是至关重要的,因为它揭示了客观性与商业主义和大众媒体之间的联系,并为所谓的"受人尊敬的"和"大众化报刊"之间的勾连提供了一个更全面的图景。

即使在今天,品质媒体与小报之间的冲突仍然发生在皮帕·诺里斯(Pippa Norris)所谓的"媒体抑郁论"(media malaise)框架中,其中大众媒体与道德沦丧联系在一起(2000:5)。他们忽略或淡化了历史上客观性与商业性小报之间的关系(参见第一章)。然而讽刺的是,19世纪三四十年代围绕便士报展开的恐吓战术与"道德战争"(Pray,1855:264)存在于对客观性报道与煽动性报道的讨论中。

客观性之所以重要的第三个原因与媒体表现有关。正如安迪·塔彻(Andie Tucher)所指出的,"显然,人们希望媒体显得客观。最好的证明就是他们经常抱怨说事实并非如此"(1994:202)。在面对这些对这一概念的批评时,"围绕客观性和中立性展开的努力是很重要的"(Glasgow University Media Group,1976:xii)。20世纪40年代,新闻自由委员会(更广为人知的名字是哈钦斯委员会)曾表示,"如实地报道事实已经不再足够。现在有必要报道关于事实的真相",这是以客观性不仅是一个目标,而且是一种信条的辩论为背景的(Siebert et al., 1956:88)。"客观性"是目前维基百科网站评估的一个常用标准。丹尼斯·麦奎尔(Denis McQuail)在他的著作《媒体表现》(*Media Performance*, 1992)中把衡量客观性作为一项核心任务。他指出,尽管这一概念存在争议,但客观性"因其实际益处而受到新闻受众的重视,因为它是可信度和可靠性的关键,是公众评估媒介表现时的重要标准"(1992:183)。

在被称为"媒体表现"分析的媒体研究领域,客观性被视为一种核心的传播价值,有助于定位不同行动者的公共利益诉求(1992:28)。麦奎尔提醒我们,客观评价的困难之处,既与观众的期望有关,也与媒体的现实表现有关:这使得"将客观性作为现实表现的评估标准本身就不够客观"(1992:191),并解释了为什么"准确性"和"公正性"等其他术语正在取代它。后者被认为是可以直接测量的,允许研究者把非常难考察的组织与文化因素放在一边。他认为客观性作为一个标准有一个"模糊的立场"。他写道:

> 客观本身只能通过指标来评估,评估的指标各不相同。所有的研究程序都要求对优先次序、业绩标准和指标的选择作出价值判断。只有在另一套价值观(我们自己的价值观或我们采用的价值观)所设定的严格限制下,才能对客

观性进行"客观评估"。(1992:236)

评估媒体表现发生在定义和界定的"文化背景"中。然而,尽管客观性的地位"模棱两可",但对许多人来说,在讨论媒体的责任和问责制时,客观性仍然是一个关键概念。

客观性之所以重要的第四个原因与道德规范有关。伦理的一个重要方面是价值判断,特别是在选择新闻来源和应用"新闻价值观"方面。虽然客观性通常被描述为确保价值判断不会干扰故事本身(White,2000:390),但客观性也作为一种判断形式发挥作用。这种判断不仅指新闻是如何处理和被认为是具有新闻价值的,还指一些事件或事实被认为属于或不属于"新闻"范畴。因此,这些判断关系到新闻记者如何构建他们的"新闻网络",如何在事实和流言的网络中导航(Tuchman,1978)。当然,有些事实很难核实,这可能导致各方提出一系列有争议的主张,而这些主张都不具有权威性。判断不仅要看事实和真相之间的关系,还要看事实以及故事的形式或势头。错误的判断可能会导致"隐形框架"的交叉,即记者将自己植入故事中,甚至成为故事中的"参与者"(政治记者的职业风险)。

道德规范还涉及读者、记者和新闻机构之间的"契约"(Fray,2011)。加拿大广播公司监察员威廉·摩根(William Morgan)认为,"客观""平衡"和"公平"其实只是词语,"没有一项是容易界定、保证甚至实现的"(1992)。然而,他提醒我们,在关于语言的争论之下,与规范有关的问题更为重要。他将客观性与所谓的"规范理想"联系起来,这与记者如何塑造他们的工作以履行他们对组织、报道对象、读者和观众的责任有关。雅普·范·金内肯(Jaap van Ginneken)认为这是客观性的一个重要方面,"对客观性的观念……总是与特定的受众观相关"(1998:43;参见 Kieran,1997:46)。

毫无疑问,正如我们将在下一节中看到的那样,虽然客观性可能曾经被定义为可信性,但今天,客观性伦理作为一种新闻规范或标准却引发了争议。但这并不是说它对我们没有任何规训,或者没有用(鉴于它仍然得到广泛的公众认可),或者确实不能被重新塑造成一种有意义的道德规范。事实上,如果说新闻客观性是特定时空的产物,其核心是以信息的生产和消费以及公共利益作为出发点,在作者和读者之间产生了某种紧密联系,那么似乎这种性质的紧密联系在信息以光速通过无数网络传播的时代仍然至关重要。在 19 世纪末和 20 世纪初,新闻业的客观性是对一系列技术、经济、文化和社会问题的回应。虽然这些问题可能出现了一些变化,但我们仍然可以把客观性视作某种发明创造并从中得到很大的收获,这种发明创造可以指导我们解决我们这个时代的技术、经济、信息、话语和文化问题。

一个不受欢迎的道德试金石

任何关于新闻客观性的研究都面临着一个困境,那就是这个术语很少被编入法律或规章。客观性目前在监管领域不是一个流行的概念,它"作为道德试金石的角色更是不如过去那么安全"(Overholser,2006:11)。沃德指出,在加拿大新闻从业者协会(Canadian Association of Journalists)2002年重新起草守则时,客观性并没有被作为一项准则或指导原则提出,而是代之以准确性、可信性、公平、独立等相关用语(2004:251)。这是因为这些术语更方便通过调查、经济和政治研究或内容分析进行评估和度量。

于1998年最近一次修订的《英国新闻工作者全国联盟守则》(Code of the UK National Union of Journalists)没有纳入客观性准则(National Union of Journalists, 2011)。直到1973年,美国职业记者协会(Society of Professional Journalists)才从美国报纸编辑协会(American Society of Newspaper Editors)1926年版的准则中借用客观性概念。现在被取代的1973年法典在序言中包含了客观性概念,宣称"责任要求记者以智慧、客观性、准确性和公平性履行其义务"。在第四部分"准确性和客观性"中,除了在第一条中声明"真理是我们的最终目标"以外,守则还在第二条中指出:

> 新闻报道中的客观性是另一个目标,这是一个经验丰富的专业新闻人士的标志。这是我们为之奋斗的标准。我们向那些取得成就的人致敬。(Society of Professional Journalists, 1973)

尽管客观性在1984年和1987年的两次修订中得以保留,但1996年9月的修订还是将其代之以一个更为广泛的对专业完整性的承诺与信念:"追求真理并报道它:记者应当诚实、公平、勇敢地收集、报道和解释信息"(Society of Professional Journalists,1996)。

尽管于1984年和1999年进行了修订,但澳大利亚新闻工作者协会(Australian Journalists' Association,AJA)的道德准则(于1992年并入媒体、娱乐和艺术联盟)中从未出现过客观性。在澳大利亚,唯一对客观性进行规定的是澳大利亚广播公司(Australian Broadcasting Corporation,ABC)(参见第八章)。英国广播公司(BBC)2006年的《皇家宪章和协议》中并未注明客观性要求,虽然它曾出现在恐怖主义报道的编辑语言使用指南中(BBC,2011b)。

17　　波兰媒体工作者在1995年发布的《媒体伦理宪章》(Media Ethics Charter)中接受了"客观性原则","这意味着作者独立地依照自己的观点来描述现实,确实地呈现多元立场"[Polish Journalists' Association (SDP) et al.,1995]。在南非,1993年《独立广播管理局法案》(Independent Broadcasting Authority Act)第153号(2002年修订)在第七部分第三条中对政党选举广告和政治广告做了规定,"任何广播机构在转播有关选举的新闻或时事节目时,应以公正和客观的方式公平地对待涉入各方"。尽管如此,它还是引起了争议,因为它被认为与西方的媒体自由观点有关,也因为在种族隔离时期,它被用来诋毁黑人记者的报道(参见 Mazwai,2002;BBC *Monitoring*

Africa,2003；Harber,2003)。

艾伦认为,"客观性"和"公正性"等概念的含义在历史上是特定的,因此,每一个概念也随着这些力量在公共领域的变化而继续演化。艾伦主张,随着电视真人秀和"资讯娱乐"节目的兴起,"客观性"和"公正性"作为公共服务伦理指导原则的终结可能很快就会到来(1997:319;参见 Turner,1996)。然而,伊格尔斯认为,"说客观性的终结可能为时尚早"(1998:91)。在我们将客观性托付给道德准则墓地之前,我们应当注意到,其他可能更适合当时法律环境的术语,例如公正性,需要与客观性共同发挥作用。的确,日内瓦·奥弗霍尔泽(Geneva Overholser)也注意到了诸如责任等伦理概念的重要性正在增加(2006:11)。这些术语既可以用来支持客观性规范,也可以作为客观性规范的"监管面"发挥作用。

出发点

新闻客观性研究的出发点对相关研究具有重要的影响。当然,出发点有许多。你可以从哲学或编辑室实践开始,也可以从偏见或"事实"开始。你可以用"伟人传记史"的方法来关注编辑创新,或者关注社会进程,也可以从编辑和发布者的角度出发,或者通过记者的经验来考察这一主题。你可以把注意力集中在纽约的大都市报纸上,也可以把目光集中在小城镇的报纸上。你可以从该领域权威性的学术研究开始,也可以从专业领域的激烈辩论开始。进入这个话题的不同方式可能令人困惑。

事实上,本书的不同章节代表了进入新闻客观性话题的不同方式。有些关注历史,有些关注哲学或伦理。读者可以按照他们所选择的顺序阅读这些章节。例如,一些读者可能会选择在详细考察历史之前,先从对客观性的反对和辩护的章节开始。其他人则将受益于在考虑其他章节之前有一个更深层次的历史背景。

首先要指出的一点是,我拒绝对客观性和主观性做简单的二元划分。在新闻报道中谈论客观性通常会导致对主观性的讨论。从某些方面来说,转向主观性是一个好主意。它提出了与客观性直接相关的问题:中立、观察、感知和经验。然而,这种二元划分将客观性和主观性置于过于简洁和静态的对立中,从而限制讨论,导致一个看似必然的结论:客观是不可能的,因为我们都是主观的和有偏见的。这样将会导致无法以更为复杂的方法来接近新闻客观性的概念,包括它的起源和历史、背后的哲学和制度以及它与实践的关系(参见 Nolan & Marjoribanks,2006)。

我注意到的另一个出发点是客观性本身的概念。本书将清楚地聚焦新闻客观性,但事实是,"广义"的客观性是一个强大的文化理念,它植根于西方科学和启蒙运动的基础之上。事实上,这个更广泛的客观性概念的确切含义仍在争论之中。客观性作为一种理念,在哲学、科学(Daston & Galison,2007)、法律(Kramer,2007)、历史(Novick,1988),当然还有新闻学等多个领域都有着广泛的影响。客观性作为一种"不带知识痕迹的知识",带有一种"盲视、没有推理、没有解释、没有智慧"的特征

(Daston & Galison,2007:17)。

然而,在特定情境中对客观性本质的细致考察可以产生重要的洞见。有趣的是,在17世纪,"客观性"和"主观性"这两个词实际上有着相反的含义。"'客观性'指的是事物呈现给意识时的样子,而'主观性'指的是事物本身"(Daston & Galison,2007:29)。洛琳·达斯顿(Lorraine Daston)和彼得·盖利森(Peter Galison)在他们对科学客观性的研究中,把客观性描述为"盲人视角",在这种视角中,客观性是一种知觉,同时也是一种"道德",这种道德致力于保护有可能以真理名义被抹去的工艺或变异。因此,盲人视角本身并不是目的,而是一种关注细节和对象特征的方法。客观性作为一种"认知美德",用他们的术语来说,以知识形式出现的客观性与真理或确定性并不相同,而是一种研究伦理本身,一种防止错误假设和过滤器的安全卫士,一种肯定真理和变异价值的东西,并由此约束着科学家的行为。

如果说"经典的"科学客观性追求一种"没有偏见或技巧、幻想或判断、希望或奋斗"(Daston & Galison,2007:17)的知识,那么,新闻客观性则建立在关注公共利益和"故事"的基础上,强调事实与意见的分离,或在某些时候关注政治中立。支撑这些的是关于民主话语和公共利益的戒律。任何关于新闻客观性的研究都应努力研究是什么使这些形式的客观性与众不同。

客观性在新闻报道中是一个难以把握的概念,这不仅是因为客观性的历史悠久,而且还因为它与诸如偏见和公正性等其他因素密切相关。在接下来的章节中,我将追溯客观性在新闻业中的特殊地位和发展,以及它何以超越了所谓的客观偏见"范式"(Hackett,1984)。客观性通常是在讨论偏见和平衡时被提出的,但并不总是用它本身的术语来展开考察。正如盖伊·斯塔基(Guy Starkey)所坚持的那样,偏见和平衡是"相互排斥"的术语,"简单地说,平衡就是没有偏见,偏见就是没有平衡"(2007:xvi)。平衡需要客观性,"客观意味着无论出于何种动机,都不过分强调某一表象的某一部分,从而歪曲它"(Starkey,2007:xvi)。偏见通常被认为是不利于客观的——尽管客观本身也被认为是有偏见的(Glasser,1992;McQuail,1992:191)。然而,这个矩阵某种程度上代表了客观性的一维观点,即从新闻选择、呈现流程、道德行为规范和专业意识形态等方面来加以探讨。从媒体实践的角度来看,偏见和平衡可以说不是相互排斥的,相关事实的工作和各方不同观点的陈述都是同一过程的一部分(参见 Iggers,1998:93)。本书将追随罗伯特·哈克特(Robert A. Hackett),试图超越偏见"范式",使客观性本身成为考察的对象(1984:253)。

　　本序章试图总结有关新闻客观性的一系列论点和观点,这些论点和观点来自一个广阔的研究领域,同时也是一个非常迷人和有益的研究领域。本书的读者可能会发现它的不同寻常之处在于,尽管借鉴了批判理论,但它并没有简单地斥责客观性。虽然我不否认批判理论可以提供一个立场,从而合理地反对客观性。但事实上,我在下文中讨论许多对客观性的批评,但我的主要目的是通过对主要文本和辩论的讨论,将新闻的客观性概念历史化和情境化。在这样做的时候,我不仅试图更客观地看待这一概念和实践,而且也试图批判这一概念和实践,以便突出差距或尚未解决的问题。我还研究了一些捍卫和改造客观性的方法。我想要展示的是,在新闻业中,客观性不仅是一种被谴责或受到保护的哲学,它还定义或实现了对世界产生影响、影响报道性质并塑造记者职业基础的知识。在不同的情况下,客观性都以不同的方式构建,并开启了(或关闭,视情况而定)媒体实践的不同可能性。

术语说明:由于在历史、文学、法律和社会科学中都有客观性概念,所以我在本书中将其称为新闻客观性。我使用这个概念,而不是"客观性报道"的概念,首先是因为报道的概念有它自己的历史,其次是因为客观性问题超出了研究报道的特定领域。

第一章 新闻客观性何时兴起?为何兴起?

要理解新闻客观性,也许没有什么问题比它的起源更重要了。新闻客观性的起源不能追溯到某一个"神奇的时刻"(Schudson,2001:167)。媒介历史学家已经拒绝所谓"伟人"版本的历史,质疑了对单一起源的迷恋(Winston,1999)。然而,"客观性产生的原因和时间是什么"仍然是一个基本的语境问题。如果没有这个问题,我们对新闻客观性的理解将与历史和文化失去联系。然而,无论是在推动客观性发展的因素层面,还是在客观性兴起的年代界定方面,起源问题都是一个具有挑战性的问题。本章梳理了围绕这两个核心问题的争论。

以下内容广泛借鉴了詹姆斯·凯瑞、迈克尔·舒德森和丹·席勒的著作,他们是美国研究客观性的一些代表性历史学家。本书也结合了斯图尔特·艾伦在《新闻文化》(*News Culture*,2004)中的重要讨论;还有史蒂夫·沃德的《新闻伦理的发明:客观与超越之路》(*The Invention of Journalism Ethics:The Path to Objectivity and Beyond*,2004)、理查德·卡普兰(Richard L. Kaplan)的《政治与美国新闻界：客观性的兴起(1865—1920)》(*Politics and the American Press：The Rise of Objectivity* (1865-1920)，2002)、杰拉尔德·百德丝(Gerald J. Baldasty)的《19世纪新闻业的商业化》(*The Commercialization of News in the Nineteenth Century*，1992)，以及罗伯特·哈克特和赵月芝(Yuezhi Zhao)的《维持民主？新闻与客观性政治》(*Sustaining Democracy？Journalism and the Politics of Objectivity*，1998)，所有这些都涉及类似的研究问题，即使它们的研究项目不同，但这些问题都是深入的，而且往往是有分歧的。

新闻客观性的驱动因素

新闻客观性是由多种因素综合而成的。要对这些因素进行全面考察，就需要关注引言中详细讨论的两个关键问题：在跨文化语境中研究新闻客观性的困难和如何处理美国案例。

关于新闻客观性在美国乃至世界范围内的发展，人们提出了几种不同的观点。在艾伦(2010：28)和舒德森(1978)等人研究的基础上，本章讨论的主要论点与专业化、技术、商业化和政治有关。没有一个论点可以成为主导性的叙事，所有这些论点都曾受到质疑，或有待进一步研究。这些论点带有普遍性、决定性和抽象性特征；从这个意义上说，它们都是有局限性的。尽管如此，它们仍然有助于形成一个更广泛的图景，帮助我们了解在新闻客观性发展过程中发挥作用的各种力量。

在接下来的讨论中,我的重点将放在美国案例上,媒介历史学家已经对这个案例进行了深入探讨,但每一个"驱动力"都指向更广泛的研究轨迹,这些轨迹可以用来对新闻客观性进行更广泛的分析,而不受国家背景的影响。应该强调的是,我并不是在倡导一种观点,即客观性是上述任何一种特殊力量的"必然结果"(Schudson & Anderson,2009:92)。相反,考察不同的论点可以让我们了解影响新闻客观性的复杂力量,并探索它们之间的相互作用。

专业化论点

这一论点认为,新闻报道的专业化是客观性产生和发展的一个关键因素。因此,它与最佳实践(good practice)的标准以及新闻业的地位相联系。专业和专业化本身就是一个很大的研究领域。迈克尔·舒德森和克里斯·安德森(Chris Anderson)曾考察既有文献,绘制了一幅重要的学科方向图。他们从基于"特质"的研究,试图确定记者是否是基于知识基础和专业领域的专业,转向着眼于"记者试图把自己变成专业人士"的条件和环境的研究(2009:90)。

有关专业化的论证常常局限于19世纪末和20世纪初美国主要城市的新闻报道状况(参见 Baldasty,1992:89)。当记者认为自己是专业人士时,就开始需要一套适用的专业模式,客观性进而发挥了关键作用(Janowitz,1975:618)。"最佳实践"建议记者陈述事实,最好涵盖问题的所有方面,让读者自己判断(尽管对于这是否代表最高专业表现标准存在分歧)[Carey,1997(1969):138]。

客观性是通过专业化而产生和发展的,这一论点很有说服力,因为它不仅有助于解释现代新闻业的性质,而且有助于解释它所处的环境。专业化被认为是围绕客观性进行辩论的先决条件,也是辩论的目标。专业化论点的另一个强有力的方面是,它突出了职业和行业如何提升节操(integrity)的问题:它使我们能够以进步主义的伦理术语(如美德、标准和卓越)来考量客观性。它使我们能够关注教育问题,也适用于作为理想的客观性概念(Schudson,1978)。

凯瑞在下面的论述中提供了专业化论点中最为有用的特征之一:

> 在快速工业化时期,客观性报道成为美国新闻业的信条。最初,这种新闻形式的发展基于纯粹的商业动机:大众报纸需要在不疏远任何重要受众群体的情况下,为政治上不同的受众服务。这种做法显然始于通讯社……这种以商业为基础的报告战略后来被合理化,成为专业能力和专业责任意识形态的准则。[Carey,1997(1969):137-8]

要为"政治背景各异的观众"提供服务,就需要一种全新的商业方式,(对凯瑞来说)这种方式后来被合理化,成为专业人士的理想型(参见 Bennett,1988:123)。

为什么要重复强调这一点?凯瑞指出,在 19 世纪末,记者主要是在学徒制度下接受培训的,报道被视为一种交易。专业化是新闻工作者为提高地位、信誉甚至信任所做努力的一部分。专业化的回报可以被看作社会的,也可以被看作企业的。客观性标志着新闻工作者的工作在组织上的独特性和高度发展性;新闻是特殊的,不同于广告(广告本身就是一种新闻)。客观性在这种工作环境中产生,被描述为一种契约:它是一种"交易",在这种交易中,"记者获得独立,作为交换,他们放弃了自己的声音"[Rosen,1993:48;参见 Hallin & Mancini,2004:221;Gans,1979:183;McDonald,1975(1971):69]。

经过大学的训练,新闻工作者对科学价值有了更多的欣赏和认识,并形成了对事实的崇拜(Schudson,1978:68)。客观性在当时席卷了许多学术领域,用社会科学的术语来证明新闻业是有吸引力的,因为它是获得制度合法性的一种手段(Beasley & Mirando,2005:184)。新闻学院的出现巩固了对事实和科学的重视以及新闻新模式之间的联系。正如凯瑞所说,"客观性报道的惯例从19世纪90年代开始在大学中发展时就被制度化了"[1997(1969):138]。在独有的利益一致性基础上,媒体开始向公众展示如何认真改进实践,支持专业培训,制定伦理准则,而教育者试图通过关注新闻伦理满足记者需要的道德敏感与技术熟练(Ferré,2009:19;参见 Vos,2012)。以这种方式,客观性被快速地追随,既作为一种描述这个专业的方式,同时也表明了实践者和教育者共同的兴趣点。

专业化理论的好处之一是,它将客观性与更为广泛的社会变革联系在一起:首先,它与詹姆斯·凯瑞所称的

"传播革命"联系在一起;其次,它与专业的崛起联系在一起。相对于前者,凯瑞认为这是"商业和流行文化的一场革命,它重组了艺术、信息和文化得以利用的基础"[1997(1969):129]。这导致了全国性媒体和"大量"受众的崛起,但也出现了一种被凯瑞称为"专业传播者"的"新社会角色","专业的沟通者接受信息源的信息、想法和目的,并将其转化为一种象征性的策略,旨在告知或说服最终的受众"[1997(1969):133]。广告主管、公共关系从业者和新闻工作者都有资格成为专业传播者,尽管他们拥有不同程度的专业自主权和自由。

就专业的兴起而言,在19世纪90年代末到20世纪初的美国社会中,新中产阶级经历了大规模的专业化过程(Wiebe,1967:127;参见Bledstein,1976)。大学新闻教育的发展和专业协会的兴起进一步推动了专业化进程[Carey,1997(1969):136]。技能和被培养出的才智成为社会秩序的新基础。随着专业化进程的深化,亟须定义一个领域,并对这一学科拥有权威或控制权。

专业化论点的一个重要方面是,它既可以集中研究积极的影响,也可以研究消极的影响。事实上,凯瑞对专业化的描述之所以重要,正是因为他指出了专业化的负面影响。

> 重要的是要认识到,客观性报道的准则把记者变成了一个专业传播者,在一个为受众记录过往场景的传播链中,他们从一个独立的观察者和评论家变成了一个相对被动的环节。

[1997(1969):138]

对凯瑞来说,客观性对新闻工作的文风和解释工作产生了影响。他提到了一种"向下转换",即"角色被去智能化和技术化",变成一个纯粹的记者[1997(1969):137]。对客观性的妥协削弱了新闻从业者的独立性,使消息来源获得新的突出地位。这使得记者和政治以及企业权威之间形成了一种顺从的、技术性的"走狗"关系(Kaplan,2002:193)。对于丹尼尔·哈林(Daniel C. Hallin)和保罗·曼奇尼(Paolo Mancini)来说,北美盛行的专业主义形式对记者的自主权有着特别的影响。客观性在划定自主性的边界时起到了关键作用,而这在英国是无法复制的(2004:226)。

专业化论点有三个主要的弱点。首先是它的解释力。正如丹·席勒所指出的,"新闻专业主义不能充分解释业内公约的出现"(1981:3)。也就是说,商业、技术和政治因素对客观性的发展同样重要。

第二个问题由舒德森提出,即新闻业是一个"不绝缘的专业",缺乏其他职业用来保护其自治权的成熟的培训和社会控制形式。与医学或法律等职业不同,新闻业是一个很难在智力和实践上"封闭"的职业,而且它与客户和政治有着不同寻常的"公共"关系。这种"不隔绝"的特征影响着新闻业的专业地位,并不断使其专业抱负复杂化。

专业化论点的第三个问题是它倾向于把新闻业视作一个统一的空间:出版商、编辑和记者被认为具有或多或少同等的地位,而事实上这一"专业"的不同角色之间却存在话语权和协商能力的显著差异(Tuchman,1972)。道德准则的理想状态与记者和编辑的现实生活之间存在着巨大的潜在差距。在这方面,专业化论点需要对劳工政治进行更具批判性的解释。例如,理解20世纪30年代客观性与反对工会化和组织控制的斗争是如何联系在一起的,这一点很重要。这些条件"让出版商有理由推广客观性规范,即使他们几乎没有或根本没有发明这种规范"(Schudson,2001:163;参见 Morrison & Tremewan,1992:124)。哈林和曼奇尼强调,在这种背景下,"客观提供了一种控制记者的机制"(2004:221)。

技术论点

技术论点的支持者认为,技术是新闻客观性发展的一个关键性因素。技术一直是新闻工作中经常考虑的问题。正如艾伦所指出的,"在19世纪30年代使用蒸汽印刷机之后,1846年又引进了轮转式印刷机(Hoe rotary press),从而使报纸的大规模生产达到了前所未有的规模"(2010:35)。也许没有一项技术被赋予比电报更重要的意义,电报与我们对通信和地理的理解的转变、国家铁路系统的发展以及市场信息和商业新闻的传播密切相关(Carey,1989:201-30;Pray,1855:364)。电报诞生于19世纪40年代,最早的城市间电报实验可以追溯到1844年,其后电报迅速在新闻传播中占有一席之地。美墨战争(1846—1848年)促进了它的使用(Allan,1997:305),正如1946年美联社等新闻通讯社的成立一样。唐纳德·

肖（Donald L. Shaw）在对威斯康星州报纸进行的一项研究中指出，"越来越多强调公正地收集和报道新闻""越来越独立于政党控制"与"越来越多的电报新闻"倾向相互关联（1967:4）。

然而，技术论点还有另一个层面，即特别关注书面语言和新闻写作本身的形式。事实上，也许技术论点最有价值的方面之一是鼓励我们反思我们对新闻形式的理解（参见 Conboy,2010:137-8）。据推测，这些通讯社带来了一种精简、朴实的"客观"风格；一种没有地方特色、区域特色和口语特点的写作形式。这是可以理解的，因为每个字符的价格是一美分（Kielbowicz,1987:35）。通讯社使用事实性的、外延性的、功能性的语言，倾向于倒金字塔的形式。安德鲁·波万彻（Andrew Porwancher）认为，"由于电话、电报线路价格昂贵，而且经常在报道中途出现故障，记者们会优先传递最重要的信息，这样即使没有收到所有的报道，他们的报纸仍然可以刊登这些报道。编辑们也更喜欢倒金字塔的标准化格式，因为他们可以很容易地修改一篇文章"（2011:191）。

凯瑞认为，电报不仅改写了书面语言的性质，而且也改写了意识本身的性质（1989:210）。随着时间的推移，我们对事实的感觉与这种信息形式的语言联系在一起，我们主要通过这种"代码"来了解"事实"。因此，新闻语言变得标准化，也就是说，不同风格的报道和故事不再以同样的方式进入新闻，"通过将客观性和真实性提升为基本原则，便士报出版社放弃了将解释作为首要目标的做法"[Carey,1997（1986）:161]。这种风格有局限性：它限制了一个人在故事中表达观点的程度,或者像杂文家一样探索世界的程度(参见 White,2000)。它把解释和分析设定为独立的活动,这样做会抑制对故事中另类框架的反思,以及对意识形态、阶级或政治等因素的公开反思。

凯瑞的研究通常与技术论点联系在一起。虽然他不是一个直截了当的倡导者,但对新闻史、技术和传播的研究让他深入这个话题中。凯瑞强调,通讯社将地方、地区和口语从新闻中剥离出来,要求新闻更接近科学的或国际化的新闻模式。他有句名言,"因此,客观性的起源可以追溯到将语言的延伸空间拓展到西部联盟电报公司连线所及区域"(1989:210)。

对社会变化进行技术决定性式的解释存在风险;也就是说,它可能忽略了其他因素。人们可能会认为,通过新闻通讯社发送信息的速度将导致对及时信息的强调,即最新消息的强调。但正是便士报推动了报纸向每日新闻靠拢,并将时效性和突发事件作为卖点。此后,所有的新闻开始被当作股票行情自动报价机。正如凯瑞所言,"电报巩固了便士报发起的一切行动"[1997(1986):160]。不过,虽然我们应该保持对技术决定论的警惕——事实上有些人呼吁审慎对待认为客观性报道是电报与新闻通讯社使用程度增加的结果(Stensaas,1986:58)——但是技术论点强调了常常被忽略的组织安排,如记者成为仅仅提供事实的"特约通讯员",以及新闻报道量增加的问题[参见 Carey,1997(1986):160-1]。

对于技术论点我们应该提出一些警示。首先是关于技术的假设。早期的服务并不局限于电报,而是结合了快马邮递、公共马车和电报(Pyle,2005)。理查德·齐尔波维茨(Richard L. Kielbowicz)生动地将电报描述为"技术的交织错杂"(1987:34),"即使面对电报即时通信,相对原始的邮政服务作为新闻传播者仍然具有巨大的价值"(1987:26)。调度的语言可能根据一天的速度和时间而变化,从简单地删除"the"等常见单词到倒金字塔式叙事,再到实际上添加细节(Schiller,1981:5)。事实上,据说曾发出过带有偏见和错误内容的电报(Schiller,1981:4;参见 Sinclair,1919:150-75)。最重要的是,正如埃德温·舒曼(Edwin Shuman)在最早的一本新闻手册中所解释的那样,通过提供"遗漏的细节",通过想象细节,把贫瘠的公告变成文章,是那个时代被接受的新闻实践(1894:120)。换句话说,电报并不是在真空中出现的,也没有导致文体和格式的整齐划一。

第二个警示与将技术和合作采编协会的发展相混淆的风险有关。合作采编协会的历史和发展是复杂的(参见 Shaw,1967:9)。对埃德温·埃默里(Edwin Emery)来说,这些机构已经变成公正新闻标准化概念的"公分母"。其影响也体现在风格和新闻写作水平上(Emery,1972:465-6)。在这些无党派报道中,"客观性报道的概念发展到今天,一直贯穿于美国新闻业之中"(Siebert et al.,1956:60)。席勒对这一理论提出了异议,他认为电报服务被整合进新闻编辑业务中时,新闻编辑已经开始重视事实的准确性(1981:4;参见 Schudson,1978:5)。

当然,电报服务并不是唯一对新闻业产生影响的技术,尽管它们在客观性方面的文献中有着特殊的地位。需要特别注意其中的具体问题。在英国和澳大利亚,客观性是在无线电广播的背景下产生的(参见第八章),马丁·康博伊认为,"作为一种技术,无线电的即时性威胁到了对事实客观性的更大要求,而事实客观性一直在积聚可信度……在报刊新闻中"(2004:191)。在美国,电视新闻把新的重点放在客观目击者的描述上(McQuail,1992:186)。有人认为,广播电视新闻"增强了客观性",人们认为电视的非中介性(unmediated-ness)"可能为公众的期望注入新的活力,即新闻媒体可以成为世界上中立和客观的窗口"(Hackett & Zhao,1998:47)。

商业化论点

与技术论点密切相关的商业化论点把焦点放在新闻作为一种商品上。从广义上说,这一论点认为客观性是作为一种服务于广告客户的方式而发展起来的,这些广告客户希望接触到具有不同政治背景的受众[Carey,1997(1969):137]。支撑这一观点的一个关键问题是新闻机构中采编部门与经营部门之间的关系。

可以说,新闻始终具有商业元素,无论是从读者的兴趣出发,还是从商业周期和新闻业的一致性出发,"每天都有生意要做,有价格要公布"[Carey,1997(1986):158]。斯图尔特·艾伦借鉴尤尔根·哈贝马斯(Jürgen Habermas)关于资产阶级公共领域崛起的著作,强调"早期资本主义商业关系如何迫使新闻以一种远比政治期刊上的'新闻信函'更为公开的形式传播"(1997:298)。与新闻客观性相关的商业化争论的核心是,不要基于政治立场而冒犯或疏远读者。正如芭芭拉·菲利普斯(E. Barbara Phillips)所说:

> 让"事实自己说话"而不是提供事件的解释,可以避免争议,从而避免冒犯新闻(和广告)客户,这些客户可能会拒绝接受新闻(和广告)产品以及不需要解释。通过"坚持事实"和回避明确的解释,客观性模式下的新闻回避了这样一个问题:一个人的真相是另一个人的宣传。(1977:68)

由于商业化论点与报纸的偏颇性和党派偏向有关,因此可以认为它的命名是错误的。但强调商业化是为了关注市场和分销,尤其是广告。

虽然商业化论点似乎相对直接,但它是许多不同研究问题的中心。第一个问题与客观性和商业化或商业之间的关系有关,这不能用简单的二分法来解释。的确,客观性可以被视为新闻机构的商业战略问题和以更高原则超越利润动机的问题(参见 Ognianova & Endersby, 1996:3)。1986 年,《纽约时报》(*The New York Times*)编辑珀万撒(Porwancher)针对阿道夫·奥克斯(Adolph S. Ochs)的研究指出,客观性是"一个理想概念,用来伪装或促进媒体的物质利益,包括增加利润、广告、订阅量以及免受法律制裁"(2011:186)。在这里,与其说客观性是一种道德原则,不如说它是一种营销策略,"可信度是客观性的核心原则,《纽约时报》利用这种被感知到的特质来吸引广告商"(2011:190)。

商业化论点的重要性在于提醒我们,公正并非凌驾于商业之上,而是与商业战略紧密相连。罗伯特·哈科特和赵月枝认为,"在占主导地位的商业逻辑中,有许多分析上截然不同但又相互作用的力量——成本优化、同质化、无党派化、去政治化、消费主义、进步替代方案的边缘化、专业化和合法化——有助于构成新闻客观性制度"(1998:65)。因此,"19世纪的客观理想既是一种政治立场,也是一种商业需要"(1998:67)。

第二个研究问题与生产力因素对新闻业的影响有关。有了便士报,新闻机构需要一种可以将新闻当作商品来处理的方式来建构新闻,而且这种方式还要经济实惠。西奥多·格拉瑟(Theodore L. Glasser)通过关注效率的概念,将客观性与这种高度组织化的工业形式联系起来(1992:177)。实际上,客观性也可以从节约成本方面来考察。正如威廉·布兰肯伯格(William B. Blankenburg)和露丝·沃尔登(Ruth Walden)所指出的,"故事的解释力越强,记者采访期间的成本就越高。反过来说,客观性更便宜"(1977:594;Hackett & Zhao,1998:66)。也就是说,在资金、时间和人员的限制下,记者可以根据消息来源所陈述的内容进行报道,而不需要筛选成堆的证据或找出真相,也不需要成为某个领域的专家。客观性使新闻报道者不需要获得专家知识,也使新闻报道者更具有互动性(McQuail,1992:185)。

在所有论点中,商业化论点是对媒介历史知识要求最高的论点之一,特别是像市场这样的概念(Schudson,1978:58;Schiller,1981:9-10;Allan,1997:304),以及关于经济和政治活动不同阶段的知识(参见 Kaplan,2002:104)。纽约便士报的到来成为注意力的焦点,尽管都市日报被公认为只是"美国报纸中的一小部分"(Crawford,1924:3)。商业化不仅在历史研究中被使用,还被用来表明客观性是新闻媒体的重要方式,不仅创造效率,也通过定义中间立场来吸引和保持大众关注(Ognianova & Endersby,1996)。

政治论点

虽然在其他论点中,政治常常被当作一个次要的主题,但在新闻客观性研究中,政治本身也成为一个关键的主题。正如舒德森总结的那样,"由于美联社收集的新闻要发表在各种政治立场迥异的报纸上,它只有让自己的报道足够客观,让所有成员和客户都能接受,才能取得成功"(1978:4)。这是一个存在已久的说辞,从直接党派赞助转向商业媒体和客观性,同时,这种新闻的崛起也伴随着编辑力量的下降。(参见 Park,1923:283)舒德森提出"政治的概念在1880—1920年之间发生了变化"(2001:160),这一观点在美国新闻业的整体叙事中占据了重要地位。就像改革家们被批评具有党派立场一样,报纸也得以宣称独立于党派政治。

政治在研究客观性的其他方面也占有一席之地。"新闻管理"的问题一直很重要(Schudson,1978:164-6;2001:163)。公共利益是政治论点的另一个重要因素。

对席勒来说,"客观性的发展源于商业报纸挪用了一项重要的政治职能——对公共利益的监督"(1979:47)。

斯蒂芬·沃德赋予了政治一个独特的、几乎超越一切的角色。他探讨了客观性是如何从经济和其他因素中产生的,但并不是"可简化的"。他继续强调,客观性为新闻经营(business of news)提供了政治上的理由,即"为客观信息提供新闻报道"。他还将此与自由哲学联系起来,认为"思想的市场不仅需要思想的自由斗争,还需要客观的信息"(2004:193)。在他看来,"好的新闻是民主必备的技能之一"(2004:9)。

理查德·卡普兰的研究定义了一种不同的政治观点。卡普兰关注的是党派而不是商业媒体本身,在这一领域,他将客观主义的崛起描绘为发生在1865—1920年间。卡普兰的观点被认为是对新闻客观性(对他来说,即真正的公正性)崛起的另一种解释。他质疑商业论点和专业化论点是否充分,并认为"城市报纸市场的变化"和"记者对职业自主权和声望的渴望"都不能充分解释这一发展(2002:141)。

卡普兰提出了新闻改革的政治理论(2002:142)。为了做到这一点,他追溯了20世纪的党派新闻,而不是只停留在19世纪40年代那些冗余的前商业媒体。与其他评论家不同,卡普兰更深入地研究了党派之争是如何运作的。卡普兰研究的一个核心是,他探索了党派媒体与订户和读者互动的"仪式"层面。这不是一个简单的商业交易。

> 订阅者和期刊之间的关系并不仅仅是用匿名的金钱交换市场上的产品,而是作为一个政治团体的成员相互宣誓承诺和义务。特定的期刊是政治团体的机构,其任务是表达该团体的意见和利益。团结和认同的纽带将读者与他们的报纸联系在了一起。(Kaplan,2002:23)

卡普兰把19世纪的报纸看作"一个现存政治团体的表达器官"(2002:24),他给我们提供了一个更全面的党派报纸的图景。这里需要注意两个关键的相互关联的方面。首先,媒体在政治经验中发挥了关键作用,"在政党议题议程的构建和公民政治偏好的形成中发挥了核心作用"(Kaplan,2002:25)。其次,这就是为什么结束党的补贴并不一定意味着结束党派倾向。后者在新闻文化中根深蒂固,"报纸是合作伙伴而不是奴隶"(2002:56)。

卡普兰把重点放在底特律的报纸上,他对市场进步必然导致中立和客观的观点提出了质疑。持这种观点的并非只有他一人。百德丝描绘了19世纪中期以来美国政治文化的普遍衰落(1992:44),导致了对政治的普遍忽视(1992:127-30)。对于卡普兰来说,政治文化的变化对编辑和出版商脱离党派至关重要。当然,市场力量为报纸提供了决策基础,但决定性因素来自政治文化。内战之后,党派媒体的议程没有得到公众辩论和讨论的充分支持,取而代之的是党派立场。1893年的大萧条严重损害了民主党在白宫和国会的地位。农民长期以来的不满情绪推动他们进入政治舞台,导致人们呼吁经济救援和改革,尤其是围绕汇率问题。1896年的大选围绕着"新阶级和地区问题"展开了激烈的角逐(2002:144)。事实证明,改革是有争议的,党派之争也有所缓和。政治文化已经彻底改变,报纸开始发表独立宣言,"放弃所有党派偏见"(2002:145)。从19世纪90年代开始,公正成为主导模式。

其他因素

这四个论点并没有穷尽围绕客观性的所有可能的理论和假设(参见 Mindich,1998),但它们提供了一个有用的大纲,并指出了新闻客观性发展的独特性质。

还有一些额外的"因素"值得一提。首先,在英国和澳大利亚,不愿让公共广播公司在传播新闻方面发挥作用(因此"侵犯"了现有媒体的活动)是一个重要因素。在这两个案例中,这家公共广播公司都为自己定义了一个"公正"的角色,以应对政府和既定新闻利益集团的严格审查(参见第八章)。

其次,就美国而言,需要考虑的一个重要因素是美国内战(1861—1865年),它不仅加剧了种族问题上的分歧(参见 Kaplan,2002:22-54),还与科技发展和新闻采集速度有关(参见 Mindich,1998:64-94)。卡普兰认为,在19世纪晚期,党派媒体的许多辩论都与战争、种族问题以及非洲裔美国人的公民权密切相关(2002:22-54)。内战被视为"美国政治和社会史上的一个关键事件"和"19世纪社会和文化变革的主要推动因素之一"(Shi,1995:46)。按照这一讨论思路,舒德森认为战争是新闻业各方面的一个转折点[参见 Schudson,1978:202,注 7;Irwin,1969(1911):12]。沃德认为,20 世纪初美国在报道方面取得的许多进步"在美国内战期间就已经十分明显"(Ward,2004:189)。

舒德森更为乐观地看待内战的影响,"它常常被视为美国新闻界历史上的一个转折点。其实不是。它没有'扭转'新闻业的方向;它的影响是强化了自 19 世纪 30 年代以来新闻界的转向"(1978:66)。它"没有太大的不同,而是更大、更突出,人们焦急地关注着涉及他们丈夫、兄弟和儿子的竞选活动,这对普通人来说很重要。战争使报纸更接近国家意识的中心"(1978:67)。

第三个需要考虑的因素是我所说的"关联因素",即 20 世纪初产生的许多论点的相互作用或交汇点。如果 20 世纪初可以被认为是一个对客观性研究着迷的时代,那么可以说这是由于这些不同研究方向的交叉。广告市场的扩张、所有权的巩固、阶级和职业意识的提高以及对政治影响问题(尤其是劳工问题和资本聚集问题)的敏感性,都导致了媒体强烈的批评意识。沃德提出了类似的观点,他指出,"客观性不仅仅是一个因素的结果,比如报纸编辑对中性文本的渴望或电报等新技术的影响"(2004:33)。沃德综合了我们所有的论点,提出"新技术、新闻商业化、对舆论操纵的恐惧以及'客观'社会的出现是客观性构建的许多动机之一"(2004:33)。沃德将这些观点融合在一起,将客观性视为新闻记者与受众关系的一个新篇章,"记者是公正的大众告密者"(2004:33)。

新闻客观性产生的年代： "舒德森—席勒"问题

与新闻客观性发展有关的主要论述有助于我们理解新闻客观性产生的原因,但它将"何时产生"的问题置于了一个更加模糊的境地。参照哈伦·史坦撒西(Harlan S. Stensaas)的观点,客观性的起源仍旧是"模糊的认定"(1986:52)。这里的困难与国家之间的差异有关,但也与上述不同的论述有关,从而难以建立一个明确的时间线。如果把目光放在对客观性规范的具体讨论与整合上,我们可以说客观性在英国是从1926年开始讨论的(背景为那一年大罢工中BBC扮演的角色),而澳大利亚是在20世纪40年代开始讨论的(背景为澳大利亚公共广播公司的角色)。关于英国和澳大利亚案例的深入讨论可以在第八章中找到。

美国的新闻教科书第一次提到"客观性"一词是在1911年(Mirando,1993;Dicken-Garcia,2005;Vos,2011)。这与斯卷福斯(Streckfuss)的观点相悖,他认为"直到20世纪20年代,记者才开始使用'客观'这个词来描述他们的工作"(1990:973)。这个词出现在查尔斯·罗斯(Charles Ross)的《新闻写作》(*The Writing of News*,1911)中。罗斯从《圣路易斯共和报》(*St. Louis Republic*)的一篇社论中得到启示,指出"现代报道的三个特点是清晰、简洁、客观",他认为一篇理想的新闻故事是"以非个人的、客观的视角来写的"(1911:18)。新闻写作在很大程度上是客观的，在这个意义上，作者是不允许"发表评论的"(editorialize)(1911:20)。值得注意的是，沃尔特·威廉姆斯(Walter Williams)和弗兰克·马丁(Frank Martin)的《新闻实践》(*The Practice of Journalism*, 1911)提出了同样的编辑标准，但没有将其与客观性规范联系起来。早期的新闻文本"并不完全或专注于提倡客观性"(Vos, 2011:442)。因此，斯卷福斯的观察并不是没有价值的，因为这个术语主要是在20世纪20年代才变得更加普遍，大多数学者的注意力集中在纳尔逊·安特里姆·克劳福德(Nelson Antrim Crawford)的《新闻伦理》(*Ethics of Journalism*, 1924)及哈利·哈林顿(Harry Harrington)和西奥多·弗兰肯贝里(Theodore Frankenberg)的《新闻本质》(*Essentials in Journalism*, 1924)两本书中(Streckfuss, 1990:974-975; Beasley & Mirando, 2005:186;参见Vos, 2011:442)。

本章第二部分主要考察美国语境下客观性产生的时间问题。我对此进行关注的理由是，美国的媒介历史学家们试图从客观性发展的角度来审视他们的媒介历史。这一项目在其他国家尚未达到同等规模。例如在英国，媒体历史存在不同的坐标，常见的框架包括不偏不倚、第四等级或议会报道等，同时更加关注如何独立于政府、媒体所有者的影响，激进媒体的作用，对"市场民主或广告是媒体发展的婢女"这一观点持批判态度(参见Curran & Seaton, 2003)。因此出现了一种不同的影响。例如，在1978年的一篇论文《通往客观性的漫漫长路》(The Long Road to Objectivity and Back Again)中，安东尼·史密斯

（Anthony Smith）描述了20世纪工作中的"客观性准则"，重点是"建构现实，而不是记录现实"（1978：168）。詹姆斯·柯伦（James Curran）对20世纪不同皇家委员会的工作进行了调查，他指出，对市场问题以及新闻自由理论本身的一种回应是关注社会责任和客观性。但他也指出，"在英国，它具有根本性的含义，因为它以一种挑战全国发行的小报的党派化和阶层化的方式，坚守公正的新闻和专业自主权"（Curran & Seaton，2003：353-4）。他接着指出，英国在专业化进程、教育机构和行业之间的脱节，与美国非常不同（2003：357）。

把美国作为我们的重点，还有一个更复杂的问题。虽然我们研究的这四个论点在文献中占有重要地位，但人们越来越意识到它们的局限性。舒德森和安德森指出，学术焦点从对客观性发展的"大规模"描述转向了对不同"职业权威（occupational authority）的争取"的更具体的描述上，这些主张建立在特定的规范之上（Schudson & Anderson，2009：92）。特别是专业化的概念，以及其他"宏观"层面的驱动因素，正在越来越多地被质疑，它们被认为不足以解释客观性与新闻工作和群体认同（及其边界）之间形成的联系。这项工作迫使我们重新思考已经很复杂的任务，即我们如何对待新闻客观性的历史，尤其是界定其产生的时间。

在美国，追本溯源本身就是一个独特的有争议的问题，我称之为"舒德森—席勒问题"：以媒介社会学家和历史学家迈克尔·舒德森和丹·席勒的名字命名。问题在于，每一位学者对新闻客观性的起源都提出了不同的观点。对于舒德森来说,它出现于 20 世纪 20 年代(1978);对于席勒来说,它出现于 19 世纪 30 年代(1981)。正如史蒂夫·诺尔顿(Steven R. Knowlton)评论的那样,"虽然舒德森和席勒都认为他们已经指出了客观性从什么时候开始在美国新闻业中占据了主导地位,但他们都不可能是正确的,因为他们的答案是明晰的、确定的,并且相隔近一个世纪"(2005a:4)。

客观性发展的其他解释确实存在(参见 Calcutt & Hammond,2011:106-7;Williams,2005:29)。例如,史蒂夫·沃德就质疑了舒德森—席勒问题的关键方面。他从新闻哲学的角度追溯写作客观性的历史,由此追溯到一个强有力的例子,从而确定英国是从 17—18 世纪开始了客观性时代(2004:6)。他把重点放在"真实的技术"上。早期的新闻界对新闻业的五个"W"并不陌生——"谁""什么""什么时候""在哪里"和"为什么"(2004:107)。1702 年,《每日新闻》(*Daily Courant*)宣布,它将"只讲述事实,假设其他人有足够的理智为自己反思"(Ward,2004:148),沃德认为这是"最早的新闻客观性声明之一"。这篇 19 世纪的论文以这段历史为基础,"为 20 世纪早期客观性的到来奠定了基础"(2004:174)。沃德建议,"历史学家通常把新闻伦理看作 20 世纪早期的发展,建立了新闻学院和专业协会。事实上,早在 20 世纪 20 年代书面道德准则出现之前,记者就已经在谈论他们的社会角色、行为规范和公共职责"(2004:100)。然而,正如沃德所指出的,虽然我们可以更早地追溯公正、新闻和真相等概念,但"我们不应该把现代价值观解读到过去"

(2004:100)。17世纪的"伦理词汇"与现在的词汇相同，但"含义不一定与现代意义相对应"(2004:116)。

根据这一理论,任何关于客观性起源的历史研究都面临着故事何时开始的决定。在科学哲学史上也存在着一个类似的问题,有一种观点认为,整个理性思想史都是客观性的历史,达斯顿和盖利森将其称为"科学与客观的统一"(2007:28)。他们关于客观性的历史比一般认为的要短得多的观点(可以追溯到19世纪)影响了我在席勒和舒德森确定的时期段内展开研究的决定。他们的观点表明,第一,关注证据和使用问题是很重要的。第二,重要的是要避免一种概念上的提法,在这种提法中,这个或那个特征代表了新闻报道的所有客观性。第三,任何方法在可能的情况下都应该是"非目的论的",即不应该以客观性的可能性、意义、某些理想和最终概念投射过去,并作为历史必然的终点。

回溯舒德森—席勒问题的具体日期问题,再加上对客观性与新闻业形成联系方式的历史基础进行更细致的描述的需求,对任何探索客观性何时以及为何产生的尝试都构成了真实的挑战。当丹·席勒把客观性称为"专家的经典"(1981:3),迈克尔·舒德森将其称之为"理想"时,他们说的是同一件事吗？此外,关于新闻客观性的"理想"可以追溯到第一次世界大战的观点是否意味着我们应该禁止在那个日期之前提到这个词？面对这一挑战,我建议,我们需要对客观性本身的性质采取谨慎的态度。新闻客观性不像某些软件程序那样运作,这些软件程序是由系统执行的,目的是满足某些专业、技术、商业或政治需要。不同的概念产生于一套复杂的商业、文化和组织条件中,并对这些条件作出反应。换句话说,新闻客观性的概念在不同时期发生了变化。

为了探究这一观点,我认为,自 19 世纪 30 年代以来,"美国新闻业"一直在朝着客观性的"方向"运作——广义地说,是一种倾向于事实的新闻生产方法——但在这一方向内,特定形式的客观性在不同时期占据了主导地位。这使我们能够相互借鉴,但也尊重不同概念甚至层次之间的差异。以下形式来自舒德森在《发掘新闻》(*Discovering the News*,1978)中的讨论,它经常与专业化论点以及客观性产生于 20 世纪 20 年代的观点联系在一起,但也呈现了 19 世纪美国报纸发展的社会史。

新闻作为商品的原始客观性时代:1830—1880 年

19 世纪 30—80 年代是新闻作为商品的原始客观性时代。它导致了"新闻"对"编辑"的胜利,"事实"对"观点"的胜利(Schudson,1978:14),以准确、分析、生动和时效性作为价值基础,将"不惜任何代价收集新闻"作为"新闻的首要职责"(1978:51)。我的讨论遵循舒德森的假设,即在 18 世纪"没有客观性规范出现"。现代意义上的客观性概念的职业先决条件当时根本不存在(2001:154-5)。但是,舒德森的判断并没有降低我们对这个时代的兴趣,这个时代将事实、新闻、技术、广告和至关重要的读者置于一个新的组合中。正如沃德所指出的,"一种原始的,相信事实、独立和公正的客观性新闻,直到 19 世纪末才存在"(2004:254)。

《纽约太阳报》(*New York Sun*,创建于 1833 年)的本杰明·戴(Benjamin H. Day)和《纽约先驱报》(*New York Herald*,创建于 1835 年)的詹姆斯·戈登·班尼特(James Gordon Bennett)等编辑都是在那个时代低成本"非订户"廉价报刊模式下工作的,他们被迫进行创新。总的来说,廉价报刊便宜、充满活力、回避政治,专注于收集新闻,而不是政治评论和宣传(Baldasty,1992:46)。在题材方面,犯罪、地方警察的业务、法院、社会动态和街头报道都成为新的关注焦点(Schudson,1978:91)。这种方法不仅包括纯粹的"记录事实",而且强调"对事件形态的分析"(Schudson,1978:53)——这一公式使制定任何简单的客观性"规则"变得复杂。事实上,班尼特认为"枯燥的事实记录"是没有用的(转引自 Schudson,1978:54)。

重要的是要提供一种对当时新闻业情状的认知,即使它始终处于变动之中。新闻业的"商业革命"导致了一种与政治社论及第 2 页和第 3 页的航运新闻截然不同的产品,通常只有很少的标题,被第 1 页和第 4 页的广告内容包围,形成了早期的实践。尽管商业报刊的崛起常常被描述为与党派报纸的斗争,百德丝指出,"并不是 19 世纪 20 年代和 30 年代的所有报纸都有党派倾向。在大城市里,文学和商业报纸自 18 世纪以来也有了蓬勃发展"(1992:6)。到大街上分发报纸也许是这个时期报纸最显著的特色。商业环境的变化引起了便士报的愤怒,因为便士报的广告政策对"江湖医生"和堕胎医生开放(Schudson,1978:20)。后来,这一时期在新闻和广告的展示上也进行了广泛的试验,包括报刊自身的广告、插图、漫画,有时甚至出现了跨越单个专栏的大标题(1978:95-6)。

当然,这些读者以及他们所生活的世界在很多方面都在发生变化。电报、铁路和跨大西洋电缆正在改变通信格局。面对巨大的社会和文化动荡,报纸在这一时期的作用是广泛的,包括教学、训导、信息、解释和娱乐(Schudson,1978:98-9)。舒德森强调了这一时期的报纸与城市生活之间的独特联系,包括移民的到来、城市人口的发展和中产阶级的崛起(1978:106;Schiller,1981:10)。在这一时期,地主的贵族价值观受到了挑战;商人的状况受到规模更大的"综合性"行业的威胁;犯罪覆盖率是一个指标,它与财产利益的转移和对"法律与秩序"的担忧有关(Schiller,1981:23)。另一个指标是女性版面的增加和女性地位的变化,特别是当女性成为百货商店广告和咨询专栏的目标之后(Schudson,1978:101)。新闻的风格变得更简单,更容易理解。随着对消费和市场的新关注,娱乐和休闲越来越被强调,"周末版"增加了"共济会(fraternal orders)和女性俱乐部等专题报道,以温和的笔触描写城市瑰丽的生活,并点缀以小说及服饰、美容等内容,暗示她们能够负担得起"[Irwin,1969(1911):18]。周末版增刊成了探索彩色图片和漫画的空间,但随着它的出现,整个"争取注意力的活计"最终蔓延至整周报纸的版面,标题和专栏边框的花样不断被试验[Irwin,1969(1911):18;Schudson,1978:99]。

在我对这个时期的描述中,前缀"proto"的意思不仅指第一个,而且还代表前兆。政治独立或公正常常被认为是客观性的关键价值,但便士报在这方面的表现好坏参半。就广告客户而言,它们是自由放任的,虽然形式上独立于政党,但报纸本身则从中立、冷漠到政治驱动各异。《纽约论坛报》(New York Tribune,成立于1841年)编辑霍勒斯·格里利(Horace Greeley)批评他的一些竞争对手"装腔作势地保持中立"(Schudson,1978:22)。

便士报并不总是把"新闻"和"观点"分开。这对席勒来说至关重要,因为他指出便士报是作为论坛和舆论的方式来解决"新公众"的焦虑。这里的"新公众"指商人,在较小程度上是社会的劳动者和商人(便士报对富裕阶层的利益发表了演说)。席勒曾强烈主张,像"中产阶级"这样的宽泛概念并不一定能让我们了解这个新群体及其利益。他提出,到1830年,美国20%的城市人口居住在纽约,当时纽约的人口为20万,大约40%—50%的纽约工薪人口是工匠和机械师(1981:13,16)。便士报在政治社会中扮演了一个新的重要角色(1981:15),便士报对此的回应是"摆脱了精英媒体所承担的潜在义务"(1981:53),"独立、有道德地、公正地捍卫生命、自由和财产"是核心价值观(1981:76)。当腐败、勾结和既得利益威胁破坏公共利益时,新闻业会将其曝光。

如果说便士报是工人报纸,那就言过其实了——尤其是在美国已有一种工人报纸的情况下,它被高度批评为党派报纸(Schiller,1981:36,45,71)。席勒不遗余力地赞扬工人报刊的贡献(参见Hackett & Zhao,1998:23)。当消费行为正在改变广告的品牌空间时,生产条件的改变有助于形成报纸所追求的权利、正义、公共利益和公益等概念。正如席勒提醒我们的,廉价报刊大量借用工人报刊的论述。康博伊说,在英国,激进的媒体也发挥了类似的作用,"试图通过公共事业来改变政策",与之竞争的是作为新闻业标志的"被大肆宣扬的客观性的到来"(2004:91;Curran & Seaton,2003:8-17)。

在这一时期,许多与客观性相关的实践变得鲜明起来。"The lead"(导语)句型就是一个例子,它与19世纪40年代电报的兴起和精简用语的使用密切相关,也与中产阶级的阅读习惯密切相关。或者,如舒德森所说,"由于新闻的电报传输成本过高,所以现在新闻的阅读时间被缩短了"(1978:103)。虽然这个时代见证了新闻和事实战胜了编辑、报道与公共事业的联系,但舒德森警告将这个时代定义为客观性时代是有风险的,"在1840、1850或1860年,美国新闻业显然还没有共同的想法和理想。美国新闻业还没有成为一个专业化群体或行业"(1978:60)。

客观性作为现实主义民主认识论

没有任何专业或职业规范是在真空中形成的。与这一观点相一致,我们可以恰当地将美国文化中另一种形式的客观性称为现实主义民主认识论。客观性作为一种观察世界的方式渗透到当时的艺术和文化中。从19世纪30年代开始,美国就热情地拥抱摄影。它激发了一种现实主义的想象,比如艾萨克·帕雷(Isaac Pray)把《纽约先驱报》描述为"模范共和国的心脏和灵魂的每日达盖尔版"(1855:412;Schiller,1981:88)。通过新新闻报道"真理、公众信仰和科学"(参见Schiller,1981:80)及科学成就(《科学美国人》期刊于1845年开始出版),新闻和大众科学形成了一种相互支持的关系。从19世纪中期开始,通过对观察到的事实的常识检验,"实证主义培养了对统一的客观世界"的广泛接受(Schiller,1981:83)。席勒认为"这个世界成了报纸的基本业务"(1981:87)。

正如舒德森所指出的,将客观性简单地视为新闻作为一门科学的整合,是一个错误。相反,这是一种报道与现实主义之间的互动,"19世纪90年代的记者们在某种程度上把自己看作科学家,他们比以往任何时候都更大胆、更清晰、更'现实'地揭露工业生活中的经济和政治事实"(1978:71)。政治和社会改革越来越多地与更好地了解社会问题联系在一起。当时存在着一种"大众对事实的需求"(1978:72),现实主义作为一种美学哲学应运而生。确实如舒德森所指出的那样,这种注重街道、客厅和法院的现实主义与民主市场社会的需要相协调。人类成了"可以收集和研究事实的对象。人类的意识将人类的身体具体化或物化,并且……人类将自己物化"(1978:75)。正如凯瑞所说,"19世纪30年代的社会呈现出一种物化的存在,它成为一个独立于个人之外的王国"(1982:1184;参见 Ward,2004:187)。

在这种模式下,客观性远不是一种特定的职业理想,而是一种了解新闻与世界互动的方式。由此转向了现实主义和经验主义更适用的对宗教基础和社会等级提出质疑的民主时代(Schudson,1978:76)。这是一个新闻业在分析、报道和商品化方面处于独特地位的世界。认为新闻报道的客观性依赖于客观实在的概念似乎是愚蠢的;

这忽略了更重要的一点,那就是新闻客观性是更广泛的社会客观化的一部分,是通过事实对社会和文化关系的客观化(参见 Calcutt & Hammond,2011:118-46)。

客观性作为一种以记者为中心的职业或机构伦理:1880—1900 年

第三种形式的客观性可以追溯到 1880—1900 年,即客观性作为一种以记者为中心的职业或机构伦理。正如凯瑞所观察到的,"19 世纪的新闻业一直由印刷商和编辑主导,直到记者在该世纪后期成为一类独特的角色"(1982:1185)。由于有电报稿协助,"撰写新文体的记者取代编辑成为新闻人的典型形象"[Carey,1997(1986):161]。随着新闻劳动分工的出现(Schiller,1979:53)和新闻时代商品的成熟,记者越来越成为关注和控制的焦点。

便士报不仅报道新闻,而且在更大程度上还发掘新闻。全职记者和通讯员在 19 世纪 30 年代已开始被雇佣(Schudson,1978:23),但"直到内战后的几十年,报道新闻才成为一种更受尊重、回报更高的职业"(1978:68)。在新老美国记者之间出现了紧张局面,老式波希米亚记者以"爱打听的、多问的、不洁净的形象出现,他们放荡不羁,不计后果,为抢新闻而不顾生命和荣誉"[Irwin,1969(1911):12],而新记者通常受过大学教育,掌握着新闻机构的"实权"[Irwin,1969(1911):40]。

记者在新闻收集过程中的作用变得更加引人注目;虽然"独家新闻"或"抢先报道"仍然很重要,但编辑室的情况发生了变化,更加强调新闻要点和正确的判断。坚持事实成为当务之急。在这一时期,客观性作为一种纪律性的实践,在编辑与记者的交往中发挥着组织性的作用。编辑们坚守着准确的原则,严格区分事实和编辑意见——尽管在色彩或亮点以及轰动效应方面还有很大的空间。虽然没有这样的说法,但客观性已渗透进编辑和记者的文化中,无论是在工作场所,还是在新兴的新闻俱乐部和记者酒吧,"记者们来到了一个共同的工作世界;他们还就如何开展工作分享共同的想法"(Schudson,1978:70)。舒德森告诉我们,《芝加哥论坛报》(Chicago Tribune)办公室里有个牌子上写着"谁或什么?如何?什么时候?在哪里?",表明"将新闻作为信息"的理念以编辑室格言的形式被确定下来,后来被19世纪末的早期新闻报道手册所扩展(1978:78)。舒德森认为,也许是由于"每日新闻的组织压力",记者们无暇顾及自己,被迫依附于事实(1978:81)。

如果认为客观性作为一种以记者为中心的机构伦理的变体完全取代了新闻作为商品的原始客观性,那就错了,因为这两者之间很明显有着密切的联系。毕竟,这是黄色新闻的时代,人们仇视被视作公共"恶人"的约瑟夫·普利策(Joseph Pulitzer,1884年开始掌控《纽约世界报》)和被视作"奇才"的威廉·伦道夫·赫斯特(William Randolph Hearst,1895年购买了《纽约新闻报》)的煽情新闻价值观。然而,记者的崛起使新闻业以特定的方式被聚焦。19世纪末,不同的新闻流派和报道形式将新闻"戏剧化",并表达了当时的现实主义和改革主义议程。不同类型的新闻试图捕捉城市里的生活,"没有解释,完全像镜子一样准确"(Schudson,1978:85)。20 世纪初,由于受到耸人听闻的媒体的鼓舞,揭丑新闻抵制了事实和观点的分离,尤其是在讲述城市体验和奇观这一伟大的人类戏剧时(Miraldi,1990)。客观性可能是一种灵感,但不是一个严格的模板。正如哈克特和赵月枝所指出的,"即使在其鼎盛时期,对事实的追求——新闻的信息功能——也从未完全压倒对快乐的渴望和说服的冲动"(1998:37)。

客观性作为信息伦理:1900 年前后

19 世纪晚期,与客观性有关的风格和方法的多样性被另一种重要的客观性所掩盖,即作为一种信息伦理的客观性。与《纽约时报》有关的是——尽管其他报纸声称19 世纪 40 年代准确地传播了信息(Schiller,1981:104)——这种道德规范涉及记者的组织/职业纪律,但也涉及报道 19 世纪晚期"新鲜"或"黄色"新闻的耸人听闻主义,进而提出了一种新闻的替代方法。舒德森将这一时期的成功归因于其作为"商业圣经"的功能(1978:108),及其方法的得体和规范。"所有适合印刷的新闻"的口号就体现了这种做法(但更重要的是,这是该报在一场竞争中推出的另一个短语,意思是"所有的世间新闻,但不是丑闻报道")。通过其政治保守主义,《纽约时报》能够迎合富人(1978:109),但一旦价格从 3 美分降至 1 美分,它也能在富人之外的群体中发挥作用,阅读它对身处下层但有抱负的读者来说是体面的象征(1978:112)。

1896年,当阿道夫·奥克斯买下《纽约时报》并担任主编时,他发表了一份声明。他对新闻的描述与现代社会对客观性的大部分理解产生了共鸣:他的目标是"以简洁而有吸引力的形式提供所有新闻",使其"公正、不畏惧、不偏袒,不论涉及任何党派、派别或利益"(Ochs,1896)。这份报纸将是"无党派的"——尽管是在关税改革、低税收和有限政府等议题上!在社论中,得体、干净、诚挚和常识的语言被用来反对当时的新新闻。对于舒德森来说,1900年的《纽约时报》被认为是信息时代的奠基石(1978:120),从某种意义上说,这开创了一个重要的范式,可以用来讨论到目前为止的客观性以及报纸本身的表现,尤其是在外国新闻领域(参见Lippmann & Merz,1920;Reifenberg,1982:27)。早期的新闻工作者将现实主义与娱乐相结合,但在信息模式的影响下,现实主义与娱乐信息、故事相对立(Carey,1982:1184-5)。当然,这两种新闻模式都取材于故事并提供信息,在某种程度上,这种区别是有缺陷的;但它所指向的是,新闻框架发生了变化,新闻被定义为一种信息形式,而不是娱乐形式,信息伦理成为"我们报道,你决定"这种新闻生产方式的核心。

客观性的信息模型被认为对当代的高质量新闻的理解有着重要影响。以耸人听闻的新闻为例,马丁·康博伊认为"当代大众媒体已经重复生产大量耸人听闻的新闻和分散注意力的行为,这些行为侵蚀了新闻报道的客观性"(2002:139)。与许多流行文化形式一样,耸人听闻的媒体往往被塑造成道德上不可靠的角色,事实上,便士报时有恶作剧、媒体审判和侵犯隐私的行为（参见Tucher,1994）。但在很多情况下，他们也参与道德活动，经常探索道德景观的新方面和公益理念。的确，专业人士对商业出版社的反感可能会让我们忘记，便士报"创造了一种体裁，承认并加强了日常生活的重要性"（Schudson,1978:26），帮助我们重新定义了共同体的道德边界（Schiller,1981:7）。客观性与黄色新闻之间存在复杂的关系，即使客观性信息伦理使得我们很难像承认20世纪20年代斯普林菲尔德联盟的道德规范那样承认这一点，这一伦理也提示我们应当"避免新闻业的一切黄色，而应模仿黄色新闻记者的事业"（Crawford,1924:220）。

客观性的信息模型长期以来一直是客观性辩论中的一股强大力量，但这不应导致对其他形式的报告的错误假设。正如舒德森所指出的，"强调信息的报纸往往被视为比'故事'报纸更可靠。但是，是谁做出了这样的判断？依据又是什么呢？谁认为信息模型比故事理念更值得信赖？'可靠'和'值得信赖'到底是什么意思？"（Schudson,1978:90）

客观性理想：第一次世界大战之后

到目前为止，我们已经借鉴舒德森的学术思想，将其作为阅读新闻发展和不同时期客观性的一个框架。然而——在这里我们遇到了上文定义的舒德森—席勒问题的一个方面——这种路径存在困难，因为舒德森自己的论点是建立在客观性的形式理想这一概念之上的，即从严格意义上讲，是在第一次世界大战之后，当时正值"事实的饥荒"(Lahey,1924:135)时期。这与其他学者的观点不同，他们认为客观性是一种基于事实的哲学，可以追溯到 19 世纪 30 年代，在报纸的"微观文化"层面上得到"公开认证"(Schiller,1981:76-95)。尽管舒德森的工作为 19 世纪新闻事实意识的兴起奠定了一个清晰的框架，但他对这一概念的具体要求更为严格：

> 把当代的客观性观点解读为 19 世纪 90 年代的实事求是是错误的。客观性是一种自我不信任的意识形态……进步主义者对事实的信念不同于现代对客观性的确认……(1978:71)

在舒德森看来，客观性理想得到了充分阐述，这是 20 世纪 20 年代和 30 年代的一种发展，当时，在宣传和公共关系的影响下，记者们感到事实本身是不可信的。作为对一个日益多元和复杂的世界的回应，客观性作为道德和政治/民主承诺而出现，旨在加强新闻报道的事实基础，只要将事实"在合法的既定规则下提交给专业团体"(Schudson,1978:7)。

尽管宣传和公共关系的发展是人们关注的关键领域，但舒德森指出还存在更宽泛的文化问题。通过客观性，记者试图解决怀疑主义和后进步时代的"漂移"(参见 Lippmann,1914)。其他学者，如戴维·施(David E. Shi)也将这一时期定义为"混乱的时代"，指的是现代主义的艺术发展质疑了表征主义，而神学物理"打破了稳定和统一的现实传统观念"(1995:275)。

舒德森对客观理想的研究创造了某种类似于我们理解的结构性转变的东西。通过他所提供的视角,新闻客观性与其说是一门科学,不如说是一种信仰或信念。客观性与其说是专业卓越的表现,不如说表现了专业焦虑。"客观性"表明事实可以自己说话,而作为理想的客观性准则假定事实不能。他也向我们描绘了一个不同的信息伦理客观性的崛起,由此质疑了新闻报道者的基础立场:"这种立场既鼓励又反对客观性,它是一种相对主义,一种任意的价值观,一种现代性的'空心的沉默'感,并由此回应了客观性理念"(1978:158)。从表面上看,客观性可能看起来像幼稚的经验主义,但它解决了一系列不同的情况,不再简单地与以事实为基础的现实主义相一致,后者以外部规律为依托。

> 这里的事实不是世界的各个方面,而是经过一致认可的关于它的陈述。虽然朴素的经验主义并没有在新闻业中消失,某种程度上,它在我们所有人身上仍然存在,但在第一次世界大战后,它服从于更为复杂的"客观性"理想。(Schudson,1978:7)

这种"复杂"的理想既在一定程度上作为一种道德哲学,又在一定程度上作为一种政治策略,并表现为对"事实"的论述。不用说,正是在这一时期,客观性理想再次成为一种规范力量,促使事实和价值的分离,并在对价值不信任的基础上，被辨认为现代"冷漠"话语的一部分（Schudson, 1978:5-6），但也同时深刻地关注民主政府和媒体的公共属性。

有关客观性的整合与编纂，包括将公正、平衡和正统风格等概念聚集起来的整个故事仍有待论述，除了舒德森之外，还有几位学者都作出了重要的贡献（参见 Schiller, 1979; Carey, 1982:1187; Streckfuss, 1990; Hackett & Zhao, 1998; Mirando, 1993, 2001; Vos, 2012）。20世纪20年代，很少有（几乎没有）公司的道德准则提及客观性。经过漫长的发展后，舒德森所描述的"对程序不稳定的信念"（1978:185）才转向了对客观性的高度制度化理解，这种客观性可以被定义为"在新闻学院及其核心教材中出现的、倒金字塔式的、非党派的、超然的、依赖可观察到的事实以及平衡的新闻"（Mirando, 2001:30）。

舒德森主要强调了公共关系和宣传的崛起、普遍的文化危机或漂浮的感觉，有越来越多的证据表明，在20世纪一二十年代，其他因素促使编辑和出版商——尤其是那些不位于纽约的，转向了作为公共机构的角色。我们应当记住，"19世纪的最后十年和20世纪的头三十年是美国社会极度矛盾的时期，也是美国激进主义的高潮期"（Iggers, 1998:61）。席勒认为"一连串严厉的批评开始降临到新闻业的实践中"（1981:187）。20世纪一二十年代，报纸广告收入占收入与发行量之比似乎出现了飙升，促使人们对商业道德进行更全面的反思（Schiller, 1981:185; 参见 Crawford, 1924:3-24）。人们开始担心仅仅把新闻看作一种商业业务的影响,并由此谈到新闻编辑室和商业运作之间的"墙"(参见 Ward,2004:221-2)。1910—1950 年间,"正是客观性报道的利润准则在美国新闻业生根的时期",出现了一股强烈的垄断趋势(Hallin & Mancini,2004:220)。所有这些因素都对新闻业产生了影响,新的道德准则被认为是"抵御广告商、政府官员和其他开始将媒体的价值视为说服工具的人日益增长的影响力"(Kelly,2005:158)。芭芭拉·凯利(Barbara M. Kelly)很好地捕捉到了这种两难境地:"编辑和出版商要如何应对这两个已经跳出瓶子的妖怪,不仅作乱还购买版面支持着新闻产业?"(2005:158)

双重对抗的信条——偏见和可信度:
1960 年至今

关于客观性理想的辩论是整个 20 世纪 50 年代至今新闻学讨论的一项重要内容,其中解释性报道成了一个特别令人关注的领域(参见第五章)。史蒂夫·诺尔顿在概述那个时期时指出,这是新闻业进入严酷考验的时刻(2005b:221-35)。对新闻客观性的讽刺在于,到 20 世纪 60 年代,一种旨在维护事实的可靠性而非价值本身的理想屈服于"对价值的不信任"。对于舒德森来说,这种对待客观性的转变源于新闻业的代际变化以及更广泛的政治变迁,如麦卡锡主义、越南战争和水门事件。舒德森特别关注政府在第一次世界大战后的"新闻管理",以及批判性的"反对派"文化(adversary culture)。这些因素结合在一起,形成了舒德森所说的"对传统新闻的批判"

(1978:183)。

就我们目前的目的而言,这一时期可以被描述为两种客观性"学说"并行运作的时期,但它们之间也存在冲突。第一种观点认为客观性是一种带有偏见的学说,第二种观点认为它是可信的。就客观性作为一种有偏见的学说而言,正如舒德森所说,

> 新闻客观性被认为是偏见的解毒剂,但后来却被看作最阴险的偏见。因为客观性报道再现了一种拒绝审查权力和特权的基本结构的社会现实。它不仅不完整,更是扭曲的。它代表着与合法性存在争议的机构相互勾结。(1978:160)

认为客观性是一种带有偏见的学说的观点有许多形式,它也同时被塑造成了一个神话(Morrison & Tremewan,1992;Klotzer,2009;Taflinger,1996),或是一种意识形态。后一种观点在格拉瑟的文章《客观性与新闻偏见》(Objectivity and News Bias)中得到了最清晰的表达,"今天的新闻确实存在偏见——这是不可避免的——而这种偏见可以通过理解客观性的概念、惯例和伦理来最好地加以理解"(1992:176)。我们将在第六章更详细地研究格拉瑟的论点。

也有观点认为客观性是一种提供可信性的学说。在1969年发给《纽约时报》员工的一份备忘录中,时任主编罗森塔尔(A.M. Rosenthal)强调了报纸的基本特征与客

观性之间的联系。这一特征确实建立在一种信念之上,"尽管完全客观也许是不可能的,因为每一个故事都是由人写的,但每一个记者和编辑的责任都是尽可能地追求客观"(Rosenthal,1969)。

盖伊·塔奇曼的"策略性仪式"概念是关于客观性的学术文献中的一个关键概念,它将可信度和偏见联系起来(1972)。对于塔奇曼来说,新闻从业者通过诉诸客观性来化解与工作有关的压力、批评和斥责,尤其是与截止日期和诽谤有关的压力、批评和斥责。客观性在消除偏见顾虑的同时,保障了可信度。在塔奇曼看来,与消息来源、事实和归属相关的程序,"实际上是新闻从业者保护自己不受批评并以专业身份声称客观的策略"(1972:676)。

围绕美国公共或公民新闻兴起的辩论,揭示了意识形态、可信度和客观性之间联系的复杂性。对于提倡公共或公民新闻的人来说,客观性导致了可信度的丧失,更重要的是,失去了与读者及其更广泛的共同体的联系(Rosen,1993)。这对所有人的民主生活质量产生了影响。正如詹姆斯·法洛斯(James Fallows)所言,"客观性概念带来了许多不快,因为它助长了人们脱离公共生活的幻觉"(1996:260)。然而,与此同时,公共新闻作为一种偏离客观规范的行为受到了老牌媒体的严厉批评。《华盛顿邮报》和《纽约时报》的编辑们认为,公共新闻违背了将情感与事实分开的冲动。法洛斯指出,事实上存在一种"隐藏的共识",即许多公共新闻可以被解读为纯粹的好新闻,但关键在于客观性作为一种原则及其在新闻中的作用。

结 论

如果说新闻客观性是一条河,那么它会有许多支流。因此,追溯客观性的起源是一项复杂的任务,需要注意到实际的商业潮流发展、文化和组织的驱动因素和条件。的确,新闻客观性的概念在不同时期发生了变化,学术的、流行的和专业的讨论并不总是谨慎地描述所讨论的概念、时代或客观性。为了纠正这一状况,我以美国新闻业为例,从19世纪30年代开始,在广泛的客观性取向下,讨论了客观性的若干不同形式或层次:19世纪晚期,客观性作为民主现实主义认识论出现;1880—1900年,客观性作为以记者为中心的职业或机构伦理出现;20世纪初,客观性作为一种信息伦理出现。

如何回答这个问题? 新闻客观性产生的原因和时间为何? 正式的回答应当是"这取决于你所谈论的客观性概念"。然而,根据本章所采取的方法,我们能够说的是,自19世纪30年代以来,新闻客观性已经出现过很多不同的形式,出现在不同的时间阶段,并出现在不同的专业、技术、商业、政治和组织条件下,虽然直到20世纪20年代都没有形成完全的客观性理念。深入研究这段历史并把握更全面的图景,可以让我们更好地了解客观性本质的转变以及围绕它展开的讨论,还能让我们感受到历史对我们当前话语的掌控。对变化的关注以及超越特定位置的洞察力是研究新闻客观性的重要前提。梳理这些争论和论据,一方面是学者的任务,另一方面对于评估新闻业自我再造的能力至关重要,对读者和各类群体都至关重要,而不仅仅对新闻从业者而言。

第二章 对新闻客观性的主要反对意见有哪些？

"客观性可能已经消亡,但余烬尚存"(Iggers,1998:91)。正如这句话所表明的,一般的客观性,特别是新闻的客观性,是一个容易引起争议的术语。对伊格尔斯来说,想在棺材上再钉一颗钉子的愿望源于他的观点,即客观性是记者在公共生活中更负责任和发挥建设性作用的障碍(1998:91)。在本章中,我试图描述对新闻客观性的各种不同的反对意见,同时会在后面的章节中留下与附着性新闻(journalism of attachment)、和平新闻和公共新闻(以及其他)相关的具体批评意见。要将客观性的概念置于危机之中并非难事,但是应当指出的是,正如客观性有许多意涵一样,客观性概念本身也面临着许多反对意见,并不是所有的观点都指向同一个目标。在提出反对意见之前,重要的是要强调这样做的风险很高。处理针对客观性的各种异议是一件严肃的事情。如果记者工作所依据的假设是可疑的,那么这可能会对公众的信心产生负面影响。换句话说,它会影响讨论社会和理性问题的可信度。套用芭芭拉·菲利普斯表达的担忧,如果记者不以一

种反思的、理论性的心态来看待这个世界,他们怎么能传递深刻的见解呢?(1977:71)

价值观

59   基于价值观来反对客观性的做法是广泛的,包括伦理和政治价值观能否与新闻客观性共存的问题(参见第六章)。约翰·美林(John C. Merrill)把这种批判与"主观化"(subjectivizing)联系起来:每个故事都是"带有价值批判的、不完整的和扭曲的现实。这就是新闻的本质。这就是传播的本质"(Dennis & Merrill,1984:106)。丹尼斯·麦奎尔总结了一系列关于价值观的观点,他将客观性与"碎片化、个性化和'世俗化'——价值承诺的撤回——联系起来。在关于客观性的核心观点中,这种做法被看作积极地服务于一种既定秩序的行为人的利益,不论他们是否愿意这样做,并被看作加强一种共识以利于保护权力和阶级利益"(1992:188)。

    这种将客观性与"价值承诺的撤回"联系起来的做法,对客观性的意识形态基础提出了质疑。这反过来又引发了一系列关于"选择性"的激烈批评,包括新闻来源、框架,甚至目的。阿尔芒·马特拉特(Armand Mattelart)在关于智利的一篇文章中,提出了对选择性的担忧。他认为"作为一个实用性的概念,'客观性'以记者的感知能力为前提,能够选择性地穿透现实,决定什么是重要的以及什么不是"(1980:37),但实际上记者只是提供了一种"带有价值的选项",也就是他所认为的阶级—意识形态选择。因此,客观性远非无价值,而是"将意识形态和阶级利益奉为普适价值"(1980:37)。客观性提出的事实概念是"它们的本质是什么,而不是记者看到的它们是什么",对事件的描述不是来自外部世界,而是在选择本身隐含的"解释网络"中。马特拉特进一步提出了一个与科学有关的问题:在科学技术的基础上颂扬客观性,会疏远记者的工作。因此,事实被去情境化了,即"被剥夺了能够解释事实的条件,并脱离了赋予它们意义的社会制度"(1980:39)。

对于意识形态,斯蒂芬·里斯(Stephen D. Reese)提出了一种不同的方法,他使用"范式"(指导信息生成任务的"公认模型或模式")来考察客观性原则。他将客观性置于一个更大的意识形态框架中,指出它与媒体从业者的职业意识形态有关。在这样做的过程中,他将注意力从了解"外部现实",转向了范式所允许的知识形式及其规则的集合(1990:394)。

关于客观性和价值性,以及作为一种价值的客观性,最著名的讨论之一可以在赫伯特·甘斯(Herbert Gans)的著作中找到。甘斯在1979年的开创性研究《什么在决定新闻》(*Deciding What's News*)中分析了新闻的价值观和记者的价值观。正如甘斯所指出的,"记者努力做到客观,但他们和任何人最终都无法在没有价值观的情况下继续前进"(1979:39)。甘斯的作品并不一定是对客观性本身的反对——相反,他对"客观性的工作原理"很感兴趣。然而,在这本书的最后一章,甘斯介绍了一个概念,严重复杂化了客观性。他写道,"在一个从未存在过的典型的同质社会中,每个人都有相同的观点;但在现代社会,没有人坐在或站在完全相同的地方。因此,对现实的每一个观点都会有所不同"(1979:310)。甘斯并不否认记者和知识分子本身是"依附于组织、阶级和其他职位的"(1979:311)。此外,"没有人能综合所有的观点"。甘斯的结论是:客观性本身是一种价值观,而不是超越价值领域的某种立场(1979:39)。

这里的关键是甘斯所说的"价值观排斥"过程,它指的是有意识地排斥价值观,记者通过三种方式做到这一点:客观、无视含义和排斥意识形态(正如他们所定义的那样)(1979:183)。甘斯扩展了塔奇曼的研究(Tuchman,1978),认为价值观排斥是保护记者的一种实际考量,使之有能力"反对实际或可能的批评"(1979:183),也是一种维护新闻公正的方法(1979:186)。

价值观排斥使人们对追求客观性的重要性这一共同观点产生了不同的看法,还让我们对通常被视为"超然"的东西有了更为复杂的理解。通过这一概念,人们不再追求某种超越的立场,或者只是为了逃避党派观点,而是要运用判断,判断哪些价值观应该被排除,哪些价值观应该被包括进来,这往往是对新闻或公平观念的反应。这意味着,在某些情况下,记者会认为自己可以根据自己的"准神学"(paraideology)或工作场所和职业意识形态,自由地表达价值观、展现团结、表明立场、形成现实判断(Gans,1979:203)。

甘斯认为,价值观排斥为新闻从业者提供了一种方法,使他们不会过分关注新闻的含义,及其工作的更广泛后果，因为他们的主要关注点是传达事实。价值观的排斥是学习性和实践性的，但也与对合法争议、共识和偏差观点的看法有关（参见 Hallin, 1986：117）。组织可以"强化"价值观排斥，而阶级、种族背景和财务状况可以对"客观性"产生不同的影响。价值观排斥中一个复杂而有争议的领域是意识形态，因为尽管记者可能意识到应该被排除的价值观，但（由于意识形态本身的性质）他们很少意识到自己的意识形态立场，因此容易受到我所说的"框架盲目性"的影响。甘斯的结论是：记者并不总是在实践良好的"意识形态编辑"（1979：194）。

科学主义的新闻与空洞的事实

对新闻客观性的强烈批评与它的空洞性有关，尤其是当它通过将对立的观点并列在一起以达到平衡或中立时。这条关于科学主义新闻和空洞事实的批评路线还聚焦于如何在科学和事实存在某种负面影响的情况下塑造新闻。也就是说，它影响了詹姆斯·凯瑞所称的新闻业与公众的"对话"，或者说新闻业融入公众社会的对话。凯瑞心目中的对话被想象成一种有思考能力的公民之间的交流，基于共同的常识和民主价值观，引导更确定的共同体方向。对于这类批评家来说，客观性对公民问题的解决有着不利的影响。对于道格·麦吉尔（Doug McGill）来说，"客观性的理想……已经成为与公民目标相悖的新闻实践的拐杖"（2004）。对于杰伊·罗森来说，"对于重新让公民参与政治和公共生活的任务来说，客观性是一种非常糟糕的、不可行的哲学"(1993:51)。换句话说,它导致了协商和民主的缺失。

在这种争论中,提供更多信息,采访更多专家,强调事实,使得公众对新闻业的参与程度降低,成为新闻业游戏中无聊又激动的旁观者[Carey,1999(1987):51]。事实的传播、不同观点的例行表达、来自高层专家的事实过滤方式,都限制了人们的理解。科学主义新闻导致了公众的解散或瘫痪,"最重要的是,这是一种以公众的名义为自己辩护的新闻,但在这种新闻中,公众除了作为一名观众之外没有任何作用"[1999(1987):51]。

有一种感觉是,客观性无法应对当代公共生活的挑战。凯瑞认为,客观性报道的惯例是为了"报道另一种文化和另一种社会"而发展起来的[1997(1969):140]。在这个论点中,科学本身并不是主要的关注点。实际上,事实只存在于特定的话语世界中,通过技巧,这些事实可以被翻译和传播(Park,1940:679)。相反,这个问题与科学主义方法背后高尚的教育假设有关。我们的假设是,知识分子最容易了解事实,而记者和专家是听众的教育者。实际进行的对话只是专家轮流向公众传授,公众反而成了旁观者。凯瑞提供的解药是质疑与事实和客观性相关的词汇本身,并以其他方式想象新闻:诗歌、日记、文化传承和记录社区生活的新闻业[1999(1987):52]。

除了重建与公众的关系,这条批评路线还有另一个重要的方面,它与新闻业的身份和独立性有关。客观性报道在一定层面上给了记者一个非常精确的角色,即把文字、行动和事件用简单的语言表达出来。生产无党派报道是有技巧的,但在某些方面,新闻变成了一种技术性写作的形式。它成了一种专业交流的形式,新闻从业者将信息从一个来源(如政府报告)传递给另一个来源(读者)。在一个更大的新闻传播系统中,记者成了一个中转站。这与新闻报道中更多的"探究性"(inquiring)观点相左。

对凯瑞来说,新闻成为技术写作和非独立中转站的想法值得关注。这意味着要抛弃新闻作为一种文学体裁、一种富有创造性和想象力的作品以及记者作为事件独立解释者的旧观念。正如这种"向下的转变"正在发生一样[1997(1969):137],客观性成为解释记者专业能力和责任的一个核心概念。因此,旧的新闻观念(如倡导和批评)开始被边缘化,被置于客观性这一主要理想的第二位。对于事件的本质,"功利主义—资本主义—科学导向"盛行,这个观点认为,"新闻人物的角色"比信息更为重要[Carey,1997(1969):141]。

客观性是带有偏见和不负责任的

作为一种职业理想,新闻客观性的特征之一是它允许记者超越偏见,追求更高层次的责任。对客观性的有力批评推翻了这一观点,认为客观性本身就是一种偏见,是不负责任的。这一论点表明,尽管客观性与更高的专业标准相联系,但道德和责任问题并不总是得到充分解决,甚至被回避。因此,正如西奥多·格拉瑟所建议的那样——与至少可以追溯至 20 世纪 50 年代(Carroll,

1955:25)的观点相呼应——"新闻报道的客观性实际上侵蚀了一个负责任的媒体赖以存在的基础"（Glasser,1992:176）。

对于格拉瑟来说，客观性有四个方面的偏见。第一，它对媒体的其他宣传或"监督"角色有偏见，有时又与"第四等级"有关。这是一个相当严肃的批评，因为它涉及新闻在社会中所扮演的角色，以及一种新闻理念如何能够约束这一角色。第二，它偏向于维持现状，因为它依赖官方来源和体制。第三，格拉瑟借鉴了凯瑞的作品，哀叹客观主义不利于独立思考。第四，客观性对责任观念本身是有偏见的。它允许记者通过争辩他们是记者而不是新闻的创造者来推卸责任，因此他们所报道的后果不是他们所关心的（1992:183）。从这一批判中产生的客观性是一种特别被动的、符合现状的形象。对于格拉瑟来说，客观性带来了"对新闻报道后果的漠视"，今天的任务是"将新闻业从客观性的负担中解放出来"（1992:183）。

其中一个负担是人为地致力于平衡。例如，当记者注重平衡，给予双方话语权（好像只有双方）时，他们可能会在文章中"注入"一种公平感，但可能会损害"实际"的真相。有人担心，客观性已经演变成《代表新闻业的宣言》(On Behalf of Journalism)撰稿人所说的"虚假平衡，一种不偏不倚的暴政"，一种比"他说，或她说"多一点的新闻业(Overholser,2006:10)。对于杰伊·罗森来说，平衡可以被看作"逃离真相而不是通往真相的道路"(1993:49)。道格·麦吉尔在讨论私刑和战争报道的各个方面时指出,"客观性规范常常放任严重的社会错误继续,而记者们则错误地追求平衡报道的目标"。

对信息源的依赖

用凯瑞的话来说,客观性报道作为一种专业化的传播形式,极大地影响了记者的独立性,以及他们在倡导和批评方面的传统角色[1997(1969):138]。在这种新体制下,记者在新闻编辑室面临着复杂的分工(事实上,记者制度与报道职能紧密相连)。此外,他们还成为观众和消息来源之间的"中间人"。凯瑞对这种情况的分析集中在信息源依赖和官方来源依赖问题上,新的协议和情境改变了新闻从业者与信息源的关系。凯瑞指出,"新闻发布会、后台采访、匿名披露和署名规则、更多使用政府信息发言人等,使得记者的功能被程式化了,并赋予了信息源对新闻传播过程的独特控制权"[1997(1969):138]。

记者处于不同责任(对工作场所的责任、对受众的责任和对信息源的责任)之间的推搡和拉扯之中。然而,凯瑞认为信息源以一种独特的方式影响着记者的心理:依赖信息源的记者往往居住在同一条走廊里,并从他们那里得到直接的反馈。这反过来又转化为对官方信息源的一种特殊的"同情"取向。记者不寻求独立的证实,也不使用关键的方法来检验官员发表的声明……没有真正的努力以平衡官方版本和各种情境中的证据(Koch,1990:174-5)。正如托德·吉特林(Todd Gitlin)所指出的那样,由于与读者和观众之间几乎没有实际接触,"记者往往会被拉进他们信息源的认知世界里"[2003(1980):270]。他接着提出了一个更有力的观点,即从结构上讲,"记者被训练成了对工人阶级和少数民族的声音和生活世界不敏感的人群"[2003(1980):269]。

框架盲症

"框架盲症"指的是记者无法认识到他们自身议题框架的意识形态本质。正如引言中所指出的,新闻客观性的一个关键特征是围绕事件呈现出一个无形的框架,允许它们被"报道",而不是被"建构"。框架理论是一个广阔的领域,吉特林将之定义为"认知、解释、呈现模式的选择、强调与排除,是符号组织者惯用的话语组织方式"[2003(1980):7]。新闻报道声称"在没有价值判断或符号入侵的情况下重组事件",新闻是"对现实的报道",而不是"对故事的报道"(Schiller,1981:2)。在政治报道中,它与"镜子"或"信使"的类比联系在一起,作为报道者的记者是一个中立的专业人士,"站在政治纷争之外"(Hallin,1986:5)。这种对无形框架的主张,并不能保证报道的全面性和公正性,其中最令人震惊的例子之一是19世纪末20世纪初《纽约时报》有关美国私刑的种族主义报道(参见 Mindich,1998:113-37)。

框架关系到新闻业的一个关键困境(Hallin,1986:72)。一方面,记者只提供事实;另一方面,他们是"教师"和讲故事的人,被迫画出框架来教育、说服和娱乐大众。在这两个极端之间,记者可以依靠不同的框架和散漫的描述。例如,冲突可以通过"法律与秩序"或"不公正与反抗"框架来构建(Fawcett,2011)。事件和行动可以通过特定的框架被放大甚至扭曲(例如政治丑闻和对领导层的猜测性报道)。

框架盲症问题引起了人们对新闻业与社会秩序关系的关注。之所以如此,是因为"框架"意味着语言在调解和构建社会秩序方面发挥着关键作用。正如罗伯特·哈克特所指出的,"语言本身无法直接传递事件的内在意义或真相"(1984:234)。换句话说,框架确实没有改变报道传输的消息。然而,得益于那些围绕客观性的新闻常规,

> 新闻常规决定性地塑造着新闻的定义方式,确定事件的新闻价值,并确保"客观性"。新闻被例行公事地、自动地进行管理,因为记者接受了编辑和机构对于新闻价值的定义,接受了官员的分析框架,即便该官员持对立的立场。当记者决定报道什么以及如何报道时,他们很少考虑意识形态假设或政治后果。记者们的工作就是为政治和经济精英们定义现实。
> [Gitlin,2003(1980):11-12]

新闻常规,包括客观性方面的常规,使记者能够远离影响他们工作的意识形态和政治框架。

吉特林指出了一种复杂的职业状况。客观性将记者与各种利益集团"隔离"开来,这些利益集团包括"特定广告商、政客和利益集团的直接政治压力",甚至包括出版

商。客观性还会"调整"记者对"新闻主管和高级消息来源的期望和经验",以便"他们系统地建构新闻,使之与社会的主要制度安排相适应"[Gitlin,2003(1980):269]。

在此,我所说的框架盲症与信息源依赖相交叉。对丹尼尔·哈林来说,在报道越南战争时,吉特林强调的那些常规让记者容易受到操纵。记者们关注的只是"事实","而不是'任何事实'。这些都是官方事实,'客观性'的作用不是消除具有政治影响的新闻,而是打开官方信息源流动的渠道"(Hallin,1986:25)。在某种程度上,哈林认为客观性报道与官方信息源之间的关系是"官方信息源填补了客观性伦理留下的一个重要空白:它们填补了记者放弃解释现实的角色所留下的意义真空"(1986:73)。

就新闻客观性而言,框架理论有"硬"和"软"两种版本。在"硬"版本中,有一个具体的、预先设定的现实,帮助我们来判断媒体。我们可以说框架扭曲或不符合现实(参见 Hackett,1984:234;Gans,1979:305):它们"传递"着关于现实事件的一些信息。"软"版本更具挑战性,因为它质疑社会和政治现实的前提。正如汤姆·科赫(Tom Koch)所言,认为框架扭曲了真实客观的观点是一种幻想,因为"作为一个记录者,我们参与了一件事,我们影响了它"(1990:20)。所谓的事件是构造好的,预先经过调解的。从某种意义上说,我们的世界是由不同力量和形式的框架构成的。身处其中,与其说是扭曲,不如说是意识形态和分歧,其框架被埋在社会和经济关系的"气态"云中。

另一个应用于客观性的"软"版本的例子是哈林的"共识、争议和分歧领域"理论(1986：117)，它描述了不同形式的公共讨论。哈林将这些领域描绘成一个同心圆，共识是内核，正当性争论是中间层，异常的场域是外层。共识的范围是"母亲和苹果派"这一层，在这一层，核心价值观不存在争议。协商一致的价值观很少受到相反意见的影响，不需要保持漠不关心的态度。合法争议的领域是新闻客观性最为突出的领域，在选举竞争和立法辩论中探听不同的观点。这个领域被异常的范围所限制，在这个范围内，一些观点被裁定为超出了合法争议的范围，而客观性以一种政治方式发挥作用，使一些观点失去了被倾听的资格。在这里，中立再次消失，新闻业变成了……"边界维持机制"(1986：117)。事实上，很多商业媒体是由广告商资助的，他们会对共识、正当性争议和偏差的定义给予额外的关注。

意识形态和霸权主义在框架研究中经常被提起，尽管它们均以不同的方式运作。意识形态可以与社会关系的归化联系在一起，新闻宣称"事情就是这样的"，而实际上"事情就是这样的"一直受到争议(Hackett，1984：248)。从这个意义上说，新闻的意识形态功能和客观性准则"反映和代表了主流的权力结构和模式"(Hackett，1984：249)。对约翰·哈特利(John Hartley)来说，构成编辑意识形态基石的公正、客观、中立和平衡并非虚假的。如果新闻机构要与其他机构一起采取行动，使主导意识形态自然化，并赢得霸权主义的同意，就需要它们的助力。

正如意大利政治学家安东尼奥·葛兰西（Antonio Gramsci）所理解的那样，霸权是通过教育和媒体系统实现的（Hall，1977：333）。它可以被描述为一个由"同意"主导的过程，在这个过程中，主导阶级在意义、期望和欲望的领域中运作，"成功地在他们的范围内构建对现实的相互竞争的定义，将所有的选择纳入他们的思想视野"（Hall，1977：333）。媒体在这一领域内运作，使事件具有社会可解读性，并根据诸如客观性之类的规范和惯例将真实转化为符号形式（Hall，1977：343）。

斯图亚特·霍尔（Stuart Hall）认为，框架被职业惯例和规范所掩盖，这些惯例和规范构成了"专业技术中立范围内"的编码工作。例如，中性报道的概念使记者与他所处理的材料的意识形态内容和他所采用的准则的意识形态拐点保持距离（1977：344）。霍尔还认为，这并不意味着媒体没有相对自主性——这体现在广播的经营原则中——包括"客观性""中立""公正"和"平衡"（Hall，1977：345），但自主性因此最终在更广泛的意义上成为"结构化的意识形态领域"，从而形成共识或分歧。

客观性作为矛盾的术语和危险的神话

亨特·汤普森（Hunter S. Thompson）在《72年竞选途中的恐惧与憎恨》（*Fear and Loathing on the Campaign Trail '72*）（Thompson，1973；McLaughlin，2002：163-6）中指出，客观性准则是对新闻行为的约束，因为记者的主观观察对追求真理至关重要。他认为客观性新闻就到此为止了：

> 别再费事了——别在我的署名下面，或者任何我能想到的署名下面找客观性新闻。除了一些可能的例外，如比赛分数、比赛结果和股票市场表格，没有客观性新闻这回事。这个短语本身在措辞上是自相矛盾的。（Thompson, 1973:44）

有些记者虽然承认客观性是不可能实现的理想，但仍然努力实现它，而汤普森却放弃了这种观点。全面覆盖是困难的。平衡也是不现实的（Hahn & Thompson, 1997）。如果客观性是以被报道的事件和记者与主体和记者之间的距离为前提的，那么汤普森可以说消除了两者之间的区别。

汤普森关注的是客观性如何引导记者寻找特定类型的事实：这些事实可以由当权者提供，从这个意义上说，新闻业是可以被操纵的。因此，他评价尼克松，"是客观性规范和教条的固有盲点让尼克松从一开始就溜进了白宫"（Keil, 2005:60）。"他看起来是那么典型的美国人，那么像霍雷肖·阿尔杰（Horatio Alger），以至于他能够从客观性新闻的缝隙中钻出来。"（Thompson, 1994:243）

汤普森发现客观性不足以报道美国政治，而且更重要的是，在事实和信息的博弈中，他认为客观性几乎成了美国政治问题的同谋，它制造了幻觉、肤浅和做作的反应。这并不是因为客观性存在缺陷，而是我们承受不起。

即使是教皇也无法在美国选举年保持"客观"。它是……一种奢侈，一种逃避，一种旁观者的收容箱(Thompson,1994:243)。

有些人会发现怪诞新闻过于放纵，令人讨厌——模仿得很糟糕容易，但做好很难——这是20世纪六七十年代过渡行为的特殊产物。但也有人欣赏它的诚实(尽管它有缺陷)，它对权力的洞察力、在语言上的创造力以及(通常是长期的)对主题的投入——是对良好研究和基础的回归(Ricketson,2001)。

撇开汤普森独特的风格不谈，这条批评路线与客观主义过于科学主义的批评有一些共同之处。两者的共同点是，相比纯粹的报道，另类的新闻形式更能解释事实是如何结合在一起的。正如一本文学新闻学文集的编辑所言，在一个日益复杂的社会中，读者的需求不仅是信息，而且是把社会中心无法容纳的事物整合在一起的愿景……"在作者的人道主义陪伴下，文学新闻将冰冷的事实和个人事件结合在一起"(Kramer,1995:34)。

怪诞新闻只是20世纪六七十年代"新新闻"的一种表现，它试图打破标准新闻的"淡米色基调"(Wolfe,1973:31)，并将非虚构技巧与报道融合在一起。另一位同样关注客观性的作家是汤姆·沃尔夫(Tom Wolfe)，尽管他对客观性的批评没有那么明显。作为报告文学的一种形式，他认为基本单位不是信息本身，而是场景(1973:35,66)。这转移了记者的注意力，但也提供了一个新的"舞台"，在这个"舞台"上，记者可以采取行动，参与报道。它允许"自我的客观性，而不是任何情况下的客观性"(1973:66)。

在许多反对客观性的意见中,这一概念被视为需要纠正或改进。对另一些人来说,这是一种心态,掩盖了他们是多么主观(Morrison & Tremewan,1992:124)。但我们应该考虑的反对意见更为显著。也就是说,相信客观性可能会产生直接的负面影响,这是一个危险的神话。因此,与其为艰难的理想而奋斗,不如承认绝对性超越了我们自身(Klotzer,2009)。加拿大广播公司的威廉·摩根在提出这一观点时,也提出了类似的批评:

> 在我看来,新闻客观性也许就像学术工作一样,往最坏的方面说,是一个危险的神话,往最好的方面说,是一个遥远的、几乎无法实现的目标,我们在记忆中为之奋斗。我甚至倾向于怀疑这个词在新闻政策书本中是否占有一席之地,因为它很可能是无法实现的,当然这也无法核实。(Morgan,1992)

从这一批评角度来看,与其说客观性是对真理的崇高追求,不如说是分离出事实和数字达到的客观效果。这里的客观性与修辞手段有关,如时间、地点、对象和数字的精确性。

由于有线电视新闻的发展,有关客观性所带来的"危险"的辩论呈现出一种复杂的形式:"更个性化、更互动、更固执己见、更公共、更不客观?"(Kinsley,2006)在一个新的背景下拍摄,超然开始显得缺乏倾向性,变为批判性的冷漠和无趣。带有喜剧、纪录片或观点的时事似乎比"直观报道"更能提供信息。

> 越来越多的美国人相信他们通过声音获得的信息,包括像《每日秀》这样的喜剧节目,像《难以忽视的真相》这样的纪录片……福克斯新闻的显著增长在很大程度上源于其清晰的观点。(Overholser,2006:10-11)

虽然诚实和事实的准确性仍然是记者的核心价值观,但假装客观已经成为观众和消费者的一个问题。前《纽约时报》记者道格·麦吉尔将伪客观性定义为危险(2004)。这里的问题是,一名记者可能编写一篇观点相反的文章,从而达到例行公事的客观性,但除了初步了解这个问题以外,对增进这个问题的理解没有任何作用。在麦吉尔看来,新闻记者在报道中以事实为依据,而不是在辩论中偏袒某一方,这种情况越来越不常见了。政治记者迈克尔·金斯利(Michael Kinsley)进一步质疑了所谓的"人为客观"。客观性——美国新闻业及其批评者所信奉的信念——与其说是一种理想,不如说是一种自负。并不是所有的记者都有偏见,但完美的客观性只是一个令人钦佩但无法实现的目标。事实上,大多数记者都在努力做到客观,最好的记者离这一目标很近。问题在于客观性是一个混乱的概念,是一个危险的神话,这一论点表明,努力和失败终究可能都不是那么高尚。

客观性作为一种旁观者的新闻：
倾向附着性新闻

对客观性新闻的一个经久不衰的批评是，它是一种道德观看的形式(Ryan,2001:7)。在战争报道这一特定领域工作的记者们对中立和超然等概念提出了自己的批评。这将我们引向所谓的"倾向附着性新闻"(the journalism of attachment)，一种既提供信息也提供关怀的新闻(Bell,1998a:16；McLaughlin,2002)。驻外通讯员马丁·贝尔(Martin Bell,后来成为英国国会议员)，受教于BBC那种保持距离和超然态度的新闻观念，将客观性视为一种"幻觉"(1997:8)；尽管他"比以往任何时候都更加坚持'公平和公正'的价值观，并一丝不苟地注意事实，决心关注那些不受欢迎的发言人所从事的不受欢迎的事业"(Bell,1998b:102)。《萨拉热窝时报》(*Sarajevo Times*)的编辑凯尔莫·库斯法克(Kemal Kurspahic,1995)和CNN的克里斯蒂安·阿曼普(Christiane Amanpour,1996)也对客观性提出了类似的质疑。然而，相比之下，两者又都试图坚持客观性理念。克里斯蒂安写道：

> 我开始相信客观性意味着给各方一个公平的听证会，但并非平等地对待各方。一旦你在一个像波斯尼亚这样的案件中对所有各方都一视同仁，你就在受害者和侵略者之间画上了一幅道义上的对等图。从那时起，它就朝中立迈

74

出了一小步。从那时起,它离成为所有邪恶行为的帮凶甚至更近了一步;在波斯尼亚发生的是种族灭绝。因此,客观性必须与道德相辅相成。(Amanpour,1996)

倾向附着性新闻这一概念并非没有批评者,我将在第五章和第六章中分别考察这一争论。

真理和现实的本质

在新闻客观性所遭受的所有打击中,也许没有一种打击比对新闻所依赖的真理和现实概念的打击更为根本。对于那些认为自己是讲真话的人或者是反映现实的镜子的记者来说,这种批评可能是切中要害的。它包括对新闻业中事实与价值分离的基本假设的批评(参见第三章)。

这在一定程度上是一种哲学批判,正如卡林·罗马诺(Carlin Romano)所指出的:

在哲学和科学领域,研究人员"发现"或报道的世界上的永恒真理的观念已经陷入困境。自从康德在《纯粹理性批判》中指出人类思维的本质使我们无法在不受思维范畴影响的情况下感知事物本身以来,语言或思维能够反映世界的观点就一直受到怀疑。在20世纪,对"朴素现实主义"的怀疑似乎在除美国新闻业之外的

所有领域都占据了上风。(Romano,1986:76)

在一系列质疑客观性的人物中,罗马诺提到了托马斯·库恩(Thomas Kuhn)对科学知识的批判、保罗·费耶阿本德(Paul Feyerabend)对科学方法的批判、汉斯-格奥尔格·伽达默尔(Hans-Georg Gadamer)的解释理论、米歇尔·福柯(Michel Foucault)的社会权力关系研究,以及理查德·罗蒂(Richard Rorty)对资本 T 真理的批判。

除了哲学批判之外,以真理和现实为基础反对客观性,在一定程度上也是意识形态的,并利用了上文所述对"框架盲症"和"信息源依赖性"的批判。此外,媒介社会学家对新闻客观性所隐含的外部现实概念以及记者只报道现实的建议提出了质疑。正如凯文·莱瑟姆(Kevin Latham)所说,"新闻工作"看起来"真实地指向外部现实",而实际上,任何这样的现实都是新闻生产的特定条件、方法、系统和支配假设的产物,即新闻的"真理法则"(2000:636)。

这些机制由媒体工作的特定范例和组织情境支持。正如盖伊·塔奇曼所说,"每一篇报纸报道都是新闻工作者评估和构造的'事实'集合"(1972:663)。塔奇曼提出了"事实网络"的概念,用以描述支撑报道的来源、事实和共识的相互交织。事实是积累的、可验证的、可核实的。事实网络"既引导着对新闻的搜索,又不断地将自身重构为新闻框架"(1978:103)。从这个角度来看,很难坚持新闻反映社会的观点。相反,新闻是通过判断、事实转换和框架应用的过程变得有意义的。正如芭比·泽利泽所说：

> 有经验的记者很少承认他们使用了被建构的事实，虽然这在批判性的观察者看来是新闻报道的一种常见方式。相反，他们强调坚持客观和平衡的概念，这两者都是专业准则所建议的……这就提出了一个问题，即新闻工作者如何以及为什么利用专业精神来掩盖他们活动的建构本质？（1993：221）

"客观性是一种寻找真相的态度"（ABC Editorial Policies,2008）。这句话抓住了一个基本前提和一个更广泛的框架。寻求真理无论在学术界还是在专业领域都存在着对其路径的激烈争论，对真理的追求正在发生变化。视角和观点的问题尤其值得特别关注。在弥尔顿（Milton）的《论出版自由》（*Areopagitical*,1664）中，"真理"被描绘成一个姣好的少女。突然有一群邪恶的骗子从阴暗处跃起，把她可爱的形体砍成碎片，散落四方。在这个传统中，形成真理的过程是通过将碎片收集起来以重新构成一个完美的形式来实现的（Hartley,1992：149）。

对比女权主义和文化研究的方法，这种观点批判了已知者和被知者的二分法，质疑了客观性通过"审查"的方式将基于种族、阶级、性别和民族的认知方式的影响降到最低。在特定情况下，所谓的"真理"是由谁有权力定义现实来决定的（Allan,2010：149）。正如播音员约翰·

桑托斯(John P. Santos)所说,"长期以来对新闻客观性的神圣崇拜,往往是新闻文化中占主导地位的白人男性的观点"(1997:123;Allan,2010:111)。

值得注意的是,经典的真理概念已经被当代的知识和权力分析所取代(Foucault,1980)。如今,协作式在线新闻使其集合化的同时,也重构了它。还需要对新闻编辑室之外的真相进行探索,即从把关人的视角,强调从不同用户社区的互动中产生多种视角(Bruns,2005:27)。

这场讨论事关"客观"世界图景的命运,还有后目标(或后真相)新闻是什么样子的问题。哈特利用"后真相社会"这个词来描述一种以二进制为导向的新闻业,在这种新闻业中,"理性和真相不是指导原则",而是"对立的观点",使"我们"与"他们"对立(1992:217)。正如罗伯特·哈克特和赵月枝所描述的,在后真相新闻中,"真相声明将受到特定范式的限制"(1998:124),"任何可能的客观性都运作于特定的共享范围之内,但不能穿梭于话语共同体之间"(1998:124)。大卫·米迪奇(David T. Z. Mindich)认为,新闻记者的职业"后目标"应是注重诚实的中介(honest mediation),而不是传递"现实"(1998:141-2)。

其他学者也在处理"后真相"问题。对于理查德·罗蒂来说,"没有什么比正当理由和主体间的一致更能体现真理和客观性"(Ward,2004:269)。主体间性,或通过"揭示和评估我们的主体性和他人的主体性,了解'我们'相对于'他们'的地位"来接近客观性(Deverell,1996:60),已成为一个重要的主题。在这种背景下,斯蒂芬·沃德认为传统的客观性是毫无希望的单向度,"客观的记者是完全超然的;排除了他们所有的个人意见,只报道事实"(2011:224)。

这种情况并不一定意味着客观性是无关紧要的。正如甘斯所言,"它可能以认识论上不可能的形式存在,但它也可以以新闻意图的形式存在"(1979:315)。的确,多角度、多来源使客观性变得"更加必要":"但客观性也将获得新的意义,因为归根结底,只有从多个角度选择新闻,故事选择者才能是客观的"(1979:315)。

对于斯图尔特·艾伦来说,如果以正确的方式运作,这种后真相范式将使我们能够批判性地审视客观性与霸权之间的联系。艾伦试图超越框架盲症的"硬"版本,探索更复杂的理论。借助后现代批判框架,试图超越霸权主义理论,这种理论依赖于揭露"真实"的现实,以解决社会秩序的不确定性和矛盾(Allan,1995:130)。

本然的观点

批评中立和客观的观点集中延伸在了对真相和现实的反对意见上,并提出了"本然的观点"问题(Iggers,1998:96)。虽然这句话可以用来概括客观性,但它在新闻学研究中具有特定的含义。杰伊·罗森提出当记者采取一种"非立场"时,"本然的观点"就可以凸显出来。在这里,平衡成为一个避难所。在罗森的版本中,由于记者不能再被定性为左派或右派,他们得以逃避偏见的指控。从表面上看,这(肯定)像是一种超然。然而,对于罗森来说,这很容易变成一种黑暗的力量,"每天保持超然的态度,直到你几乎凌驾于任何试图与你保持过分政治关系的人之上,至少在敌对派系之间拿着麦克风站在中间。这其中有权力问题,而哪里有权力,哪里就有注意力"(2003)。换句话说,它导致了对政治和民主的(消极的)承诺。罗森认为,脱离任何理论化的政治立场(来自某个地方的观点)在政治新闻中占有特殊地位,因为它容易受到哗然、咄咄逼人的展示和政治奇观的影响。在中立和客观等概念的支持下,它疏散了政治空间(Rosen,2004a)。

罗森并不否认客观性的所有方面。"本然的观点"概念有助于他划出最令人关切的客观性的某些方面,即:

> 在专业新闻领域,美式新闻中的"本然的观点"是为了促使新闻生产者减少观点立场。首先,它常常把记者置于两极分化的极端之间,称这种非此即彼的立场是公正的。其次,这是针对一种完全可以预料到的批评风格的防御手段:对源自党派政治和两党制的偏见的指控。最后,这是一种试图确保普遍正当性的尝试,而这种正当性是那些表明立场或背叛某种观点的人所暗中否认的。美国的新闻从业者几乎都对这种观点情有独衷,因为他们认为这种观点比任何其他可能的立场都更具权威性。(Rosen,2010b)

在所有层面上,"本然的观点"提供了一种错误的或不劳而获的权威地位。罗森反对"本然的观点"主导新闻议程,转而设想了一种多元化的观点,即存在"来自某个地方"的人,也存在来自无名之地的人。

> 让媒体中的一些人继续戴着公正的面具,这有利于培养资源和安抚广告商。让另一些人尝试将透明度作为信任的基础。当你点击他们的署名时,它会带你进入一个披露页面,里面有个人简介,带有使命宣言,还有一种创造性的尝试告诉你:我来自这里。(Rosen,2010b)

罗森承认,"本然的观点"这个短语来自托马斯·纳格尔(Thomas Nagel),他在 1986 年出版了一本同名的书。和罗森一样,纳格尔对客观性的态度也是矛盾的,既提出了辩护,也提出了批评。纳格尔自己设定了一个最重要的问题,即"如何将世界上某个特定的人的观点与对同一个世界的客观看法结合起来"(1986:3)。罗森试图融合两种方法,并认为这种尝试是独特的,代表了一种对纳格尔哲学的根本挑战。纳格尔的方法是"将内部和外部或主观和客观的看法并置"(1986:4)。实现或最大化客观性意味着从我们最初的世界观后退,形成一个新观念,并将这一观点及其与世界的关系视为客体(1986:4)。这是完全不同于罗森的看法,纳格尔始终保持强有力的信念,强调主体性的超然和超越。

纳格尔并不依赖于任何直接的事实与价值分离理论

来确保他的客观性概念。相反,他认为这是一个立场和程度的问题,是把主体纳入客体的问题,反之亦然。主观性对于承认客观世界的"特定性质"和不完全性是至关重要的(1986:25),"现实不仅仅是客观的现实"(1986:26)。当一个观点不那么基于"个人构成的细节"或他们的性格时,它就会变得更加客观(1986:5)。对于纳格尔来说,客观性是反思的产物。

> 只有当我们审视世界和我们自己之间的关系,并形成一个新的概念,包括对我们自己、对世界以及它们之间的相互作用,我们才能把我们的理解提升到一个新的水平。(1986:5)

要平衡这一反思性的观点需要一种一体化原则:我们应当努力认识到这一点,并与主观或不太客观的观点和解(记住这可能会成为一个不可能完成的任务)。纳格尔特别强调从客观性中消除看法和观点的意图。

纳格尔并不赞同一种过于简单化的观点,即我们必须走出自我,从内部的任何地方观察世界。他的客观性概念也不是建立在绝对的"上帝"地位之上的。他的回应是重新建构超然的概念,欣赏"包括我们"的世界观,以及"不受我们特定观点束缚"的世界观(1986:70)。一个"客观的进步"最终可能只是表面现象,这将促进更多的自我理解。超越与再整合在这个意义上是耦合的。

受纳格尔和朱莉安·巴基尼(Julian Baggini,2003)的研究启发,驻外通讯员大卫·洛恩(David Loyn,2007)

提出客观性是真实的一种手段。和平新闻研究员杰克·林奇(Jake Lynch)在2007年回应洛尼丝时,运用纳格尔的客观性概念来强调认识论上的"正确性",这种认识论致力于消除"独特性":在追求客观性的过程中,我们改变了与世界的关系,通过补充我们自身的独特观点,增加了对客观性表征的正确关注(Nagel,1986:91;Lynch,2007:3)。林奇并不是唯一一个对超越我们自身个性的想法产生怀疑的人(D'Agostino,1993),他的批评集中在评估过程的模糊性及其基础上。事实上,纳格尔并不清楚这里应使用的正确性的标准,但这可能是因为他关注的不是真理的对应理论,而是立场的重新整合。因此,纳格尔是否是一个超科学论者,是否从某种绝对的、类似上帝的立场来看待客观性,仍有待商榷。正如纳格尔所说,"如果一种观点或思维形式并不那么依赖于'个人的构成'和他在世界上的地位,那么它就会比另一种观点或思维形式更客观。与一个人的观点相比,客观的观点可能比理论观点来得更为主观"(1986:5)。在此,纳格尔和其他哲学家(D'Agostino,1993)一样,正在转向对话等理念,以巩固对客观性的新承诺。

结 论

对一些读者来说,这些对客观性的反对理由以及由此提出的问题偏离了主题。对另一些人来说,它们是相当致命的一击。对客观性概念产生怀疑并不难。正如BBC的理查德·萨姆布鲁克(Richard Sambrook)所指出的,"如今,质疑是否存在'真相'是一种时尚:事实是否能证明一切?客观性是否值得追求?"(2004)但我想说的是,这关系到的不仅仅是时尚,还需要认真对待客观性的一系列目标以及对客观性的辩护,并探索与另类哲学观点相关的新途径。需要谨慎处理与相对主义、框架、意识形态相关的问题。就像任何有助于构建我们对媒体理解的术语一样,为了保持媒体文化的活跃性和探究性,无论是在会议上、酒吧里、咖啡馆里,还是在大学里,通过辩论提出问题是很重要的。对于一些实践者来说,这种"解构"可能会带来恐惧或威胁的感觉,但希望它同样能带来思考重要问题的新方式。

第三章 为什么『事实』引发了这么多争议?

新闻客观性的核心是报道事实。实际上,尊重事实是客观性本身的核心。上一章所讨论的反对客观性的许多论点的中心包括选择性和价值、科学主义、信息源依赖以及真理和现实的本质。在下一章对客观性的一些抗辩进行探讨之前,有必要考察关于事实的一些争端——特别是事实的地位问题,以及事实与价值的分离问题,这是最具争议的方面。我们还将讨论几种不同的哲学思想流派,因为"现实主义""客观性""实证主义"和"经验主义"等术语经常被用来对客观性进行不太精确的分类,导致了空洞的争论点和对客观性的混乱看法。正如我们将看到的,虽然我们下面讨论的许多"主义"有一个共同的基础,但它们确实代表着截然不同的阐述真理与事实之间关系的方式。

哲学的使用和滥用

关于"事实"的大量争论引发了关于客观性哲学问题的争论,客观性哲学肯定了一个独立于意识而存在的世界,它形成了"一个由客观事实组成的、连贯的、可接近的世界,能够通过观察而被了解,用理性来理解,并在思想、文学和艺术中准确地表现出来"(Shi,1995:4-5)。对于客观主义者来说,这种世界观是完全合理的。其他人可能会质疑其中的某些部分,比如在任何一种语言中"准确"地表达的可能性。尼克·戴维斯(Nick Davies)宣称客观性是一个经典的"地平说"(flat earth tale),他写道,"现实是客观存在的,但任何试图记录真相的尝试……都包含选择……从这个意义上说,所有的新闻都是诡计"(2008:111)。但其他批评者可能会进一步质疑任何"独立"的现实的概念。他们可能认为"现实"——或者我们认为是现实的东西——是从观察者的意识中产生的(Hanitzsch,2004:488)。他们可能会拒绝"说出它是什么"的想法,而选择"你说出来的才是它"(Barkho,2010:15)。另一些人则怀疑客观性是一种认识论,或认识世界的方式。对于杰伊·罗森来说,新闻是作为认识论的客观性的最后避难所,他写道,"即使在硬科学领域,他们也没有真正看到这种对真理的追求方式"(1993:48)。罗森关注的一个关键问题是,这种认识论疏远或切断了新闻与更广泛的知识之间的辩论:

> 客观性作为一种关于如何达到真理的理论,在智力上已经破产了。没有人相信这一点,这是有原因的,因为我们所学到的关于追求真理的一切都告诉我们,以这样或那样的方式,知者融入了已知。客观性还有一个不幸的后果,那就是疏远了美国记者与知识分子之间的辩论

和对话,这是一件非常危险的事情。(1993:51)

罗森认为,新闻业对这一真理理论的依赖,对新闻业在社会中扮演的角色有着严重的影响。

在这一点上,有必要提出一个重要的警示。纯粹从哲学的角度来解释和定义客观性,并将其作为某种哲学运动的表现是很有诱惑力的。这是可能的,也是可取的,因为人们期望客观性是经过深思熟虑的、一致的理论和实践形式。虽然这是一种可以理解的观点,但纯粹的哲学分析是有困难的。其中一个困难是,哲学并不是客观性的唯一"来源"。在英国案例中,有一种正在变强的观点认为,对"事实"和公正性的法律的理解是英格兰面向事实新闻发展的核心(Shapiro,2000:26)。在美国,客观性是经由政治理论来过滤的(Lippmann,1920)。此外,"实践"本身就是一个来源。正如我们在引言中所指出的,在不假定整个认识论的前提下,实践客观性的程序是可能的。正如杰里米·伊格尔斯所言,"大多数客观性的维护者并不为'捍卫客观分析概念'或'解释中立观点的可能性'等抽象的理论问题所困扰"(1998:96)。换句话说,新闻客观性可以被看作不同思想和方法的混合或"阀板"(bitzer)。尽管存在这些问题,我想说的是,深入哲学层面可以梳理出围绕事实产生的争议的某些方面,并由此作为新闻客观性讨论的一种模式,从而超越这种"争议"。

把事实和真相放在一起

关于客观性和事实的争论中最棘手的一个方面是，客观性的概念被赋予了双重角色：它是一种世界观，但同时也是一种表达和传播真理的方式。这样一来，"客观性"一词就成了"客观现实"的简写，同时也是对这种现实的一种感知方式。这种现实与感知的融合缩小了事实与真相之间的距离。它关闭了一个非常重要的哲学领域，这个领域已经被许多运动和理论家探索过。事实、真理和客观现实因此合并或融合成"客观真实"的结构（Windschuttle，1998：8）。但事实和真理的区别也来自接近真理和真实性并以新闻形式呈现它们的方法。

沃尔特·李普曼在谈到这个问题时，对新闻报道的是客观事实这一观点持怀疑态度。在一个著名的段落中，他挑战了把新闻和真理当作同一事物的两种表述的观点。

> 在我看来最丰富的假设是，新闻和真理不是一回事，必须明确区分。新闻的功能是描绘一个事件，真理的功能是揭示隐藏的事实，把它们彼此联系起来，使人们可以根据现实采取行动。只有在社会条件具有可识别和可测量的形态时，真理的主体和新闻的主体才会重合。（1922：358）

李普曼认为,真理的功能是将隐藏的事实彼此联系起来,这一观点有效地引导我们探讨了解或理解事实和事件的方式。在李普曼看来,客观性在将事实与真理联系起来的过程中扮演着重要的方法论角色。然而,在许多关于新闻客观性的讨论中,真相和事实(与李普曼的建议相反)被视为近乎相同。从这个意义上说,这类讨论在朴素的经验主义和原始的科学主义之间摇摆不定:要么事实"不言自明",要么记者就像相机或某种装置。值得注意的是,有许多方法可以处理真相和事实之间的关系问题。

一致性和连贯性

唐纳德·麦克唐纳(Donald McDonald)将客观性定义为"对事物的知识与事物本身之间的基本对应关系"[1975(1971):69]。在此过程中,麦克唐纳借鉴了将事实与真理结合在一起的关键理论之一,即"真相的一致性理论"。对"倾斜"和"扭曲"的指责通常基于一致性理论。

一致性理论可以联系到麦奎尔所说的有关事件的新闻和现实所提供的各种事件版本的对应程度,而新闻任务的"优秀表现"程度可以等同于一致性和准确性的程度。新闻媒体应当"实事求是"(McQuail, 1986)。然而,正如麦奎尔所指出的,一致性理论做出了某些假设。客观性有助于维持这样一种信念,即存在一个给定的现实(客观存在于现实之中),除了现存的社会秩序之外,没有别的选择,而新闻是对它的可靠描述(1986:6)。

与之相反的是"真理的连贯性理论",正如它所暗示的那样,并不通过表征物与客体的对应关系来确定真理。它重视命题的连贯性,"为了连贯性,一个陈述或命题必须与一个适当定义的其他命题的主体保持一致,而这个主体需要在其内部保持一致"(Dawson & Gregory, 2009:127)。

连贯性理论并不总是在讨论新闻客观性时得到青睐,因为它只提供了一个有限的体验角色,"对于一个纯粹的连贯性理论家来说,经验只是相关知觉信念的来源,取而代之的是一致或者不一致"(Blackburn, 2008)。这就是说,正如舒德森告诉我们的,客观性理想是由于事实本身不能说话而发展起来的(参见第一章),客观性恰恰是一种连贯性理论,一种不依赖于一致性本身的感性信仰形式。

在一致性理论中,真理对应于客观现实,而客观现实是可以理解的、可知的、理性的(Dawson & Gregory, 2009:127)。它接纳"忠诚"或"忠实"等概念。这种一致性的方式或性质非常重要,可以用不同的方式加以描述。下面我们将从传播和真实性的角度来研究其中的一些问题,但正如伊格尔斯所指出的,许多记者明显喜欢用"客观或图式等表述"(1989:94),这反映出他们对镜像、反映等隐喻的依赖。

经验主义

在有关客观性的讨论中,经验主义经常被引用,并被赋予主导性地位。它也有许多不同的形式。广义地说,它构成了一种哲学立场,认为知识来自或依赖于对外部世界的感觉经验(Novack,1968:8),认为知识的来源不是理性而是经验;尽管哲学家对我们的知识和感觉经验之间的确切关系有不同的看法,并可能主要专注于感觉、事实或现象。对经验、观察和归纳的关注对许多新闻报道理论具有明显的吸引力,尤其是那些假设记者是一块白板或知识空白的理论。这种哲学通常与十七八世纪的英国经验主义者联系在一起,如约翰·洛克(John Locke)和大卫·休谟(David Hume)等。斯蒂芬·沃德对洛克的心理学进行了有效的描述。大脑对这些感觉进行反思,并在心里产生想法,然后将这些想法形成判断,例如因果关系。它还可以推理,通过推理,从一个想法转移到另一个想法(Ward,2004:68)。这一论述突出了经验主义争论的一个关键领域,也就是说,观察者的状态是"根据预先给定的纲要或模式,不断地组织感知数据"(Hackett & Zhao,1998:110)。

另一个关键人物是弗朗西斯·培根(Francis Bacon)。培根的"常识"归纳法的一个版本建立在"观察是神圣的"观点之上,成为整个19世纪美国和英国官方学术哲学的特征(Novick,1988:34)。席勒告诉我们,"培根式的观察和演绎是美国版的实证主义"(1981:83)。詹姆斯·戈登·班尼特曾宣称,"我已经在商业科学中走出了一条真正的培根主义道路,它必须成功"(Schudson,1978:54;Schiller,1981:83)。

令人困惑的是,尽管有许多朴素的经验主义言论,但新闻学者很少讨论非朴素的或复杂的经验主义形式。"先验的"经验主义有更复杂的形式,质疑我们理解"给定"经验的前提和条件[参见 Deleuze,1991;Voloshinov,1973(1929)]。然而,对经验主义复杂形式的忽视一直是决定性的。沃德认为,新闻业可以选择将其方法建立在积极的或消极的经验主义基础上,并将选择被动的观察者作为一个"致命的概念性错误"(2004:198),"新闻客观性理论在认识论上站不住脚,对报道过程的描述也不准确"(2004:198)。

实证主义

许多学者都注意到了实证主义和新闻业之间的联系(Gans,1979:184;Schiller,1981:83-4;Hallin,1986:65;Glasser,1992:176;Hackett & Zhao,1998:10)。实证主义已经被一系列人物所接受,但最常见的是与法国哲学家奥古斯特·孔德(Auguste Comte)和约翰·斯图亚特·密尔(John Stuart Mill)联系在一起,后者把对真理和错误的检验置于其新闻自由思想的核心[参见 Mill,1997(1859):24]。

实证主义作为一种方法,往往与可观察和可检索的事实相联系。沃德将其与他所谓的"纯粹客观性""概念上更狭隘、方法上更严格""试图使科学远离偏见"相一致(2004:78)。

> 纯粹的客观性认为科学家是冷静的自然观察者。它偏好能够抓住事实的程序和新指令……从本体论的角度来看,事实是一个没有人能够发明或操纵的坚实数据。事实陈述的真

实性来自句子及其描述的事态的直接对应。事实要成为客观的事实，必须建立在科学能够在事实和价值之间划定强硬界线的基础上……"客观性"是非主观的、非解释性的。(Ward, 2004:78)

实证主义建立在经验主义哲学基础上，结合了现代性与进步社会中的经验主义和理性主义(Hjørland, 2005:130)，进而产生了一个统一的概念，即客观世界(Schiller,1981:83)。实证主义认为科学和事实是有效知识的唯一根源。它不喜欢推测，而只关注"实证的给予"(Blackburn,2008)。它寻求超越神学和(毫无意义的)形而上学，确定所有科学共有的一般原则。这些原则是社会组织和人类行为的基础。在此基础上，"事实的积累将导致可预测的社会规律，从而指导政治改革"(Ward, 2004:79)。

实证主义影响了有关新闻客观性的讨论，因为它通过把事实和真相放在一起的具体方式，集中关注可以"计数、测量和权衡"的可量化的事实(Shi,1995:71)。它展示了客观性新闻中事实和价值的分离，并对核实和核查做了强调。在这里，逻辑实证主义尤其重要，它与20世纪20年代维也纳学派哲学家有关，在为客观知识设定条件方面走得最远：即它不应做价值判断，而应该用基础或清晰的语言表达(Hjørland,2005:139)。沃德指出，任何"不能被经验转化或验证"的经历都被认为是"毫无意义"的——它们既不是真的也不是假的(2004:84)。这与缺乏适当的可核实来源而使新闻报道中的某些事实失效的情况并无不同。

实用主义

往往与对新闻业的讨论联系在一起的还有同样起源于经验主义传统但却受到了不同对待的实用主义（O'Donnell,2007）。例如，伊格尔斯将实用主义直接与"拒绝新闻客观性"联系在一起（1998:136）。詹姆斯·凯瑞认为，"理想主义和实用主义破坏了客观性和客观真理的概念，而它们是（行为和功能）科学等解释工具的基础"（1989:91）。只有沃德转向了实用主义以重振客观性（2004）。

今天，实用主义［尤其是约翰·杜威（John Dewey）在其著作中提倡的实用主义形式］通常与寻找替代传统民主和文化思维的自由主义项目，以及排除公众的精英主义民主建设联系在一起（参见 Iggers,1998:129; Schudon,2008）。杰里米·伊格尔斯概述了一种以积极的实用主义思想为依托的新闻伦理理论：

> 实用主义认为，现实是社会建构的，是人类创造词语和概念作为工具来满足人类需求的活动的产物……当我们通过生产活动改变着我们的社会现实时，我们也在不断地改变着我们看待世界的语言、概念和范畴。（1998:134）

从这个观点来看，媒体是支撑社会行为的共同价值观的守护者。

作为对实证主义"脆弱的确定性和僵化的决定论"的攻击(Shi,1995:75),实用主义在批判客观性的讨论中肯定占有一席之地。然而,与凯瑞和伊格尔斯的观点相反,我认为实用主义与客观性一直被错误地放在对立面。事实上,超越了真理的对应和连贯理论,实用主义表明真理不是静态的,而是成为或被制造为真实的(Shi,1995:76)。正如希腊语"pragma"所暗示的,它与行动和事实紧密相连。实用主义的真理理论将真理与效用和目的联系到一起,与"拥有真理的人所形成的计划和目的"联系在一起(Blackburn,2008)。与真理的一致性和连贯性理论不同,实用主义认为真理条件与人类和社会活动有关(参见 Iggers,1998:135)。因此,正如威廉·詹姆斯(William James)所言,现实并非现成的;它是创造性活动的产物,"在我们的认知活动和积极的生活中,我们才具有创造性。我们为现实添加主观的成分和未知的部分。世界是可塑的,等待着从我们手中接受它最后的润色。人在它上面产生真理"[James,1998(1907):108]。这就引出了一个动态的真理概念,"一种思想的真理性并不是它所固有的一种停滞不前的属性。事实发生在一个想法上。它变成了事实,被事件变成了事实。它的真实性实际上是一个事件、一个过程:一个自我验证的过程。它的有效性就是它被验证的过程"[James,1998(1907):87]。

在这样的陈述中,有一个非常灵活的真理理论的基础,从它的实践和事实导向来看,它关注的是结果、事件和其发生的过程,它是对"故事化"新闻理念的补充——

我们敢说客观性吗？詹姆斯不是客观真理的信徒，他甚至怀疑它的存在［1998（1907）：34］。詹姆斯和杜威认为"稳定的现实镜像是一种幻觉"（Shi，1995：78）。但詹姆斯谨慎地澄清，这并不等于说真理不存在，也不是说没有客观标准［James，1998（1907）：99］。相反，实用主义者是由过去的真理和未来世界的"强制"所引导的［James，1998（1907）：99］。这些都来自一种"客观控制"。

所有这些都可以被认为有点过于学术化，除了以下两点。首先，尽管实用主义可能会淡化绝对真理，甚至似乎拒绝客观性（Iggers，1998：118，136），但"实用主义真理"的概念与新闻客观性是具有可比性的。沃德等批评人士一直走在探索"实用主义客观性"的前沿（参见第四章）。第二个相互关联的观点是，舒德森客观性理想的关键人物之一沃尔特·李普曼可以被视为实用主义者（Iggers，1998：66）。事实上，李普曼将自己和他人的作品都描述为"可应用的实用现实主义"（Shi，1995：295）。《新共和》（*New Republic*）杂志（李普曼是该杂志的联合创始人之一）是"应用实用现实主义的机构"。在此基础上，用朴素的经验主义来不断地对客观性进行描述，可能确实是不准确的。

现实主义和自然主义

伊格尔斯认为，"客观性最初可能是一种系统性怀疑的方法，但在实践中，它以制度化的形式，已成为一种朴素的现实主义"（1998：66）。与我们目前研究的其他方法相比，现实主义更直接地与表现或模仿有关，即反映和镜像现实的美学作品。戴维·施在对1850—1920年美国文化中现实主义冲动进行研究时提醒我们,"现实主义"一词来源于拉丁语中表示事物的单词"res"(1995:89)。这样的现实主义唤起了一个物理对象和物质欲望的世界,其中没有其他抽象意义上的"主义"。然而,这个物质世界对新闻工作者,尤其是摄影记者来说尤其有趣。在文学文化中,现实主义作家和艺术家被鼓励去品味"现实的乐趣"(Charles Leland 转引自 Shi,1995:67),并以一种不局限于任何特定科学的方式探索事实和世界的原始细节。文学现实主义者主张客观,但目的却大不相同:

> 无论他们对真理的追求多么真诚,无论他们对客观的主张多么大胆,但现实主义者对现实的表现实际上是相当多样化和复杂化的。他们中的许多人所宣传的远不止文献的准确性。他们想把当代生活的现实反映用于一个特殊的目的:控制动荡的新社会的失控方面。(Shi,1995:90)

施指出,同样的精神激励着许多社会科学家,他们"在一个充满劳工骚乱、种族多样性和种族紧张的日益动荡的社会中,努力寻找增强社会稳定的'现实'方法"(1995:99)。这远远超出了简单反映或记录社会的范畴。现实主义和客观主义成为一种"团结的愿景"(Shi,1995:100),这既是一种文学审美,也是一种社会议程的表达。(1995:116)。

虽然现实主义是一种著名的文学流派,但对许多理论家来说,现实主义是一个危险的话题,因为任何对静态客观性的建构都被认为是有问题的,如果不是在意识形态上表达对社会关系的霸权理解的对话(Belsey,1980:3)。自现代艺术和物理学的革命以来,现实主义受到了猛烈抨击;"具象现实主义的镜子"已经被打破(Shi,1995:284)。"具象"的意义已经从"捕捉"现实的意义转变为"规范、惯例和社会图式"(Tuchman,1978:108)。

然而,在19世纪中后期,与商业新闻的发展相一致,现实主义是至关重要和多样化的:现实主义者是他们那个时代的激进分子,"攻击人们仅仅通过理性处理感官数据来获得知识的实证主义假设"(Shi,1995:279-80)。上流社会的现实主义者、感性的现实主义者、残忍的现实主义者、揭露丑闻的现实主义者,在解决所有现实问题时均表现出不同的方式(Shi,1995:7)。19世纪晚期的美国有一个共识,即"拿着一面镜子观察一种正在变化的文化,会产生一种模糊的形象"(Shi,1995:7)。似乎只有报纸的即时性和广度能够满足这个目标(Shi,1995:108)。

难道是新闻业不够客观,而客观的信息模式切断了新闻业的活力?与现实主义一样,新闻客观性让人感觉不那么拘束,不那么屈从于经验,不那么主动与世界接触。现实主义关注事实,但旨在促进对事实"情境"的理解;不仅是信息,而且还包含社会和文化的互动。

有趣的是,尽管现实主义在理论辩论中已经成为一个贬义词,但"批判现实主义"已经成为新闻客观性的一种新的哲学范式,避免了建构主义、传统主义和实证主义的危险。

> 与传统主义不同,批判现实主义强烈地肯定了一个真实世界的存在,这个世界是一个独立于观察者和他/她的故事和概念的世界……此外,批判现实主义者坚持认为,世界是可以接近和理解的,它并不是一个总是逃避语言和思想的永远不透明和不可理解的"事物本身"。相反,它可以被有意义地描述和解释……在与实证主义的对立中,批判现实主义承认,这种对真实的描述只能通过那些本身就是社会建构的概念来展开……然而,它拒绝传统主义的观点,即世界可以被简化为概念或话语。(Hackett & Zhao,1998:129)

批判现实主义既是对实证主义的过分回应,也是对建构主义/传统主义的过分回应。它试图与对独立于观察者的世界的信仰保持平衡,同时承认传统主义、协商一致的愿望和对真理的后现代概念。这些企图引发了很多问题,这些问题正在得到处理和解决(参见 Lynch,2007:6)。本书不可能完全充分地覆盖这一领域,因为它延伸到了社会运动理论、激进主义和神学(Wright,1992)。批判现实主义有很多含义,"在社会科学中并不是一个同质的运动"(Danermark et al.,2001:1)。然而,值得关注的一个领域是,就围绕新闻客观性的辩论而言,批判现实主义中的"批判"是高度反应式的,并受到二元论的限制。在哈克特和赵月枝的案例中,它是"批判"的,因为它驳斥了实证主义和"传统主义"(1998:129)。在这种观点中,现实主义与实证主义的联系过于紧密。此外,传统主义被严格类型化为完全的相对主义和还原主义。这些都是有争议的观点(参见 Davis,1997)。

批判现实主义也出现在媒体机构的话语中。BBC总裁马克·汤普森(Mark Thompson)已经开始使用这个词。但令人担忧的是,在这些更专业的版本中,批评现实主义变成了报道现实的传统观念的一种伪装;从这个意义上说,批判现实主义可能是提供一种方式来看待过去的传统主义,并保持报道的镜像/模仿概念完好无损。

如果像舒德森认为的那样(参见第一章),一种信息模式的新闻客观性讨论自 20 世纪开始崛起,那么现实主义则提供了一种看待新闻的不同方式,以"超越描述准确性的方式传达一种真理的戏剧感"(Shi,1995:233)。

一个更有趣的术语是"自然主义",这种方法与现实主义紧密相连,很难完全区分。自然主义虽然同样寻求生活化的印象(Shi,1995:220),但也致力于走出高雅的客厅与下层阶级以及那些与"暴力、野蛮、欲望和其他犯罪行为"联系在一起的人物进行融合,同时关注"日常与哗众取宠"——就像这个时代的犯罪和煽情报道那样。客观现实主义者在寻求界定事实与价值的分离之间变得更为严格和准确,并且想要努力推动文化进步,客观自然主义者则接受达尔文提出的适者生存理念,致力于探索并不总是能够保持理性或控制自己命运的人类。正如施所言,"在自然叙事中,我们不能像自由能动者那样行动,要面临压倒性的环境和经济力量的压力,继承着控制性的遗传倾向,屈服于无意识的驱动力和性冲动"(1995:221)。自然主义比现实主义更能描述世界上发生的事情,现实主义假定环境是可控的、系统的、实证的、一致的、从各个方面都能看到的。在所有关于朴素经验主义和新闻报道的信息式模型中,我们都可以强调一种极强的自然主义倾向,它持续发生在各种形式的新闻(揭黑报道、社会新闻和新闻摄影)中,尤其是当丑闻、不忠或腐败成为重点,报道就可以转向复仇和背叛等动机。因此可以说,自然主义是新闻客观性的源泉,但这种客观性并不总是得到充分承认。

事实和沟通问题

如上所述,任何真理对应理论的关键都在于如何想象对应。正如卡林·罗马诺所指出的那样,存在着一种隐藏"语言和世界"之间关键区别的风险。"事实"这个词描述的是关于世界的语言,而不是世界本身(1986:63)。事实不是"世界上的物体"(Hacking,2000:22)。事实不是物体的观点对新闻业有着重要的影响。当客观性被提出,将事实报道为存在于任何陈述之外的"客观真相"时,我们就有误解事实本质的风险。

"真实性"是我们可以给这个问题起的名字,由此区分事实和世界。简单地说,真实性描述了一种测试,或一组条件,通过这些条件,经验、信息被陈述为事实。许多学科(法律、自然科学)都有建立事实的过程,通常是通过证据。它是客观性新闻产生争议的一个关键点,可以通过"分离理论"来解决。"分离理论"试图将事实与观点或事实与价值分离(参见下一节),并根据新闻截止日期等特殊的组织因素进行修改。因此,麦奎尔"根据新闻惯例"建议,"在任何声称报道实际事件或情况的描述中,事实都可以被视为独立的信息单元。'事实'显然不同于主观意见或评论,它原则上应可通过参考可靠来源或其他独立描述加以核实"(1992:83)。

然而,麦奎尔淡化了真实性的一个关键问题,即事实或数据不仅仅是观察和收集到的;它们是在语言中被呈现出来的(Bonney & Wilson,1983:4)。需要指出的是,这并不等于说没有事实这样的实体;相反,它们是描述和陈述,而且是独一无二的。事实上,公民和读者欣赏事实的原因之一是他们所期待的不变性,即他们形成安全或稳定观点的理性辩论方式(参见 White,1971:80)。

盖伊·塔奇曼的开创性著作《做新闻:现实的社会建构》(*Making News: A Study in the Construction of Reality*,,1978)对真实性和客观性新闻进行了广泛的讨论。这本书通过语言使用和框架选择,揭示了新闻媒体在塑造知识和信息方面的力量。真实性有几个维度。从新闻生产过程的维度来看,它与选择出版或播出的新闻有关。这将决定不同事实的重要性以及它们是如何被包装的。有些事实可能被认为是无关紧要的,或者只是没有被注意到(要么因为它们被认为是理所当然的,记者可能缺乏训练,或者它们可能被一个框架过滤掉了)(Tuchman,

1978:8-9)。

塔奇曼所说的"新闻网"指的是空间（记者去的地方）、组织（他们使用的机构）和社交（他们与谁交谈）领域，在这些领域，事实被开发、传播或共享。它是一个混合网络，由人类（例如翻译和"修复者"）和技术增强元素（例如数据库）组成。但正如这个比喻所暗示的，有些东西是通过网络传播的。"今天的新闻网是为大鱼准备的"(Tuchman, 1978:21)。它为社会运动提供了有限的机会(1978:133-55)。新闻网在一定程度上也是概念性的；它按照既定标准的优先次序排除了一些事件和流程工作(1978:37-8)。面对新闻网"供过于求"的局面(1978:45)，新闻网赋予不同的事实和新闻以价值。排版，例如硬新闻和软新闻、现场新闻和发展新闻，有助于控制工作流程，"新闻工作者使用类型化将日常世界中特殊的事件转化为可以进行常规处理和传播的原材料"(1978:58)。

塔奇曼的"事实网"概念削弱了事实是独立的信息宝藏的观点。它涉及具体新闻机构处理事实的方式、新闻机构对截止日期的关注、诽谤的威胁和它们自身的可信度。塔奇曼将事实定义为"通过专业验证的方法收集相关信息，这些方法指定了已知内容和已知方式之间的关系"(1978:82)。因此，她对旨在批准或使事实合法化的专业做法感兴趣。

> 必须迅速查明事实。但是对于新闻工作者（就像对科学工作者一样）来说，目击事件并不足以将自己的观察定义为事实。在科学中，真

实性问题是嵌入在验证和复制过程中的。在新闻领域,核实事实既是一项政治成就,也是一项专业成就。(1978:82-3)

在这里,政治与专业主义的交织,指向了构成新闻网内部结构的来源、属性和非公开声明的复杂网络。在这里,对陈述的验证是真实性的核心,但塔奇曼谨慎地指出,组织需求和语用学可以胜过科学准确性(1978:85)。塔奇曼认为,真实的网络正在经历一个逐渐制度化的过程,"通过强调方法收集补充证据,提出相互矛盾的事实主张,利用熟悉的警方程序来推断事实——新闻工作者制作了一个完整版的真实网络"(1978:160)。

真实性网络的概念有两个方面是值得高度重视的,它们都与沟通有关。首先是关于事实与意义结构之间的关系。对于塔奇曼来说,事实本身没有任何意义。实际上,即使是"二加二等于四",也只是在某些数学理论体系中是真实的。它是将其他有序的事实框架强加于人,使人们能够重新认识事实的真实性和意义的归属(1978:88)。因此,"链条""网络"或"连接"结构对事实的有效性和识别是否是事实至关重要。

第二点与真实性对语言的要求有关。客观性包含在"特定的话语参数"中(Conboy,2010:12)。金字塔形式、短段落、标题和时态的具体运用都是显而易见的方面。塔奇曼还强调新闻写作是一种"新闻用语","充满了令人尴尬的长句、名词、说明性的事实"(1978:106)。新闻散文的语言……建构并完成话语,它是被感知的并引导感知(1978:107)。换句话说,真实性有很强的话语成分。广播新闻为了"完成"自己的论述付出了特殊的努力。新闻电影似乎没有安排时间和空间,它声称呈现的是事实,而不是解释。也就是说,真实性网络嵌入了一个假定中性的电影与日常生活的同步节奏中(1978:110)。有关摄像机定位和构图的规则支持真实性,违反惯例会导致"失真","据说,失真会妨碍观众对中心人物或事件的感知,从而影响新闻的真实性"(1978:113)。这些散漫的要求向我们表明,风格与我们对事实的感觉以及对客观的体验是交织在一起的。如何在履行"作证"任务的同时,抵制"煽动感情"的诱惑,变得比以往任何时候都更加困难(Seaton,2005:232-3)。

分离理论

在客观性讨论中,知者与被知者之间如何联系是一个关键问题,答案在于在科学、文化和政治意义上如何看待客观性。新闻客观性的一个比较有争议的领域是依靠事实与价值或观点的分离来支撑事实的真实性(参见Schudson,1978:5-6)。广义上说,这种分离基于这样一种观点,即事实陈述可以被认为是没有价值的,而这种描述可以与评价区分开来(Blackburn,2008)。在新闻领域,杰伊·罗森这样描述这个理论,"如果你把事实与价值、信息与观点、新闻与观点分开,你就能知道真相。这些分离是美国新闻业自我形象的核心"(1993:48)。应该指出的是,这种分离是对廉价报刊时代长期存在的区别的演变和编纂,即新闻与社论之间的区别,或新闻与意见(有时表示为新闻与观点)之间的区别。因此,在保留过去的认识的同时,这种区别又有了新的层次和形式。

反对这种分离的主要批评是"把任何事物视为'事实'本身可能涉及价值判断,就像选择特定的事实作为基本事实一样"(Blackburn,2008)。举例来说,斯图尔特·艾伦在概述女权主义观点时指出,"事实无法从意识形态和性别生产条件中分离出来"(2010:149)。这种分离似乎假定事实超出了任何一种理论或解释。据说事实来自直接经验,因此在某种意义上没有受到价值观的污染。那么,问题就出在我们对所谓事实的经验主义态度上。但是,正如李金铨指出的,"事实本身不能说明问题;它们必须在一个框架内被加以解释"(Lee,1990:19)。因此,任何关于事实和价值的纯粹分离的实证主义概念都是困难的。分离理论的天才之处以及它在新闻客观性讨论中的运用方式,恰恰在于它使讨论真实性变得困难,或者至少是反直觉的,并使意识形态成为专业实践中的次要考虑因素。"大多数美国记者都以自己将事实与意见分离的这种专业、客观、中立和非意识形态态度为傲。但它们绝不是无涉意识形态的。"(Lee,1990:19)传统上,事实与价值的分离是专业主义的标志,但分离的概念本身却回避调查。

在这一点上,过度参考实证主义来描述新闻客观性会产生一个问题。在实证主义框架下,事实是纯洁的,价值是不纯洁的。可以说,实用主义为分离理论提供了一个不同的、更为灵活的版本,该版本认为通过将价值判断

剥离于报道目的的方式,事实和价值混合在了一起。正如斯蒂芬·沃德所指出的:

> 过去,新闻客观性被解释为事实与判断(或意见)的严格分离,但这种狭隘的解读已不再是新闻伦理的充分依据。如今,客观的记者为每天铺天盖地的信息提供背景和解释,这种解释也不是主导力量。一种更丰富、更灵活的客观性理念正在发挥作用。(Ward,1998:122)

沃德对记者的平面化观点提出了质疑,认为"一个客观的记者的思维不是一个接收感官印象的空白电视屏幕"。他的另一种观点是,"客观性需要的是活跃的头脑,它能运用自己的心智力量,减少一厢情愿的想法、糟糕的推理、琐碎的感觉和由个人兴趣造成的报道失真"。

"后现代主义"

后现代主义值得在论述事实的章节中特别提及。这是一个很难定义的术语,有时与对客观性的批判相联系。康博伊将其视为"一系列表征和理性的危机,两者都是新闻界的关键条件"(2002:139)。他将其与"一场表征和真理观念的危机,阶级、国家和宗教等元叙事的崩溃,全球化的力量,大众文化和精英文化之间鸿沟的侵蚀,以及边缘人对既定社会和文化生活中心的入侵"联系在一起(2002:137)。对一些人来说,它代表了一种相对主义

(Romano,1986:77)。对另一些人来说,它与主流事实叙述中的普遍危机融为一体,"对事实的信仰已经让位于一种认识,即事实本身并不相互影响,进而引发对所有权威来源的不信任,包括报纸及其传递权威的专家"(Iggers,1998:4)。

后现代主义与有关"真理的社会建构"的讨论联系在一起,这一讨论已经变得高度政治化(Meyer,1995;Hackett & Zhao,1998:121-8)。在有关社会建构主义的讨论中,出现了一种极端主义的论调,其论点是,现实不仅是给定的,而且是社会建构的,研究社会建构本身非常重要。值得注意的是,在《现实的社会建构》(The Social Construction of Reality)中,彼得·伯格(Peter L. Berger)和托马斯·卢克曼(Thomas Luckmann)强调,社会的观念既存在于客观现实中,也存在于主观现实中(1971:149)。

斯图尔特·艾伦概述了关于后现代主义的争论,他写道,"将'现实'定义为一种经验事实,将其置于意义的社会关系之外,往往与那些将'现实'定义为一种文化建构的形式形成鲜明对比。对'顽固不化的实证主义'的愤怒指责经常会遇到'一切都被简化成话语'的指责(1995:134)。艾伦注意到,虽然后现代主义经常出现在关于新闻的辩论中,常常带有贬义,但它"很少在新闻媒体研究中以持续或严谨的方式被讨论"(1995:130)。许多记者认为自己是讲真话的人。后现代主义之所以能直面这一观点,是因为它对"真理"提出了质疑,将其置于权力与知识的动态之中。它描述了"那些否认客观现实存在的思维模式,除了记者们例行公事地制造的各种主观描述之外"(Allan,1995:130)。它强调了一个不断进步的启蒙进程的结束(McQuail,1992:303)。从这个角度来看,后现代主义可能认为真理并不只是为了讲述而存在的;语言为我们说话,公众以混乱的方式制造真理。这里值得回顾一下舒德森的论点,即客观性理想的建立正是为了保持对事实的信念,而不是屈服于现代性的混乱和无序(1978:120)。就其本身而言,客观性可以说是"反后现代"的。但由此得出的结论是,它给以客观为基础,以思考社会变革、动荡和后现代状况本身为出发点的新闻业带来了一个问题。正如康博伊所言,20世纪末的技术和经济变革正在导致一场重大的"认识论转变"。后现代性正在模糊正常的边界,并使基于现代主义大叙事的"第四等级和客观性的神话"复杂化(2004:211)。

一些新闻教育学家将后现代主义斥为虚无主义的一种形式,以及一种虚无主义的哲学。这类质疑太庞杂,无法在此尽述,我自己的讨论是从以下假设出发的(借鉴了各种不同理论和讨论),即"后现代主义"并不排除参考物,没有将世界缩减至概念或话语,也不否认真理的存在。"后现代主义"对各种实践构成知识和意义的方式很感兴趣,它通过有权力的政权来运作,被更积极地视为一种建构主义哲学。

然而,媒介伦理文献的一种典型反应表明,"许多学者认为,在雅克·德里达(Jacques Derrida)和米歇尔·福柯之后,声称得到真理是不可能的。在一个能指不断变化和无规范的世界里,伦理原则似乎很少引起共鸣"(Christians et al.,2005:xii)。马克·戴维斯(Mark

Davis)强调了这类论点的一个问题,"认为社会惯例使真理为真、谬误为假,并不等于说没有真理或谬误,或者它们只是一时兴起的想法"(1997:163)。真理,即使是那些在权力和知识结构中构建的真理,从某种意义上来说也是相对的,并保持着它们的力量。正如政治哲学家邓肯·艾维森(Duncan Ivison)所指出的,"因此,规范的相对性在各个重要方面都与道德判断有关。但是,这并不意味着道德判断在总体上是相对的,尤其是考虑到我们对那些规范进行批判性评估的实践。这些规范塑造了我们对什么是好、什么是对、什么是美德的判断(这种实践在人类社会中随处可见)"(2003:35)。

在某些讨论中摒弃后现代主义是令人遗憾的。因为这些立场和观点常常与后现代主义捆绑在一起,提供了一些非常有趣的方式来重新激活和重塑客观性(参见 Allan,1995)。正如哈克特、赵月枝以及他们在本章中的合著者尼克戴尔-威斯福德(Nick Dyer-Witheford)在一篇关于后现代主义的评论文章中指出的那样,"后现代主义影响下的评论家和记者为媒体和报道问题带来了激进的新视角……它们加强了结构主义对语言和话语建构性本质的认识"(1998:124)。

第四章 为新闻客观性辩护的依据是什么?

阅读第二章中对新闻客观性的强烈反对,似乎很难想象新闻业为客观性辩护的理由。尽管如此,一些评论家认为"关于客观性消亡的报道被大大夸大了"(Hackett & Zhao,1998:8;Hackett,1996)。迈克尔·舒德森认为,"新闻业没有成功挑战客观性的新理想,但有希望出现一些新事物,对客观性报道的不满情绪正在酝酿"(Schudson,1978:193)。在这种背景下,理解批评家和评论家为客观性辩护的理由变得和理解主要的反对意见一样重要。

本章要回答的问题是"为客观性辩护的依据是什么"。在此,我讨论了一些已经提出的核心辩护理由。我的目的不是回答所有对新闻客观性的批评,也不是总结所有的辩护,而是确定可以为客观性辩护的关键依据。

一致性条件

对客观性的一个重要辩护是质疑所作批判的连贯性。这是一个值得尊敬的辩护,重点在于消除困惑。正如朱莉安·巴基尼所写,"虽然这是事实

(而不是'真实'),即我们应当拒绝有关新闻客观性的理解,这种朴素而简单的理解认为真理和客观性都是完全自洽的观念,对于记者来说也是正确的理想"(2003)。这种一致性与定义、论证和分类的混乱有关。迈克尔·瑞恩(Michael Ryan)指出,"很少有观察者将他们的评论建立在对客观性的精确定义之上"(2001:3)。吉勒斯·高迪尔(Gilles Gauthier)哀叹现代新闻评论"缺乏理性的严谨性","很多时候,这个概念受到了批评,但没有得到定义"(1993)。

乍一看,"连贯性"是一个明显的辩护理由(因为它暗示了基本逻辑的应用),但朱迪思·利希滕贝格(Judith Lichtenberg)为其赋予了一种特殊的形式,用来应对她所说的对客观性的"复合攻击"。利希滕贝格在她的论文《捍卫客观性》(In Defense of Objectivity)中,着重论述了对客观性的批评中存在一种特殊的困惑,"一些人告诉我们,新闻报道并不客观;其他人认为它不可能是客观的"(1991a:216)。因此,客观性一方面是不可能的,另一方面是不可取的。这两个命题都不正确。在利希滕贝格看来,知识社会学家和后现代主义者将这些不同的批评融合在一起:新闻客观性无法存在和不能存在的观点,与不应该存在的观点混杂在一起。利希滕贝格的回应是抵制这些言论的合并,并根据各自的方式来处理,把不同的问题分开。利希滕贝格认为,"客观性"一词所体现的价值差异很大,因此"投诉的正当性也各不相同"(1991a:218)。在此基础上,她质疑了对客观性的一些关键批评,这些批评涉及偏见、意识形态和对官方新闻来源的依赖

(1991a:227)。

定义问题在关于连贯性的辩论中占有特殊地位,因为客观性一词性质的变化给评论这个词带来了困难。理查德·斯特雷克福斯(Richard Streckfuss)在重新评估这一概念时指出,目前的批评家们所涉及的只是"原始概念的影子"(1990:973)。斯特雷克福斯认为,客观性不应被简单地归结为中立性,我们应该开始理解提出这一概念的背景,"客观性不是建立在一个天真的想法上的,即人类可以是客观的,前提是意识到他们不能。为了弥补这一天生的弱点,20世纪20年代的倡导者们提出了一种新闻体系,使其本身受到科学方法的严格约束"(1990:974)。

吉勒斯·高迪尔认为,对新闻客观性的批评充斥着基本的分类错误,这是他对非一致性的攻击。他写道,"在我看来,许多学者对新闻客观性的批评都是完全无效的,因为它建立在一个分类错误的基础上:它是建立在将客观性的概念应用于不恰当的报道类型这一基础上的"(1993)。为了纠正这类错误,高迪尔引入了五个命题,旨在缩小概念的应用范围。他的主张试图阐明客观性应该如何应用于新闻业,特别是针对直接的新闻报道而不是分析或评论。有人批评说,因为涉及选择,客观性是不可能存在的。高迪尔认为,选择是所有报道和表征的现实。客观性报道不能与现实相符或不能再现全部真相的观点对他来说并不能令人信服,因为"客观性不是在最初选择的时候发挥作用,而是在报道的后期阶段才发挥作用"(1993)。高迪尔的批评建立在一致性的基础上,这是对新闻客观性的一个令人满意的定义。

解释的理由

解释(interpretation)是客观性争论中的一个有争议的问题。丹尼尔·哈林和保罗·曼奇尼在讨论美国和意大利的政治新闻广播时提出：解释是一个问题，首先，因为它被认为只属于政治和新闻精英；其次，因为美国的报道惯例是把解释嵌入事件之中，遮蔽了记者的解释工作(1984：847)。尽管有这样的批评，但解释还是成为为客观性提供辩护的重要依据。以解释为基础的抗辩试图以解释的能力来恢复客观性。他们质疑客观性是如何变得被动的，如何与对解释的更积极的理解分离或疏远的。舒德森认为客观性和解释性在20世纪30年代是连续的(1978：144-7)，直到后来才被视为对立的。从这个角度来看，有可能为客观性概念留出空间，这个概念与积极的分析和解释（参见 Berry，2005）以及对公共利益的激进质疑（Bowman，2006）相兼容。沃德(2004)将解释性作为其务实的客观性观念的核心（参见下文讨论）。这种对客观性和解释性之间关系的重新评估并不局限于新闻业，而且涉及文学理论更广泛的发展(Putnam，1984)。

事实性的理由

围绕新闻客观性争论的一个关键领域与事实的地位

有关。利希滕贝格并没有完全参与第三章中所讨论的真实性问题,但当她考察客观性与新闻记者调查的主题和陈述的连续性有关时,她确实考虑了类似的问题。这些情况涵盖"相对直接和没有争议的事实"和高度模糊的情况。利希滕贝格承认,"对于许多复杂的人与人之间的交往,无论是在'宏观'政治层面,还是在'微观'人际层面,真实和客观的语言可能是薄弱和不充分的"(1991a:226)。然而,她也提出两点:首先,新闻报道中属于模棱两可的(ambiguous)和人际关系的领域是有限的;其次,有关模糊性的结论应当谨慎,要经过深思熟虑。"换句话说,我们必须在假定存在客观事实的基础上继续前进。"(1991a:226)

为了回应关于事实和真相的争论,利希滕贝格为客观性辩护,提出"有些问题具有确定的、正确的答案——而且……所有的问题都有错误的答案"。基于"不容置疑的事实"的观点,她对客观性的否定提出了质疑。在她的反驳中,利希滕贝格质疑社会建构主义在多大程度上使事实无效。她指出,"矛盾的是,对客观性的渴望本身可能包含偏见",但这些倾向并非"无法克服"(1991b:69)。以"乔治·布什是总统"这一事实(1991年的一个事实)为例,她认为"不管'乔治·布什是总统'这句话怎么说,它都是真实可信的"(1991a:223)。换句话说,真理的主张并不一定会因为以下这种观点而变得不那么可信,这种观点认为,这些真理来自社会互动,甚至是特定的理论(取决于它们的争议程度)。"那么,关于事实可能有太多理论;判断是否缺乏事实性很大程度上取决于其所承载

的理论。"(1991a:224)

对利希滕贝格来说,解释的问题确实很重要,并指向了截然不同的理解,但这些并不一定使事实变得无关紧要。事实可以在很大程度上限制解释。正如她所说,"坚持认为对事实的解释超出了客观评估的范围,完全是夸大其词……有些解释比其他解释更好,有些则完全错误"(1991a:224-5)。在事实基础上捍卫客观性的关键问题之一是一种分离理论,该理论假定事实与价值之间有明确的界限。利希滕贝格并没有提到分离理论的作用,但强调了成熟的理论和过程(实际上是共识)在面对事实时的重要性。例如,高度依赖证据和事实的西方法律体系,就是客观性建立在既定理论和程序基础之上的一个例子。

形而上学的理由

关于客观性,有一个共同的反对意见,那就是第一定律,即理解(understanding)和沟通的概念内涵以及现实所起到的作用。当詹姆斯·凯瑞写到"沟通是一个象征性的过程,在这个过程中,现实被生产、维持、修复和转化"(1989:23)时,他正在向形而上学进军。最重要的是,他触及的是先验现实的概念,及其在我们称之为"先现实,后表象"论断中的位置。

> 我们的常识和科学现实主义都证明了这样一个事实:首先,我们所观察到的是一个由物体、事件和过程组成的真实世界。其次,在现实

世界中用语言或符号来命名这些事件，并或多或少地对它们进行适当的描述。先有现实，然后是事实，再然后是我们对它的叙述……虽然语言经常扭曲、模糊和混淆我们对外部世界的认知，但我们很少对这种基于事实的现实主义提出异议。(1989:25)

凯瑞拒绝发表形而上的主张，但他提出了一个核心挑战，即"先现实，后表象"理念，以及支撑新闻客观性的现实主义。正如他所说，"在现实主义的支配下，我们通常假定存在着一种秩序，人类的大脑通过某些能力可以发现和描述这种秩序"(1989:25-6)。"现实不是给定的"或"独立于语言的"，"现实是被生产出来的，是通过交流产生的"(1989:25)。这种批判的术语渗透了许多关于客观性的讨论，特别是那些与社会建构主义有关的讨论，也包括批判现实主义（第三章已讨论）。

这种批判所依据的形而上学基础最好通过参考18世纪德国哲学家伊曼努尔·康德(Immanuel Kant)的观点来加以描述。康德是利希滕贝格（1991b）和沃德(2004:27)等形形色色的批评家的试金石。简而言之，凯瑞的批判在提出相关问题的同时，在结构上却奇怪地保留着前康德时期的风格，因为它忽略了康德在两个世纪前对"先现实，后表象"论点提出的挑战。当康德开始定义他的纯理性方法时，他试图在我们的知识方法中实施一种"哥白尼式"的革命。康德没有假设"我们所有的认知都必须符合对象"，而是探索了何以我们的感官对象

"必须符合我们的认知"[Kant,1997(1781):110]。康德的论点是,我们可以对事物有一种"纯粹的"或"先验的"理解,即先于或独立于经验的理解。康德拒绝"后验"的理解,或来自经验的判断,这种"先验"的方法,用他自己的阐释来说,"不直接处理经验认知的对象"[Kant,1997(1781):6]。

康德并不否认知觉,而是以一种特殊的方式来看待它。客体最初通过感觉以经验直觉的形式出现[Kant,1997(1781):155;Burnham & Young,2007:38]。"表象"(一个范畴,包括自在的事物,也包括像彩虹一样的单纯表象)通过后天的经历进入经验直觉,但它们也通过先验的、纯粹的概念在我们的理解中形成。一个例子是旅行的经历发生在一个对旅行或假期充满期待的领域。这些"使人们能够更多地谈论感官所能感知的事物,不仅仅是经验所能教导的"[Kant,1997(1781):128]。对于康德来说,超越意识的认知"与其说是被客体所占据,不如说是被我们对一般客体的先验概念所占据"[1997(1781):133]。这一提法跟通常与现实主义和经验主义(康德所认为的表象领域)相联系的客观性领域不同。

一些批评家指出,康德主义在20世纪早期并不是科学方法论的前沿(不过值得注意的是,沃尔特·李普曼不止一次和康德的学说擦肩而过)。许多记者受到"科学自然主义"的启发,认为"这种没有先验真理的思想流派,试图用形而上学的术语解释宇宙,助长的不是理解,而是无知和怀疑,只有通过科学调查获得的知识才是有效的"(Streckfuss,1990:975)。这使得形而上学成为捍卫客观性的一个奇怪的理由。

然而,康德观点的意义在于,它认为人类概念及其使用的领域是一个话语领域。这就为凯瑞关于传播的论点和康德的观点建立了联系。康德认为,"每个人的认识,至少是人类的理解,都是通过概念形成的认知,它不是直观的,而是话语的"[1997(1781):205]。因此,判断总是通过陈述来调解问题。康德在这里关注的不是经验如何产生认知,即物质的感觉和表象的形式,他寻求的是一种独立于经验的方法。

康德将客观性置于知性的范畴,而不是直观或感觉的范畴,这就提供了一种形而上学的替代基础,在此基础上,根据"先现实,后表象"的概念,对客观性的概念提出质疑。康德主张对现实做多元论述。他与凯瑞的不同之处在于,他认为批评现实主义会损害客观性。正如利希滕贝格通过康德所理解的那样,"唯心主义对客观性没有威胁"(1991a:219)。

康德的哲学支持这样一种观点,即客观性是主动的而不是被动的,是判断的行为而不是单纯的直觉(参见第五章)。康德作品的一个遗留问题是思想不应该试图反映现实,而应该规范现实。理性通过知性、秩序和构成对象,使知识统一起来,"用康德的话说,这意味着认知主体是主动的——而不是被动地观察这个运动着、变化着、活跃着的世界——理解知识意味着理解这一活动的构成作用"(Burnham & Young,2007:21)。理性,有规律地思考,设定我们探究的目标和方向,并组织知识[Kant,1997(1781):18]。虽然不能说康德提供了一个全面的有关客观性的解释,但他的哲学仍然具有影响力,因为它使理性在确立我们对什么是客观的认识方面发挥了作用。它还支持对独立判断的重视,这被视为更新客观性的关键(Cunningham,2003:31)。

这并不是说康德的形而上学无可置疑。事实上,"我"作为"基本心理概念"[1997(1781):613]支撑着康德体系的统一性,但语言和话语理论使这一概念变得复杂,后者认为"我"和"主语"只是用语上的区别。对一些人来说,这破坏了康德批判的普遍性和客观性的基础(参见Lichtenberg,1991a:219)。此外,后殖民主义的批判质疑康德理论中统一的"我"是否是欧洲中心主义观点的表达(Lichtenberg,1991b:59-60)。然而,康德在范畴和概念方面开辟了一种观点,这种观点在西方哲学传统中一直存在,并且超越了任何将客观性斥为朴素经验主义的观点。正如利希滕贝格所言,"我们可能会否认一个特定的叙述是客观的——准确、公正或完整的——但我们不需要否认讲述一个客观的或至少更客观的故事是可能的"(1991b:62)。当然,有些批评家确实否认这种可能性,但利希滕贝格邀请我们反思这样做的形而上学的基础。换句话说,虽然我们可能会从不同的文化角度来讨论类别,但我们是在类别和概念的架构上进行讨论的。因此,我们对更深层次的理解(Cunningham,2003:26)和独立判断的期望必定来自某处。

程序上的理由

虽然新闻客观性的理想广泛地受到科学的启发,但确保这种客观性的实际方法侧重于事实与价值的分离、提供多元视角、注重准确性和使用可预测的新闻格式。虽然来自截稿日期的驱动力、个人化的内在本质似乎削弱了任何科学方法,但捍卫新闻客观性的一个关键依据来自那些试图重新主张客观性作为一种方法或程序的人。

正如利希滕贝格所指出的,"客观性必须被'操作化'"(1991a:228)。如今,关于这一现象是如何发生的存在争议。有一种观点认为,严格遵守分离理论和空洞的平衡所带来的隐患是可以避免的。例如,劳伦·凯斯勒(Lauren Kessler)和唐纳德·麦克唐纳认为客观性是一种虚假的、不可能实现的理想,而客观性中程序性的诚实、公平、准确、完整和复杂等价值观是可以实现的目标(1989:28-9)。对于史蒂芬·拜里(Stephen J. Berry)来说,问题不在于客观性的标准,而在于它的可操作性以及质疑和验证信息所带来的失败(2005)。同样,道格·麦吉尔也肯定了"不受污染的客观性理想"是"新闻业不可或缺的",表达了他对"无所不在且被滥用的伪客观性"的真正关切,即通过数字来实现报道的公平与平衡。麦吉尔说得很清楚,"当我将客观的理想与观察到的实践相比较时,我看到了一个巨大的差距"(2004)。

女性主义者对客观性的批评利用了程序上的争论,他们认为,客观性未能解释"男性规范、价值观和信仰"可以"主观扭曲"报道(Allan,2010:148)。这种方法在性别、政治、经济和社会现实的范围内重新致力于真理和准确的概念。客观性存在的问题之一是,它排除了特定的

"科学"世界观所附属的种族和性别问题。从这个观点来看,一种重视文化和身份问题的批判性方法可以提供另一种方法,即将客观性可操作化(参见下文关于"立场"的讨论)。

瑞恩在他为新闻客观性所作的强有力的辩护中,试图解构支撑科学和客观性新闻的哲学概念:如准确、精确、怀疑、想象力和诚实等价值观(2001:4)。在提出他的列表时,瑞恩试图通过寻求与科学价值的新联系,使客观性不再教条化。他不否认价值观的存在,而是想把对科学和知识的承诺纳入其中,并认为对公正的承诺本身就是一种正直的行为。此外,他还希望记者具有分析能力,能参与到解释工作中。如果他的定义正确,瑞恩认为客观性的实现才是问题所在,而不是客观性本身(2001:16)。"客观的记者相信真实的世界是存在的,人们可以对这个世界做出合理准确的描述。他们不能保证他们的描述在每个方面都是准确的,只不过他们遵循了这样一个过程,允许他们生产比其他任何过程更为精确的描述。"(2001:5)瑞恩把他的程序性论述和相关性联系起来,质疑对客观性的批评性分析是否建立在将其视为一个神话的基础上,或在道德上被动地忽视了遵循适当的准确的流程的重要性。

在程序上为客观性辩护时,瑞恩遵循了埃弗里特·丹尼斯等人的观点。丹尼斯认为,"如果我们采用能够导致系统决策的方法,新闻客观性是可能的"(Dennis & Merrill,1984:114)。丹尼斯坚持客观性主张,提倡"切实可行的策略使新闻业变得更好、更可靠"(1984:114)。

"新闻或科学的客观性并不意味着所有的决定都没有潜在价值,只是在'游戏规则'的范围内试图系统地实现公正的报道。"(1984:118)

"立场"

所谓的"立场"认识论主要来自女权主义者对知识的批判,它为捍卫客观性提供了另一个依据(Durham,1998)。立场认识论推翻了一些透视客观性的戒律,它没有超越片面的观点、逃避视角,不把任何主体性的入侵视为"扭曲""污染"或"感染"(Machan,2004),而是强调知识的社会情境。

立场认识论拒绝从观点上消除偏见和意识形态,它从知识处于社会情境中的假设出发,认为不同的边缘群体、被压迫群体和被支配群体都有自己的立场和真理主张。因此,立场认识论是明确的反霸权主义,它主张不应该允许传统的社会观察者和反映者,如记者和科学家,把自己排除在分析的范围之外。正如内科米纳克·吉吉·达勒姆(Meenakshi Gigi Durham)所指出的,"立场认识论使用知识的社会情境性质来最大化客观性的基础。这涉及对'客观性'一词的重新定义,将其从消除偏见和价值中立的任何概念中去除,转而采用一种承认偏误的方法,并将偏见纳入科学方法的结构中"(1998:127)。

不是所有的立场认识论家都认为客观性有价值。有些人对这个概念提出了全面的质疑:因为它的普遍性假设,因为它否定了知识处于社会情境中的观点,因为它提倡价值中立,因为它把政治问题排除在研究之外,因为它没有把主体和其他主体之间的关系理论化(参见Harding,1991:138-9)。对于桑德拉·哈丁(Sandra Harding)来说,传统客观性定义的一个关键问题是,它实际上为最大化客观性提供了一个非常弱的标准(1993:71),因为它没有对研究的历史背景或调查的起源和结果展开批判性检查。哈丁拒绝这个术语,并提出女性主义立场认识论"需要加强客观性的标准"(1991:142)。

哈丁的"强大客观性"有很多层面:它拒绝消除人类参与研究的痕迹;它涉及种族中心主义(而不是把某一个群体放在研究的中心)和相对主义(而不是断言所有观点都是平等的)问题。因此,哈丁并没有放弃客观性,而是试图挑战(错误的)观点,即客观主义或专制主义的唯一替代品是文化相对主义。事实上,哈丁认为"相对主义似乎只是在他们的观点霸权受到挑战的时候才有可能统治群体"(1991:153)。哈丁写道,"一个强大的客观性概念需要承认每一种信仰或一组信仰的历史特征——对文化、社会、历史相对主义的承诺。但它也要求拒绝判断的或基于认识论的相对主义"(1991:156)。

对达勒姆来说,不涉及不同视角的政治和意识形态立场的平衡和公平的新闻概念将新闻业锁进了认知的空虚中(1998:126)。她对客观性的另一种看法导致了"一种实践基础,在此基础上,新闻客观性得到了捍卫,这种实践基础承认并解决了意识形态偏见和社会边缘群体与主流新闻报道脱节的问题"(1998:118)。在达勒姆看来,立场认识论是一种解决客观性理论中一些关键矛盾的方法。例如,对"无涉价值的事实性"的持续承诺所造成的紧张,使得记者被要求对事实和价值进行严格的分离,以至于"等同于记者的立场从报道中消失"(1998:119)。另一个例子是,如何在消除记者的观点和声音(通过不同的观点和声音)与代表文化多元性的承诺之间取得平衡。对于达勒姆来说,这些紧张局势对记者产生了严重影响。

达勒姆认为,建立在认识论观点基础上的新闻业将通过一种视角来研究社会,这种视角突出了新闻从业者的社会地位。在实践中,持立场认识论的记者可能会着眼于事件的具体社会情境,如社会护理(他们可能会问谁被分配了护理的工作?在哪里?与其他形式的工作相比,护理的地位如何?)(Harding,1993:55)。瑞恩对这种做法的可行性表示了质疑:"谁来决定什么时候主流内部人士的观点必须被边缘化人士的观点所抵消?"此外,谁来决定首先应考虑哪些边缘化群体的哪些观点?(Ryan,2001:15)但在某种程度上,这忽略了一个更重要的任务,即知识与正当化知识的主张,以及谁有发言权和谁被发言的结构性转变。

对于达勒姆来说,这样的新闻报道将是反射性的,从人类学和文学研究中得到启示,这些研究发现了将观察者的位置考虑在内的方法。这里最重要的是从那些最受影响和"被主流机构和实践边缘化"的人的角度开始研究,他们发现自己"向内看"(Durham,1998:131-2),"因此,记者必须努力把他或她自己概念化为一个局外人,从那些被剥夺了大部分权利的人的角度,而不是简单地把故事的各个部分综合起来,来关注故事的后果"(1998:

133)。与反身性相结合的是对"社会身份是复杂性和异质性"的肯定,因此观察者的"立场"始终是主体与"他者"之间社会关系的产物。"如果将立场认识论纳入新闻实践,那么就要考察知者和被知者之间的社会关系,也就是记者、新闻机构、在新闻故事中将被边缘化的人和岌岌可危的知识之间的关系。"(1998:134)

"实用"的理由

被称为实用主义的哲学流派不太可能成为捍卫客观性的"阵地",它是怀疑超然、真理和客观性的主要来源。实用主义哲学家理查德·罗蒂(Richard Rorty)质疑任何对表象和现实的明确定义,质疑真理的对应理论,质疑依附于此的语言表征主义理论(Rorty,1998:2-3)。然而,他为"解决问题"的进步概念和作为"主体间协议"的客观性概念留出了空间,"主体间协议是通过自由和公开地讨论所有可用的假设和政策而达成的协议"(Rorty,1998:7)。

实用主义(已在第三章中讨论)优先考虑实践和行动,在这方面,它与新闻工作密切相关,但这也给新闻业带来了一些挑战。因为,正如罗蒂告诉我们的那样,如果反思的人类试图通过团结或客观来赋予生活意义,那么新闻业就会尴尬地、似乎不可逆转地夹在这两种方式之间。过于团结,就会停止向社会提出尖锐的问题;过于客观,就会发现自己处于"非人类现实"的领域,超越了社会和读者的世界(Rorty,1991:21)。罗蒂对这一区别的巧妙扩展是,现实主义者寻求"在客观性中建立团结",而实用主义者"将客观性降低为团结"。实用主义不排斥客观性,但也不排斥接受它作为一个超越的原则。相反,它注重文化的一致性和改善。"对于实用主义者来说,对客观性的渴望并不是要逃避一个人所在社会的限制,而只是希望尽可能多地达成与主体间的一致,希望尽可能地将对'我们'(us)的参考扩展到我们可以接受的程度。"(1991:23)

杰里米·伊格尔斯认为实用主义是对新闻客观性的拒绝(1998:136),但事实证明,我们通过生产活动来改变社会现实,通过人类的各种项目和目的来建立真理,这一观点对其他学者颇具吸引力。对于克莱德曼(Klaidman)和比彻姆(Beauchamp)来说,客观和求真仍然是新闻业的重要美德。他们所称的"合理的读者标准"允许对真相进行定位,将读者的需求作为新闻的中心关注点。"媒体有责任报道与公众需要知道的内容大致相关的内容。"(1987:32)。在这个框架中,客观性不是指向抽象和绝对的真理,而是一种价值筛选工作,而且对准确率的要求很高。

近年来,斯蒂芬·沃德在他的《新闻伦理学的发明》(*The Invention of Journalism Ethics*,2004)一书中对客观性进行了最具雄心和全面的重新定义。书的第三部分以他所称的"实用客观性"形式为客观性定义了一个新的基础。沃德对客观性的重新建构始于批判,也就是说,传统的新闻客观性是一种过时的道德力量,它"建立在一种站不住脚的认识论和将报道定性为被动经验主义的错误之上"(2004:261)。"传统客观性的认识论以事实/价值和事实/解释的认识二元论为前提,二元论扭曲了我们对认识、解释和价值的理解。传统的客观性是有缺陷的,因为它错误地认为客观性要求基于绝对的标准或事实,而这些标准或事实是由中立的、无视角的代理者确定的。"(2004:262)

沃德在提出他的渐进的、以实践为导向的客观性模型时,从法律和公共行政等其他实践领域寻求启示,在这些领域中,客观性发挥着合理判断的决定性作用,尽管它还容易引发误判(2004:263)。沃德寻求的是一种不受事实与价值严格分离约束的经验主义,他的目标是"在一个事实、价值、理论和实践利益不可分割地交织在一起的世界中找到客观性存在的地方"(2004:263)。沃德理论的核心是一种实用主义的探究观,在这种观点中,"询问者在预先存在想法的背景下形成他或她的概念方案,进而整体地理解现象"(2004:264)。

在这个模型中,客观性既不是通过反对主观性来定义的,也不是通过依附于客观性的现实来定义的。客观性是通过世界与提供知识和真理标准的概念体系之间的冲突而产生的。它定义了一种理解和评价的工作,一种与实践智慧和理论探索联系在一起的、不完善的信念测试。它摒弃了一个人可以超越所有价值观,务实地追求一种更有目的的方法的想法,"明确界定探寻、提问、想象及其与其他思维方式的互动,有可能达成对我们当前处境的部分超越"(2004:266)。

有人可能会问,是什么将这种方法定义为客观的?沃德认为,实用主义客观性是"用客观标准评价调查"

(2004:280)。头脑会条件反射地转向自身,根据客观性的标准来监控和纠正活动,从而为理性创造条件,"客观性是对情境探究的认知评价,是一种不可靠的、受情境限制的、整体的测试解释方法"(2004:280)。此外,"根据概念方案的最佳可用标准,一个解释如果有良好的支持,我们就可以判断它是客观的"(2004:280)。客观性源于对"通用和特定标准"的应用(2004:288)。对沃德来说,所有好的新闻,包括报道,都是积极的探索。它包括搜索和解释,验证和测试,平衡和判断,描述和观察(2004:292)。沃德认为,记者既不是说谎者,也不是速记员,"他们根据自己的概念方案来解释自己的经历"(2004:297)。

结　论

安德鲁·加尔塔(Andrew Calcutt)和菲利普·哈蒙德(Philip Hammond)认为"批判(客观性)早已成为正统:不仅新闻学研究学者已有共识,而且记者自己也内化了这种批判,似乎经常不愿或无法为曾经定义的职业道德提供有力的辩护"(2011:98)。然而,在考察这些捍卫新闻客观性的理由的同时,还发现了几条对客观性批评进行抵制的路径。除了我们所考察的这些理由都不是基于客观性是"无中生有的观点"这一事实外,还可以认为(没有特定顺序):这些批评在重要方面是不连贯的;将客观性误认为缺乏解释;没有把握事实的关键性和重要性;批判建立在错误的形而上学的基础之上;实用主义和立场认识论并不意味着客观性的终结,也不意味着对真理的客观承诺;甚至在意识形态和权力的问题上,也可以认为考虑说话的位置或立场可以使客观性更强,而不是更弱。毫无疑问,任何偏离绝对主义或客观主义的行为最终都会导致相对主义的观点受到彻底的质疑。本章提出了关于客观性与中立性相关联的问题(我们更愿意把客观性看作解释行为的结果,而不是主观价值消除的副产品)。个人价值观不需要被解读为扭曲的见解或偏见。

我在这里的目的不是针对第二章提出的具体反对意见来衡量这些反馈的效力。显而易见的是,任何简单地将客观性斥为不可能的做法都是复杂的。客观性不需要与独立于意识而存在的现实联系在一起。客观性作为认识论的批判已经为人所知;朴素的经验主义不再是唯一的模式。

显然,新闻客观性仍然存在的最大问题是坚持分离理论,即严格区分事实和价值观。客观性正在作为一种规范性理想、一种认知美德和判断标准而出现。同样有问题的是一种表征的论点,它认为客观性是客观现实的一面镜子,或者认为语言只是传达内容的容器。构成客观性语言游戏一部分的"无形框架"需要作为一个框架、一种话语特征、一种文体惯例、一种表现模式来公开处理,而不是与一些关于世界的经验有关。确实,什么是当代"客观性"新闻的适当风格? 记者如何处理主观性的程度? 对于这些的任何解释或背景写作都被认为远离了客观性理念和直接的新闻报道(Hulteng,1973:7),尤其是媒体和娱乐的融合正在对新闻风格施加压力(参见 Conboy,2004:184-5)。

最后,考虑观察者的观点变得很重要。有趣的是,这些不同的辩护显示出一种将主观性改写为客观性的意愿,这不仅体现在自主判断的重要性方面,也体现在人类处境的脆弱性方面。正如拜里所写,"我们当中那些把客观性作为新闻本质标准的人,首先认识到了我们的人性——我们的主观性,然后利用它。正因为我们了解自己的弱点,所以我们坚持要保持对客观的追求"(Berry,2005:16)。在此基础上,人的脆弱和判断力是客观性存在的有力理由,而不是谴责客观性存在的理由。

第五章 客观性是一个被动的过程还是一个主动的过程？

第三章对事实争议的讨论产生了一个非常基本的问题：客观性是一个被动的过程还是一个主动的过程？如何回答这个问题对我们理解客观性有重要的影响。被动性问题也把我们带入了新闻史上的争论之中，特别是围绕解释性报道的论述。

根据我们的指导性问题，我们应该如何看待"无论编辑如何建议或命令，记者应该仅仅是一台复制机器"（Pray，1855：472），或者"新闻报道应该在没有价值判断、解释和观点干扰的情况下叙述事件"（White，2000：390）。正如斯蒂芬·沃德所指出的，作为"材料的主动选择者"记者和"录音机"（2004：198）之间存在着一种张力。正如利希滕贝格所强调的，"客观并不意味着被动"（1991a：228）。

当然，被动和主动都是有条件的术语。所谓"被动"，指的是将客观性与中立、超然、公正联系在一起的观点，意味着观察者是一个旁观者（Morrison & Tremawan，1992：114-15）。这是一个有争议的观点。科迪（C. A. J. Coady）认为，客观性不应被视为面对明确的现实时的照相机式的被动。

照相机是一个不好的客观性模型,虽然它在调查记者手中可以是一个有用的工具。毕竟,照相机只是记录事件,它不调查、探索或发现事实;它无法区分重要和琐碎(ABC Editorial Policies,2008:2)。相反,对客观性的积极看法将其与判断和解释联系在一起。一个批判性的读者可能会插话说无私和中立可能不是被动的,但可能是严谨的、积极思维的产物——我同意这一点。然而,在新闻客观性的讨论中,被动性的论题已经成为一个突出问题。作为"被动的"代理人,"记者不应该发表声明,参与争论,或在竞争立场之间做出判断"(Hackett & Zhao,1998:54)。哈罗德·埃文斯(Harold Evans)区分了只关注事件的"横向新闻学派"(horizontal school of journalism),把自己视作"直线装配线",从而使得丑闻和不公正之间的区别不会被人注意到,除非别人发现了它们,以及另一种关注自身议题的积极的、纵向的新闻学派(1983:340)。被动就是接受矛盾,保持客观。要保持积极主动,就要对预设提出质疑,并冒着被指责存有偏见的风险。

我们如何回答这个关于被动和主动的问题取决于我们对客观性的期望。詹姆斯·凯瑞坚持认为,转向客观性报道导致了新闻业的"逆向下行",即报道被"去智化",变成一种技术性写作形式[1997(1969):137],这奠定了这一观点的基础。有一种普遍的看法支持这一论点,即"客观性剥夺了记者的创造力和想象力,从而将记者转变为消息来源和观众之间的被动联系,或是一名技术性多于知识性的工作者"(Harless,1990:229)。当然,即使技术工作在某种意义上也是积极的,但更广泛的观点指向了新闻报道和智性的解释性报道之间的关系。

基于"减法"的客观性

客观性作为被动的概念,源起于经验主义哲学,经验主义哲学认为知觉和感觉构成了我们的经验。头脑是一块白板;性格和印象充实了人的思想。据说,对外部可感知物体(以及反射)的观察可以帮助我们理解思维素材。思想源于感知,感知就像窗户,感知到的物体是思想的主要来源。所有这些都让感知者成为接收者的角色。经验主义质疑那种与生俱来的原则,即与生俱来的原则与我们一起来到这个世界,并铭刻在我们的头脑中。经验主义提出这样的观点:我们的经验就像白纸,知识是写在白纸上的。客观性是通过让路,减去自我、经验和互动来实现的。它源于"缺乏主观性或个人参与性"(McQuail,1992:72)。

记者们已经接受这一观点,如对保罗·韦弗(Paul H. Weaver)来说,"自由主义新闻努力成为一块白板,在上面记录着正在展开的事件和正在出现的信息"[1975(1974):91]。将这种类比推广到其他形式的技术也是可能的,比如"无须动脑筋的速记机"(Harless,1990:230;Carroll,1955:27)或照相机:

> 每个记者都是一个记录公众感兴趣的事件的照相机,一个记录所发生的事情或所说的话的照相机,一个简单、简短、直接、有趣而又公正

地把它呈现出来的照相机,不加任何意见、习惯、猜测、感觉或结论的修饰。(Barnes,1965:72)

菲利普·鲁莱(Philip C. Rule)认为"电视摄像机……并不比写作者的打字机更加客观"(1971:541),照相机的类比形象地表明事件记录在记者的意识中,就像电影胶片上的光影一样。这个过程似乎独立于任何主观的思维过程,想法似乎只是被记录和报道出来,没有选择,没有反思,甚至没有情绪——这本身就是事实和价值分离的一个非常极端的版本(参见第三章)。

这种对新闻客观性的被动而简略的理解受到了大量批评。简言之,这些批评认为主观因素是不能被删除的,一个故事的所有决定和感知都受到判断和价值观的影响。甚至有人提出,神经系统本身会限制认知人的认知:

> 在对所接收到的信息进行解码、感觉和传递给大脑的过程中,人类的神经系统经过多年积累形成了一整套反应模式,这些模式稳定下来之后,就会确定无疑地影响到一个人的接受和拒绝接受的能力。[Livingstone,转引自 McDonald,1975(1971):70]

换句话说,每个故事和信号都要经过一个筛子或过滤器(参见 Taflinger,1996)。

"加法"式的客观性

我们可以认为,这种被动的经验主义观点建立在对洛克的理解理论的误读之上,而复杂的思想产生于思维的反思活动,因此实际上是主动的。哲学上对经验主义的重新解读可以表明,我们的大脑不仅记录了外面的世界,而且还以赋予它们意义为基础运作。

实用主义不太强调头脑最初是空洞的,头脑中没有任何先于感觉或反思的东西,而是强调真理是通过行动产生或塑造的。对詹姆斯·哈利斯(James D. Harless)来说,这是一条关键的中间道路,贯穿于关于新闻客观性的辩论。他将关注点从中立和被动转向了积极的框架,即客观性报道是主观的:

> 人是报道的代理者;他或她为了尽可能客观地进行报道,承担了淹没他或她自己的个人价值观的责任。换句话说,这一观点认为,每个记者都必须将客观性的重要价值内在化,并加以操作,以尊重和实现它。(1990:231)

无论出发点是中立的客观实在还是主观的感觉,哈利斯都把客观性看作与判断的行使相联系的一种附加或补充的操作术语。淹没个人价值本身可能会让人感到消极,但更广泛的目标是积极的。把客观性理解为一个主动的过程,这种认识把它与主动的反思过程联系了起来。

从这个意义上讲，客观性是理性追求客观的产物。正如路透社的保罗·泰勒(Paul Taylor)所言，"客观性不是一种状态，是吗？它是一种目标、一个过程、一种日常辩证法——我们一直在辩论它，就像我们应该做的那样，我们所有人都在辩论它"(转引自 Lynch & Conflict and Peace Forums, 2002: 12)。为了进一步说明客观性的被动和主动概念之间的这种相互作用，我们可以借鉴新闻业中一些重要的争论。

关怀性新闻

所谓的"关怀性新闻"(journalism of attachment)代表了一个重要时刻，在这个时刻，客观的被动和主动概念在公开辩论中相遇。这一运动起源于马丁·贝尔(Martin Bell)的著作，是其生活时代也就是20世纪90年代中期和波斯尼亚冲突的产物。对于波斯尼亚记者凯尔莫来说，客观的事实收集对于促使政府在面对种族灭绝暴行时采取的行动至关重要(2003)。大卫·洛恩认为，在这一时期，"美国和欧洲的政治机构不想参与其中，所以他们将其视为巴尔干半岛的悲剧，那里古老的种族仇恨已经被唤醒……所以记者们变得很沮丧。他们的报道没有任何'效果'。他们想要从客观的枷锁中解放出来"(2007: 5)。洛恩对关怀性新闻及其对"被允许'实事求是'地采取谴责塞尔维亚人的立场"的渴望持怀疑态度。然而，这并不应该掩盖关怀性新闻的倡导者对客观性的局限性的批判。

第五章 客观性是一个被动的过程还是一个主动的过程？

贝尔是一名驻科索沃的 BBC 记者，后来成为英国国会议员。他目睹了波斯尼亚冲突中的一些事件，这些事件迫使他重新考虑对新闻职业道德的某些理解。通过质疑传统的超然理念，贝尔写道：

> 我将客观性新闻描述为一种旁观者的新闻，它无法适应时代的挑战……在提出一种既平衡又有原则的替代新闻的时候，与其说我在呼吁变革，不如说我在描述已经发生的变革。它必须发生。例如，我们如何才能报道种族灭绝呢？难道我们要从远处观察它？从另一边经过，然后宣布这不关我们的事吗？这完全是我们的事，也许尤其是我们的事，因为我们是独立的证人。如果种族灭绝不能打动我们，什么也不能打动我们，那么这对我们又意味着什么呢？（Bell,1998b:102-3）

对于贝尔来说，关怀性新闻是一种"既提供关怀又提供信息"的新闻(1998a:16)。贝尔把他的注意力从"战争的环境"(军事战术和人员)上转移开，把情感放在向人们讲述他的故事的中心位置。在这一关键点上，贝尔认为"记者和事件之间的关系绝非客观的"(1998a:18)。因此，贝尔在两个层面上把客观性建构为"被动的"，一方面是客观的定位(作为旁观者)，另一方面是客观的建构(仅仅是"类对象")。

斯蒂芬·沃德对贝尔的回应质疑了客观性作为一种被动的建构过程的观点。

贝尔认为,冷静的新闻工作意味着:其一,记者不能使用他或她的"眼睛、耳朵、头脑和经验储备";其二,记者是冷静的,在某种意义上是缺乏激情的,并对事件无动于衷。对贝尔来说,冷静的记者是中立的感觉、判断和行动。(Ward,1998:121)

沃德不同意贝尔对新闻客观性的定义,他认为事实与判断(其中也包括观点)的严格分离是狭隘的,不再是主导力量。他把客观性看作积极思维和精神力量的产物,不再需要"严格禁止评判"。沃德反对客观的记者永远不能提供阐释的观点。他还指出,中立源于对事件的判断和公众监督。

在沃德的理解中,记者可以既是客观的,又是有关怀的(即关心),这一观点并不矛盾,重要的是记者的判断。事实上,将客观与关怀相结合可以产生更好的客观性概念,"我们既需要关怀的激情,又需要客观的克制,才能共同创造出扎实、引人入胜的报道"(1998:123)。显然,关于新闻客观性的对立观点在这里发挥着作用:一个是贝尔提出的被动概念,被沃德描述为狭隘和枯燥;另一个是更积极的版本(在沃德看来),被认为更丰富、更灵活。第六章将更详细地讨论关怀性新闻引发的伦理争论。

解释性报道

凯瑞认为,新闻业向客观性报道的"向下转换"有几个负面影响:记者独立性的丧失、倡导和批评等传统角色的丧失、记者作为"事件中介者"的地位的削弱[Carey, 1997(1969):137-8]。这导致人们的注意力从智力转向技术性的技能。新闻的定义被削减为所谓的"直观报道"。《基督教科学箴言报》(Christian Science Monitor)和《新共和》杂志的理查德·斯特劳特(Richard L. Strout)将之描述为:选用一个人的声明,找到另一个人进行回复,再将它们放在一个故事里,加上一点颜色(1950:5)。而我们所称的"解释的能动性"(及其衰落)经常提示被动客观性和主动客观性所带来的区别。

解释性报道至少从20世纪30年代以来就一直遭受实践者和理论家的争论。争论围绕解释性报道产生的不同假设展开。解释性报道可以看作客观性的核心部分,但也有其局限性,它与客观性是对立的,是对客观性的延伸和完善。一个人的出发点才是判断被动和主动的关键。

例如,新闻工作者把解释作为客观性一个受限制的方面,他们在"直接"报道的理念和约束下工作,把解释归因于信息源,从而把解释纳入客观性。这对报道提出了严格的限制。正如罗伯特·哈克特和赵月枝所描述的例子那样,记者获得了一份文件,这将迫使记者做出解释,但同时也会违反平衡、中立和客观等判断标准。(1998:45)因此,这位新闻工作者报道了围绕这个文件的两种相互矛盾的说法和立场,而不仅仅是查阅和解释文件。

另一种方法是把解释看作增强客观性的一种方法。1952年,《纽约时报》出版人阿瑟·海斯·苏兹伯格

(Arthur Hays Sulzberger)坚持认为,"今天把客观性表达作为一个不变的目标需要更多的背景和更清晰的解释"(*The New York Times*,1952:21)。莱斯特·马克尔(Lester Markel)在 1953 年《美国报纸编辑协会公告》(*The Bulletin of the American Society of Newspaper Editors*)中写道,"解释不应脱离事实性故事",旨在促进他所谓的"客观性解释"(Markel,1953:2)。为了区分解释和意见,马克尔把解释性报道定义为一种更深层次的新闻,这类新闻将特定的事件放在更大的事件流中(1953:1)。马克尔提出了一个简单的方案,调查和报道是新闻,阐释是解释,评论和公开判断是意见。此外,解释是基于对事件的认识和评价的客观判断。编辑是一种主观判断。

马克尔驳斥了任何偏离事实或使用判断导致意见的论点。他没有将一些"旧式直观报道"的概念制度化,而是反驳了"获得纯粹的客观性是可能的"这一谬论(1953:2)。一旦承认了不可能存在纯粹的客观性——这并不意味着新闻客观性理念是一个无用的原则——客观性和解释性报道在很大程度上就变得边界不清了,这种解释所需要的判断与选择所谓的事实故事并展示该故事所涉及的判断并无不同(1953:2)。

1950 年尼曼研究员关于"报道背景"的一份特别报告同样断言,"你可以解释并仍然保持客观性"。作者对"完全真实"的新闻报道提出了质疑,认为这种报道不能提供任何理解——"读者有权获得客观且形式上易于理解的新闻"。作者没有谴责客观性,而是鼓励对客观性进行批判性反思。解释性报道的第一个障碍是"对客观性不切实际的重视","当客观性阻止在一系列事实和主张中使用解释性材料,而这些事实和主张没有客观性就会令人困惑时,客观性就会变得不现实"(Nieman Fellows,1950:29)。这里的论点不是将直观报道当作客观性的同义词,而是指出其是"奴性的客观性","当它导致一个倾斜的故事时,它就违背了自己的目的"(1950:30)。作者将"刻板报道"称为处理某些新闻事件的"传统客观方法",但也认为提供背景的新闻是"真实客观"的,提供真实的画面有别于"虚假客观"(1950:30)。

哈克特和赵月枝认为,"虽然解释性报道在概念上和实践上刷新了客观主义的旧风气,但有几个因素提醒我们不要夸大它在多大程度上改变了旧的报道惯例"(1998:45)。在他们的评价中,解释性报道构成了一项适度的改革,但解释性报道挑战了旧式的直观报道,为更多的语境化开辟了道路。鉴于传统的力量依然强大……解释性报道的潜力非常有限(1998:46)。下节将更详细地探讨这种旧式的直观报告与客观性之间的关系。

重新评估麦卡锡时代的解释性报道

解释性报道正站在对客观性是主动还是被动过程这一辩论的中心,有许多人担忧"如果被允许成为宣传的斗篷,解释性报道将倒回到旧时代不受限制的'合格报道',弗兰克·莫特(Frank Mott)将其定义为由谣言和很少事实构成的报道"(Mott,1953:83)。在麦卡锡时代,解释性报道在美国也引发了激烈的争论。我认为,这场辩论对如何讨论和评价客观性产生了重要影响。美国新闻业有许多关键事件(越南战争、五角大楼文件、水门事件),有人可能会问,我们为什么要在这里特别关注麦卡锡时代?

我的理由是,这个时代以一种独特的方式为随后发生的事情设置了话语条件。然而,这并不是说它完全是决定性的。关于越南战争报道的研究使用了从麦卡锡时代得到的直观报道和解释的概念(参见 Hallin,1986:73),并将它们重新用于建立和宣传立场之间的紧张关系(1986:67)。而越南战争报道则将客观性与官方来源和主流的理解框架结合在一起,形成了更清晰的视野[Hallin,1986;Gitlin,2003(1980)],它进一步设计了在一个机构内的客观性建构与倡导性叙事。

水门事件代表了一个稍微不同的进程。舒德森认为"水门事件压倒了美国的新闻报道"(1995:142),但在余波中,一些重复的模式是显而易见的。水门事件将支持者和反对者的注意力都集中到了解释性报道上(Zelizer,1993:228-9)。曾作为一种特殊做法的解释性报道在此前从没受过如此程度的重视。事实上,正如舒德森所指出的,调查性报道的争论焦点最终落在了(解释性报道)"就像普通报道一样"上(1978:188)。有人可能会说,客观性和解释性之间的二分法在这里消失了,但我认为,"调查传统以其攻击性与客观报道的被动性区分开来"的观点仍然很明显(Schudson,1978:189)。然而,在水门事件中,围绕客观性标准的政治条件却变得更加复杂。尼克松时代,在副总统斯皮罗·阿格纽(Spiro T. Agnew)

1969年就联播网络监管发表的演讲中,客观性成了试图约束媒体的政府话语的核心(Agnew,1969;参见 Maras,2012)。在这种背景下,舒德森建议伍德沃(Woodward)和伯恩斯坦(Bernstein)"为新闻业树立一个忠于客观性理想和拒绝虚假公约的榜样"(1978:189)。舒德森认为,在新闻教育的层面上,这是对"客观性报道仪式"再投资的结果(1978:192),它为由来已久的围绕客观性的紧张局势的重演创造了条件。

综上所述,舒德森认为,"在报道越南和水门事件时,记者们并没有放弃'客观性',甚至没有意识到他们这一代所秉承的客观性宗旨已经是虚弱的影子"(1995:171)。这是值得注意的,因为在20世纪30年代和50年代,人们就解释性展开了激烈的辩论。约翰·胡尔腾(John L. Hulteng)称之为"长期持续的、多标签的讨论"的一部分,辩论从围绕解释性报道延伸到倡导性报道(1973:133)。我的论点是,这种客观性的"可怜影子"的来源之一,产生于后麦卡锡时代关于客观性和解释性的描述。对解释性报道的传统理解将其视为对客观性的挑战,然而,在某些方面,这种描述误解了客观性报道和解释性报道之间的关系,主要是因为它将客观性视为整个"旧式直观报道"传统的同义词,几乎没有为解释性留下空间。

对于任何关于客观性的讨论来说,麦卡锡时代都是一个重要的时期,因为参议员约瑟夫·麦卡锡(Joseph R. McCarthy)"极其聪明地运用了我们在哥伦比亚大学(Columbia)学到的那种客观新闻主义的教条"(Boylan,1986:31)。1953年,罗纳德·梅(Ronald May)认为,虽然"没有其他原则是可能的……在麦卡锡方法的压力下，客观性报道成为无耻谎言的传送带"(1953:11)。迫于时间压力，记者被要求又快又多地报道对麦卡锡先生的指控(Strout,1950:5)。麦卡锡本人深切理解文件和事实对美国公众的吸引力，他往往倾向于基于证据和不法行为的依据、文献和已经刊载的新闻来完成报道(Rosteck,1989:293)。套用1951年休斯顿·沃林(Houston Waring)的话，这位"客观之神"已经落入"弥天大谎的伎俩"(转引自1953年5月11日)。

133   这种操纵的影响是深远的。对泽利泽来说，麦卡锡主义代表了一个关键的转折点，在这一点上，客观性理想被重新评估和编码为有关专业性和责任的论点(参见 Zelizer,1993:230-3)。毫无疑问，这暴露了一种方法上的弱点(参见 Davies,2005)。正如保罗·韦弗所言，"煽动者无法创造……没有媒体宣传的运动。通过不加批判地重复和戏剧性地展示参议员提出的感性指控——与客观性新闻的使用保持一致——新闻界为麦卡锡提供了这样一个宣传工具"[Weaver,1975(1974):96]。这一时期的新闻业充满了创伤和罪恶感，它被描述为"新闻的失败"，媒体扮演的是同谋而不是对手的角色(Boylan,1986:31;Zelizer,193:230)。艾伦·巴斯(Alan Barth)在发表于《行业记者》(*Guild Reporter*)的文章中给出了一个早期的例子。

> 令人敬畏的第四等级又一次被玩弄了——走在新闻客观性的老路上。一个显而易见的事

> 实是,国会议员们一直在延续客观性的传统,直到它完全失去了最初的形态……而那些懂得不把它当回事的报人觉得有必要直接告诉那些不懂得不把它当回事的公众。(1951:8)

考虑到这一点,巴斯在结束报告时恼怒地说,"也许我们的责任超越了客观"(Barth,1951:8)。

虽然麦卡锡主义为客观性的重新评价提供了有力的理由,但有两种误读在把客观定性为被动或置于消极地位方面发挥了关键作用。结果,客观性和解释性之间的动态关系被扭曲了,围绕解释性报告的辩论如何助长客观性本身的改革?我们对此失去了强烈的意识。

第一个误读将解释性报道直接与麦卡锡联系起来。赫伯特·阿尔特舒尔(J. Herbert Altschull)举了一个例子,他指出,"正是在麦卡锡之后,对'解释性报道'的强烈需求才出现"(1990:315)。阿尔特舒尔创造了一个清晰的前后叙事与解释的关系,转折点是麦卡锡。在麦卡锡之前,"舒适的客观性准则是至高无上的"(1990:314)。而在麦卡锡之后,"记者们普遍表达了对客观性准则的反对",导致了"美国记者的角色和功能"这一新概念的出现(Altschull,1990:315)。

这一误读提供了一个有关解释性报道起源及其与客观性之间关系的误导性观点。舒德森将两者的讨论追溯到了20世纪30年代:

> 20世纪30年代,时人所称的"互动性新闻"

风行一时。主要的记者和新闻教育工作者坚持认为,世界已经变得越来越复杂,不仅需要报道,而且需要解释……记者们坚持认为,他们的任务不仅是帮助读者了解,并且是帮助他们理解。他们理所当然地认为理解与党派或党派倾向无关。(2001:164)

在《发掘新闻》(*Discovering the News*)一书中,舒德森展示了20世纪30年代解释性报道和客观性是如何相互协调的(Schudson,1978:147)。戴维德·戴维斯(David R. Davies)认为,从20世纪40年代开始,美联社就积极地讨论解释性报道的优点,并认为解释性报道与客观性是相容的(2005:207-8)。

客观性理想(参见第一章)和向"解释性报道"转向的运动是对第一次世界大战后世界日益复杂的局势以及舆论管理方法的关切的共同反应。柯蒂斯·麦克杜格尔(Curtis D. MacDougall)在1938年出版的《解释性报道》(*Interpretative Reporting*)一书中提出了这一观点:

在过去六年中,主要舆论媒体的学生越来越意识到社会条件的变化,这导致新闻采集和传播机构改变了其报道和解释新闻的方法。近半个世纪以来,新闻记者的职业道德曾要求严格区分叙述者和评论者,这一趋势不可否认地朝着解释功能与报道功能相结合的方向发展。(MacDougall,1938:v;Schudson,1978:146)

麦克杜格尔在其著作《赋予它实质》(*Giving It Substance*)的一个章节中,对美国报纸对外国新闻的处理以及美联社未能提供第一次世界大战的背景和解释提出了批评(1938:149)。在他看来,提供解释既具有社会责任感,又有利可图。"毫无疑问,这种趋势是朝着更具解释性的报道和新闻写作的方向发展的。"(1938:251)虽然他将其视为一场语义上的争论,但对麦克杜格尔来说,解释对于客观性是必不可少的,而没有解释的客观性是"不可能的,如果可能的话,也是不可取的"(1947:3)。

对于麦克杜格尔来说,解释性报道与"避免情绪化和保持客观的能力"并列(MacDougall, 1938:251)。它奋起迎接挑战,使复杂的社会、经济和政治趋势具有意义。赫伯特·布鲁克(Herbert Brucker)在他的《不断变化的美国报纸》(*The Changing American Newspaper*)一书中写道,它寻求的不仅仅是噱头和感觉,而是深入表象之下(1937:4)。

这并不是说解释性新闻和客观性是完全一致的,布鲁克注意到"报纸读者普遍怀疑美国新闻和报道展示的客观性"(1937:28),但他把解释看作"尊重第四等级客观性的义务"(1937:18)的一部分。舒德森指出,最明显的区别是努力在周末和工作日的新闻摘要中体现"背景和解释",以及报道的高度专业化(Schudson, 1978:145; Brucker, 1937:7)。他对报道的更大背景和解释感兴趣,认为自己置身于一场更广泛的辩论中,这场辩论围绕赫斯特(Hearst)和奥克斯(Ochs, 1937:12)等早期编辑的新

135

闻模式展开。对于布鲁克来说,对解释的传统偏见产生的部分原因是"为了满足一个更简单的世界的需要",为了便于背诵简单的事实(1937:11)。

第二次误读与直观报道的概念有关,作为解释的背景,客观性和解释被置于二分法之中。这种二分法产生于一种观点倾向,那就是直观报道作为一个整体代表了"新闻客观性的传统"(Hackett & Zhao,1998:46)。它源于新闻史中的一种趋势,即从"直观报道"的兴起来看待编辑评论与新闻的分离(Mott,1953:72)。然而,从特定的报道实践转向整个原则或传统的变革是一个飞跃,并不是所有20世纪50年代的评论家都会这么做,也不是所有的评论家都把20世纪50年代的直观报道与19世纪40年代的报道混为一谈。虽然像梅这样的评论家对客观报道原则持批评态度(1953:11),但他的例子是来自新闻通讯社的稿件。这一点很重要,因为正如道格拉斯·卡特(Douglass Cater)所言,并非所有关于那个时代的报道都遵循单一准则:

> 阻碍媒体对麦卡锡指控进行报道的僵化模式之一,是普通记者和线人的"直观"报道与少数特权阶层的"解释性"或"评估性"报道之间的区别。一个有线电视服务编辑为我定义了"直观"报道。他认为"记者的工作就是代替无法到场的观众。像观众一样,他也不会深入探讨动机或其他方面的问题,除非这些问题成为公共记录的一部分"。(1950:18)

第五章 客观性是一个被动的过程还是一个主动的过程？

卡特并不认为直线记者(straight reporter)是唯一可行的报道形式。卡特对直观报道的局限性提出了严厉的批评，但通常是用引号括起来的。面对像麦卡锡主义这样复杂的事实，直线记者已经变成某种穿紧身衣的记者。他的主动性受到束缚，不能履行他的首要职责，即给读者带来更清晰的理解，相反他导致了对现实的扭曲。卡特没有把直线记者和客观性混为一谈。

由于误读——将解释性报道与麦卡锡时代联系在一起，以及将直观报道与整个客观空间相混淆——人们很容易将解释性报道和客观报道置于对立的、冲突的关系中。然而，正如马克尔、卡特等人的著作所表明的那样，将旧式的直观报道与解释性报道之间的关系作为简单的二分法是过于简单化的。因此，客观性与解释性报道之间的关系比通常假设的要复杂得多。

不幸的是，20世纪50年代解释性报道与直观报道之间的争论，已经演变成解释性报道与客观性之间的分裂。正如埃尔默·戴维斯(Elmer Davis)所说，新闻报道中出现了"巨大的鸿沟"。

> 好的报纸，好的广播员，必须在两个巨大的鸿沟之间走钢丝——一方面是虚假的客观性，只看表面价值，让公众被最厚颜无耻的骗子所欺骗；另一方面，"解释性"报道不能在客观和主观之间划一条界线，不能在合理确定的事实和记者或编辑所希望的事实之间划一条界线。说

> 起来容易，做起来很难。难怪太多人依赖于一个无可争议的客观事实，即尊敬的约翰·胡齐斯说过的：引用就好——不管他是否在说谎。(Davis,1952:38)

注意，即使在这里，"虚假客观"和解释性报道之间也存在着鸿沟，戴维斯仍然坚持客观而非主观的事实标准。

埃德温·贝利（Edwin R. Bayley）正确地警告我们，把"客观性"和"解释性"之间的冲突当作"原则性冲突"有点误导人(1981:75)。这种处理的不幸后果是将客观性置于结构化的被动地位。危险是容易忽视新闻工作者曾批判性地实施客观性传统的方式，即使是在直观报道盛行时代的电报辅助报道中，解释、辨析、背景乃至客观性本身（描述其工作的）也是常用术语（参见 Bayley,1981:77-81）。

贝利呼吁重新评估(1981:78)。杰里米·伊格尔斯同样试图打破这些障碍，他认为"接受解释并不意味着放弃客观性，或将它作为认识论的目标或一套新闻实践；相反，客观性的概念被扩大到包含客观的解释性这一有问题的概念"(1998:95)。伊格尔斯认为，在麦卡锡时代之后，因为编辑给予了记者更多进行解释性报道的自由，所以客观性开始失去对美国新闻编辑室的牢牢控制。20世纪六七十年代(1998:69)，客观性继续受到新闻体制反对者的猛烈攻击。但他们继续将解释与麦卡锡联系在一起，并倾向于认为解释性与客观性不一致。作为解释的倡导者，戴维斯提出，从长远的角度看，"我们已经摆脱过去几年面无表情的客观性,这种客观性源于参议员麦卡锡的崛起"(1952:34)。贝利探讨了这一现象的实际后果。编辑们呼吁美联社确保防范"所谓的解释性写作"(Bayley,1981:83)。在政治上,贝利认为"所有关于客观性的'宗教激进主义者'都来自支持麦卡锡编辑的报纸,而所有为解释性报道提供辩护的编辑都来自批评麦卡锡的新闻报纸"(1981:85)。与此同时,客观性变得更难被称赞,也更难被视为主动。用华莱士·卡罗尔(Wallace Carroll)的话来说,它成了一种"致命的美德"(1955:25)。客观性发现自己陷入了僵化的模式。

结　论

每一种规范或理想都在更广泛的领域发挥作用,包括社会领域和专业领域。在客观性方面,这一领域包括一系列预先设定的担忧,包括作为"意见、偏见、歪曲、猜测和鼓吹"的解释[McDonald,1975(1971):81]。正如唐纳德·麦克唐纳所指出的,出版商对此做出了回应:

> 他们认为这是一种绝妙的选择,一种定义如此狭隘的客观性,以至于被删除的不仅是新闻专栏中固执己见的社论,还包括记者将报道内容置于有意义的语境中的任何机会。这被认为是科学家在他的实验室里的客观态度,一丝不苟地记录着他的感觉——敏锐的、客观的、没有偏见的,最重要的是,在可证明的事实面前保

持谦卑。事实上,这位科学家所做的远不止这些:他的调查引导他寻找原因和关系,他的直觉和创造力从来没有闲置。[1975(1971):81]

正如围绕解释性新闻的辩论所显示的那样,这种"狭义的"客观性并没有得到普遍推广。虽然它有限制意见的作用,但它也限制了对戴维斯所说的"单向度的新闻"报道,"就其内容而言,它实际上是准确的,但与整个事实相差甚远"(1952:34)。戴维斯回应了早些时候的担忧,并对客观新闻的"被动"表达了自己的担忧。他指出,"客观性常常向后倾斜,以至于新闻业仅仅是那些自命为善的骗子的传送带"(Davis,1952:32)。同样,卡罗尔反对的不是"理想本身",而是一种狭隘的、"近乎教条主义的对客观性的解释",这种解释近乎"不负责任","我们的客观性往往只是半真半假的客观性"(1955:25)。

对客观性的批评可以被对更积极、更具解释性的客观新闻主义形式的呼吁所反驳,这一事实表明客观性是一种适应性的规范,可以容纳不同的观点。虽然对客观性的"减法"解读往往占据了主导地位,但"加法"概念却对客观性的分类方式提出了质疑。然而,直观报告(无论如何定义)限制了解释性报道的观点仍然存在,并助长了对客观性的被动性或其他方面的含蓄和结构性判断。在"赤裸裸和确切的事实与解释之间"(Mott,1953:87),在报告者和解释者之间,在批评者和提倡者之间(参见Janowitz,1977),已经形成一条鸿沟。这种区别在越南战争期间变得更加根深蒂固。正如朱莉安·舒尔茨

(Julianne Schultz)所指出的,"新闻报道中立性和被动客观性的局限性在20世纪60年代的社会和政治动荡中变得越来越明显"(1998:43)。一方面,新闻与社论、舆论严格(可能更严格)分离;另一方面,客观性又遭到激烈的反对,在此情况下,客观性规范进入再次被拒绝和再次制度化的阶段,成为偏见和可信性的来源(参见第一章)。

第六章 客观性能否与政治或伦理承诺共存？

乍一看，本章提出的问题似乎不是问题。"感知活动中人的元素"一直被视为一个问题（Myrick，2002：50）。客观性常常与公正、超然和无价值的判断联系在一起，任何偏见、偏袒或卷入的迹象都被视为失败的标志。换言之，客观性不能与政治和道德承诺共存。然而，这种反馈是令人不满意的，因为它留下了未经审查的实践形式、政治和伦理以待讨论。风险在于，由于忽视了文化和背景问题，客观性以"无源之见"作为出发点，于是任何一种价值承诺都是可疑的。但如果就像托马斯·纳格尔所指出的那样，客观性与立场有关，那么"更主观和更客观的观点之间的区别实际上是一个程度的问题，而且……这种差别随处可见"（1986：4-5；参见第二章）。如此一来，政治和伦理可能会重新进入框架。

与此相反，那种关于客观性无涉价值判断的观点认为，"致力于客观性的记者可能除了客观性本身之外，不相信任何东西——这显然是无稽之谈"（Knowlton，2005：223）。基于这一观点，新闻业作为一种职业本身就代表着一种价值承诺。然而,客观性不包括政治和道德承诺的观点却很普遍。事实上,一些媒体机构要求员工不参与政党、工会或其他运动,或者不写相关报道(Reese,1990;*The New York Times* Company,2005)。这些禁令常常与客观性联系在一起。1984年,AJA就是否与澳大利亚工会理事会(Australian Council of Trade Unions)结盟展开辩论时,提出了一个与客观性有关的"否定"理由。该协会表示,不应与任何可能损害其成员客观性的运动结盟。报告的结论是,"新闻工作者必须代表客观、公正和不受污染"(Dunlevy,1998:132)。

西奥多·格拉瑟表示,"客观性报道剥夺了记者的公民身份;作为公正的观察者,作为不偏不倚的记者,记者在道德上应该是淡漠的,在政治上是不活跃的"(1992:181)。许多评论家同意格拉瑟的观点,认为客观性与政治和道德承诺不相称。然而,他的批判邀请我们仔细探索客观性与道德参与和道德冷漠之间的界限;重要的是,对格拉瑟来说,重点是淡漠和不活跃,而不是不道德或非政治立场。因此,可以认为格拉瑟还有另一层含义,即记者的工作总是被道德和政治关切所框定。对于那些认为客观性与政治和道德承诺——实际上是政治和道德承诺本身——是可以调和的人来说,更重要的问题是客观性的目的或目标是什么,特别是如何实现这一目标。

任何关于客观性和政治或伦理承诺的讨论都面临着确定语境的主要困难。语境可以为政治和伦理的处理方式提供特定的形式。例如,20世纪30年代,工业政治而非个人政治在美国开始发挥作用,当时"出版商以客观性的需要为理由,拒绝与报纸行业协会(Newspaper Guild)进行谈判,该协会是记者工会,它存有政治立场"(Iggers,1998:67)。舒德森强调说,这是一个在1930年的员工辩论中反复出现的词(1978:156-7)。出版商将其作为对抗报业工会的武器。客观的观察者第一次作为纪律和争论的对象出现,但不是最后一次。

客观性是否能与政治或道德承诺共存的问题不能仅以抽象的方式加以处理。因此,在本章中,在对事实和价值进行讨论之后,我想探讨客观性与不同形式的新闻报道或记者视角之间的关系。在处理新闻工作者的政治和道德承诺时,这将有助于探讨事实与价值分离的局限性。

事实、价值观和世界

考察政治和道德承诺让我们考虑到客观性的一个重要方面,就是区分事实与价值的可能性(参见第三章)。客观性新闻的标准有着严格的限制,它不仅仅是简单的事实和价值的分离,而且与"世界"这个第三术语相关。与围绕事件放置的"隐形框架"相联系,这个框架将记者与世界隔开,将他们置于记者的特定角色或特定舞台上(Schiller,1981:1)。因此,即使在以第一人称说话和提供目击者证词时,这种框架也会影响记者的观察和经历。新闻客观性假定记者和事件是分离的。因此,记者们可能会发现自己处于这样一种情况:

事件—记者—世界(作为观众或接受者)

这有助于明确记者的工作是报道事件,而这又是记者如何看待知识和世界的核心。对事件的接触被视为直接和非中介的。报道被认为是传递和通信。它建立在一个假设的基础上，即"假定事实与报道、外部世界以及报道的反映方式之间存在一种自然、明显和透明的关系"（Lynch & McColdrick，2005：212）。这种安排形成了与知识和经验的独特关系的基础。

在提供对事件广泛和"直接"接触的同时，这个框架也存在一些限制，特别是在想象记者如何融入"事件的世界"方面。记者的工作是向世界报道事件吗？当然是的。但是记者在世界上的地位如何呢？所以我们可以这样重新排列我们的术语：

（事件的）世界—记者—事件（作为故事）

客观性理论以其经验主义的形式表明，事件处在一个外部现实中，对记者来说也是外部的。但这将给记者的世界带来什么呢？我们如何看待记者所居住的社区、咖啡馆、教堂或俱乐部？在文学作品中，有一种强烈的观点认为，记者的世界是某种"不可想象的"东西，而直接的"事件到记者"的模式是站不住脚的。正如安娜贝尔·麦戈德里克（Annabel McGoldrick）所指出的，它提出了一些围绕"如何处理工作的主观方面"的问题（2006：2）。罗伯特·哈克特和赵月枝认为，"客观性提供的用于调和个人和感情与政治和理性的策略很少"（1998：232）。这个问题不仅是客观性对主观性的贬低，就像伴随着洗澡水而来的是婴儿身份、记忆、关怀和联系一样——事实上，大量的经历可以让你对新闻业有更大的敏感度和洞察力。正如理查德·雷布(Richard H. Reeb)所说,"记者不是出于客观原因而成为记者的"(1999:119)。

缺乏联系是值得庆祝的。李普曼强调,"他(记者)不应该为一项事业服务,无论这项事业有多好。在他的职业活动中,谁的牛被顶伤不关他的事"(1920:88)。《纽约时报》记者兼评论员詹姆斯·莱斯顿(James B. Reston)指出,客观性让人联想到"记者对任何事情都没有任何信念;他是一个真正的愤世嫉俗者"(1945:101)。但是他继续坚持"人类的同情"和"真诚地相信他对人民的责任会驱使他尽可能接近真相"的重要性,这是"达到被称为客观性的那种奇特品质"的主要途径(1945:101)。同样,杰克·哈里森(Jackie Harrison)认为"准确性"和"真诚"是客观和公正的正面同义词(2005:146)。

因此,新闻客观性的一种常见形式催生了这样一种观点,即认为记者是独立于世界的。或者换句话说,这可能会让我们很难把记者或新闻从业者想象成生活在这个世界上的、拥有价值观和政治承诺的、真正意义上的公民。这里的重点并不是说个人生活与个人利益之间的平衡是不可能实现的,而是说客观性理论没有给它留下多少空间。

作为伦理和意识形态承诺的客观性

格拉瑟的观点有一个明显的批判点,那就是客观性让记者在道德上脱离了工作。这是因为,尽管新闻客观性意味着一种超然的、科学的立场,但这一理念也界定了一种伦理方法。正如迈克尔·舒德森所描述的那样,这是一种道德规范(2001)。承认客观性本身往往就是一种道德承诺。记者从来没有假装"对言论自由和新闻自由等价值观漠不关心,而这些正是他们的职业赖以生存的前提"(Hackett & Zhao,1998:224)。新闻客观性意味着诚实、公平和独立等价值观(后者是澳大利亚媒体、娱乐及艺术联盟"记者道德守则"的主要价值观)。即使"客观性"一词可能不会出现在道德规范的标题中,但其他这些词往往会出现。事实上,它们以更具体和实际的方式使客观性得以实施。它们可以代替客观性,但在某些情况下,一个隐含的"客观性"仍然保留在基质中。例如,澳大利亚的一本新闻教科书解释说,独立意味着正直,"记者应当自由独立地工作,不受可能影响其客观性的任何因素的影响"(Phillips & Lindgren,2006:293)。

对斯蒂芬·里斯来说,这种道德承诺是一种完整的职业意识形态,因此是指导记者工作的一套范式假设的一部分,"新闻范式在这个更大的霸权语境中得到了发展、维持、解释和修正"(1990:395)。那些不符合范式的并没有被明确地抑制,而是通过维护"主流"边界被排除在外,"通过接受毫无价值的报道作为规范,媒体接受并强化了由精英建立和解释的边界、价值和意识形态的'游戏规则'"(1990:395)。里斯在研究《华尔街日报》(*The Wall Street Journal*)一位名叫肯特·麦克杜格尔(A. Kent MacDougall)的社会主义记者的案例时,发现有必要进行他所说的"范式修复"。在传统观点中,任何持有社会主义价值观的记者都是对客观性理想的威胁或"违反"。麦克杜格尔概述了他如何能够通过选择资料来源和专家,并尊重事实的准确性,来推广自己的一些观点。尽管这个案例引发了争议,但它也被描述为这样一个案例,即当专业素养占上风时,编辑制衡确保了事实与价值观的必要分离。

报道批判性的反主流文化

冷战期间,政治领域本身也处于变革之中。在美国,批判性的反主流文化不仅给社会带来了新的期待,而且在1960年U-2事件和1961年猪湾入侵事件之后,"两位总统公开承认说谎和压制新闻"[Weaver,1975(1974):96]。在任何关于新闻客观性和政治或伦理承诺的讨论中,20世纪60年代的反主流文化都是一个不能回避的话题。

1969年10月7日,《纽约时报》执行主编罗森塔尔给员工们写了一份备忘录。这份文件有力地重新肯定了客观性。这是《纽约时报》长期致力于新闻报道的信息模式承诺的一部分(参见第一章),但它也可以被看作对20世纪60年代社会动荡以及新闻业应该(或不应该)如何回应的一种阐述。罗森塔尔谈到了这份报纸"反映世界变化的能力"。"我们也了解到,一场社会运动……就像演讲或游行一样真实。"罗森塔尔认为这是一个发展和变化的时期,但从更深层次上说,这是对20世纪60年代文化的回应。备忘录中确认了这一点:

> 国家的动荡如此广泛,声音和激情如此高涨,如果没有一家保持冷静和公正的报纸作出积极的、根本性的贡献,那么这个国家将会变得无比可悲。随着我们所追求的故事和所涉及的问题变得越来越复杂,实现客观性的目标变得越来越困难,也变得越来越重要。(Rosenthal,1969)

詹姆斯·博伊兰(James Boylan)特别关注《纽约时报》,他将这段时期更戏剧化地描述为"编辑室叛变"时期,"许多记者目睹了编辑室之外的动荡,发现他们的组织对越南战争时期的社会和政治危机反应太慢,或者根本没有反应;杂志和地下出版社似乎更接近事物的核心"(1986:37)。

当然,有必要关注术语的使用、关于反文化构成的假设(代际的或非代际的,精英的或非精英的)以及它的特征(无法无天的、无政府主义的、理想主义的、享乐主义的等)。这不仅仅是因为,正如活动人士从那个时代学到的那样,抗议者很容易转变为"内乱"的代理人,而不是"和平与正义"的代理人[Gitlin,2003(1980):6];也因为如果不关注批判性思维的特定问题或方面,就有可能不加批判地将20世纪60年代与批判性文化联系起来。例如,如果不是全盘批判的话,人们倾向于将反主流文化定性为对新闻客观性的广泛批判。在赫伯特·阿尔特舒尔(1990:317-18)的研究之后,哈克特和赵月枝确定了新闻业中与批评性或对抗性新闻相互作用或共同工作的九个运动——包括解释性、调查性、对抗性/批评性、进取心、精确性和名人新闻。然而,其中只有三个(倡导性新闻、地下新闻和新新闻)"明确地挑战了客观主义的精神"(1998:52)。

正如舒德森所指出的,自 20 世纪 30 年代以来,"敌对文化"[他借用莱昂内尔·特里林(Lionel Trilling)的说法]凸显(1978:177)。到了 20 世纪 60 年代,随着高等教育的发展,敌对文化开辟了一个新的领域,这导致人们对政治重新产生兴趣,并对其进行重新定义(1978:178)。然而,在将这种敌对文化与新闻业的盈利联系起来时,我们还是要谨慎行事,"记者们在报道政治时并没有'强加'敌对文化——他们只是回应了在消息源中发现的批评立场"(Schudson,1978:180)。事实上,保罗·韦弗认为,"官场本身(参议员、委员会主席、华盛顿律师、助理秘书)对那个年代的对立潮流产生了共鸣"[1975(1974):98]。

从报道的角度来看,客观性是一种意识形态。托德·吉特林在斯图亚特·霍尔的基础上提出,客观性是从"自由主义意识形态神话"中产生的:根据报纸实践中的常识性"规则",区分事实和价值,即区分事实和解释。"这只是一种经验主义幻想,一种自然主义的乌托邦。"[Gitlin,2003(1980):48;Hall,1973:188]客观性与霸权联系在一起,这解释了事物如何自然化为常识、如何被掩盖为例行公事。因此,"被视为理所当然的'客观'和'平衡'准则"迫使记者去寻找衣衫褴褛、高呼口号、挥舞国旗的"越共"示威者,迫使他们与听起来合理、炫耀事实的当局对立[Gitlin,2003(1980):4]。客观性会导致对认证发言人的过分强调[2003(1980):149],或者(尽管存在平衡的惯例)将新左派的声音完全排除在故事之外[2003(1980):80]。再加上害怕被描绘成左翼(麦卡锡主义的遗产),吉特林认为记者有充分的理由反对反主流文化,特别是反越南的抗议活动[2003(1980):74-7]。

这与客观性是由框架盲症造成的论点是一致的(参见第二章),客观性是作为一种可操纵的价值出现的,这种价值沦为"跟风新闻"的牺牲品,还可以被用来支持右翼的抗议框架,代价是对问题的更广泛理解[Gitlin,2003(1980):98-9]。吉特林和其他学者,如塔奇曼(1972)一样,认为客观性与媒体惯例紧密地交织在一起。但他表示,"在一些关键时刻,这些惯例不再符合连贯的霸权利益"。在这些时刻,"政治和经济精英(包括媒体公司的所有者和高管)更有可能直接干预新闻工作,试图控制新闻业"[2003(1980):12]。

在这种时刻,客观性与政治妥协是相容的,尽管这种妥协与霸权利益是一致的。吉特林认为,新闻机构在自身与体制的联系和自身对自主性的需求之间左右摇摆,因此处于紧张状态;如果它们忽视社会动荡,就有可能失去观众的信任。即使把新闻机构视作整体系统的正当化方法,它的客观性和平衡性原则也会导向不同的方向:有时导向掌握政治和经济权力的机构;有时导向另一方,甚至导向反对运动,这都取决于政治环境[2003(1980):259]。但是媒体组织有强烈的动机去冒险和参与反对运动。持正当性主张的网络嵌入客观性的专业理念中,要求它……一定程度上承担着整个社会系统正当化的风险。网络用来管理这种矛盾的策略是……驯服、遏制、镇压它不敢忽视的反对势力[2003(1980):259]。

从报道者的角度来看,那个时代的年轻记者对自己的角色感到不自在,就好像他们是监视颠覆性文化的"异性恋"社会的特工。他们发现自己同情他们所写的人物的思想和价值观,并对这些人的故事被报道出来感到越来越怀疑、不安和愤怒。舒德森说,"这场运动首先影响了年轻的记者,但这反过来又影响了年长的、更有影响力的记者"(1978:181)。

在新闻机构内部,反主流文化给记者和新闻机构本身带来了新的职业压力。这表现为自主性和控制之间的紧张关系。正如吉特林指出的:

> 为了避免给人留下"别有用心"的坏名声,顶级媒体的经理表面上赋予其所在机构新闻业务相当大的自主权;他们的社会控制形式必须是间接的、微妙的,而且根本不需要被意识到。他们的标准通过招聘和晋升过程来实现,并通过政策、奖励以及一种令人印象深刻的社会渗透作用向下传导。他们雇佣的编辑和记者基本上都是中上层阶级出身,尽管按照美国政治的传统命名法,他们的个人价值观可能是自由的,但他们倾向于分享他们阶层核心的、占支配地位的假设:来自他们的管理者和他们主要来源

的阶层。[Gitlin,2003（1980）:259-60]

在这篇文章中,吉特林揭示了如何通过新闻工作者有限的自主权来确保霸权系统的复杂性。而被授权为自主代理人(诚然是有界限的)的记者们无可避免地会质疑这个镀金的牢笼。正如博伊兰所指出的,"记者在获得新的尺度后,能够反复测试有关新闻自由的管理尺度,能够在新闻机构建立之前提出尖锐的政治问题,并逐渐改变新闻与政府之间的意识形态关系"(1986:32)。博伊兰认为,当时发生的事情是对客观性作为"不参与"的标准的质疑(1986:38)。

持这种不同意见的人本着当时的时代精神,促成了20世纪70年代初的"记者力量"运动(Boylan,1986:38)。的确,这一时期出现了不同的专业模式,莫里斯·亚诺维茨(Morris Janowitz)在1975年的一篇文章中将其描述为"看门人"和"倡导者",两者都建立了与世界的关系——在他看来,只有一种关系与客观性新闻相容。客观性往往是把关人的工作领域,把关人的工作重点是"将报告事实与传播意见严格分开"(1975:618)。记者力图运用科学方法来增加其客观性并提高其有效表现。该模型在一定程度上得到了学术研究者的认同,并认为"通过应用基于知识的技术,可以获得客观性"这个假设有效(1975:618)。

倡导性新闻的记者摒弃了"新闻工作者作为批判者和阐释者"的观念,摒弃了与旧的把关规范相联系的、以静态现实观念为基础的客观性概念。亚诺维茨将这种态度的转变描述为一种感觉,即"存在一系列相互冲突的利益,每一种利益都对现实的定义作出了自己的贡献"。因此,记者的角色是确保所有观点在媒体中都能得到充分的体现……记者必须"参与"宣传过程,他必须是那些被剥夺发言权的人的代言人(1975:619)。

1974年,韦弗注意到新闻机构陷入了一个僵局,即面临着一个"模棱两可的中间立场,一边是长期存在的'客观性'传统,一边是倡导性新闻运动——一边倒地支持其中一边尚不确定,更不用说两者达成一致"[1975(1974):90]。在这种背景下,要在客观性新闻和倡导性新闻之间给出一个平衡的视角是困难的,舒德森试图超越关于新旧的冲突给出一个简单的叙述:

> 反对文化一定视某种东西为对手……对越来越多直言不讳的批评者来说,客观的言辞似乎是虚伪的或具有欺骗性的。若在越南,这就是犯罪。反对派文化对客观性的攻击使人们产生了一种比实际存在来得更为统一的、意义明确的建制文化。(Schudson,1978:183-4)

需要更仔细地分析对客观性的攻击,这一观点得到了韦弗的支持。韦弗在反驳倡导性新闻时,提出了一种特定的浪漫主义,这种浪漫主义将"传统或教条的一部分当作整体来对待"[1975(1974):95]。韦弗认为,反对文化的核心价值观——自主性、调查性——也是支持客观性新闻的自由主义传统的一部分。20世纪中叶的新闻业

"在多大程度上陷入了传统的陷阱"［Methvin，1975(1970)：202］，以及传统是如何形成的，仍然是值得讨论和辩论的话题。虽然客观性新闻被一些人描述为"自然的、适当的、当之无愧的合法新闻形式"（Hackett & Zhao,1998：52），但对其他人来说，"20 世纪 60 年代的剧变和对新闻业在社会中所扮演角色的重新评估，不仅带来了新闻革命，还极大地悬置了（客观性）概念"（Dennis，1989：83）。

有关怀的记者

新闻客观性被理解为在一组结构化的价值观中运作的一种道德承诺。这对战地通讯员来说意义尤其重大，因为它试图跨越专业、公共服务、具有特定分支文化背景的记者身份和社会同理心等问题（Tumber & Prentoulis,2003：222）。这些价值观决定了记者应当如何面对外部现实。主体（知者）和客体（被知者）的分离因此被编码为二元论，正如斯图亚特·艾伦指出的，对于现实的"男性化"态度（客观的、理性的、抽象的、连贯的、统一的和活跃的）在话语上超越了"女性化"态度（主观的、非理性的、情感的、片面的、支离破碎的和被动的）（2010：150）。任何偏离这一结构的行为都会让新闻业受到道德说教的指责。关怀新闻是一种"既提供关怀，又提供信息"的新闻（在第二章和第五章已讨论），它围绕战争通信的边界和价值的转变提出了许多问题。在这里，我想从伦理和政治的层面重点谈谈马丁·贝尔（Martin Bell）所描述的"客观性新闻是一种旁观者的新闻"(Bell,1998b：102)。

作为一种具有明确道德承诺的新闻形式,关怀性新闻并非没有批评者。克里斯托弗·邓克利(Christopher Dunkley)批评了关怀性新闻的情绪化：

> 也许那些相信关怀性新闻的人会争辩说,如果世界变得更温柔、更女性化,世界就会变得更美好;如果英国人能放弃矜持,拥抱治疗文化,让一切都公开化就好了。但将这种方法作为一种新型新闻报道方式的基础,听起来非常危险。(Dunkley,1997)

从传统的角度来看,关怀性新闻确实是危险的。这并不是因为它本身导致了非客观新闻,而是因为关怀引发的价值观——情绪化、参与性、"柔和"、"女性化"——并不总是与战争报道(在这类报道中关怀性较为不受争议)相关。

值得注意的是,在一个偏重某些价值观的严密的结构体系中,关怀性新闻提出了关怀和情感的问题,但以一种不熟悉的方式将这些问题与以保持距离、中立和"不介入"为价值导向的新闻报道形式混合在一起(名曰世界事务和战争报道),就会产生模糊战争通信界限的"风险"。我认为,这解释了贝尔的关怀理论所引发的强烈反应。米克·休姆(Mick Hume)在一段值得长时间引用的文字中写道：

世界上一些最优秀的驻外通讯员所表现出的新态度标志着新闻观念的巨大变化。当然,很少有战地记者能够真正保持中立……然而,在过去,像贝尔的BBC这样的主要新闻机构觉得,至少有义务在口头上支持记者成为超然的观察者……现在人们公开说的是,一个记者不仅不可能成为一个冷静的旁观者,而且无论如何都是不受欢迎的……所有这些记者都坚称事实仍然是神圣的,尽管他们不是"中立的",但他们尽了一切可能做到"客观"……然而,尽管他们否认,但还是有证据表明,他们对客观性报道中事实的正式承诺与他们的道德关怀之间存在明显的矛盾……当今顶级战地记者的惯用手法是道德主义:试图将波斯尼亚或卢旺达描绘成正义与邪恶进行战斗的道德剧。这些战地记者认为,把自己塑造成网络时代的所罗门(Solomons)是合适的,他们利用自己的笔记本电脑和卫星连接,对谁或其他什么构成了"原罪和纯洁的美德"做出即时却最终的判断。然而在这条道路上,他们正在进入一个新闻雷区。(Hume,1997:7-8)

这段文字说明了"关怀"是如何从根本上扰乱了新闻客观性的固有结构;它威胁着占主导地位的态度和情感。传统的方法培养了一种全有或全无的方法,你要么客观冷静,要么是个道德家,似乎没有中间地带,对客观性的限度提出疑问是件困难的事。

有趣的是,贝尔明确表示,判断是至关重要的,他的关怀观是"有原则的新闻"的一部分,"有激情的时候,也有冷静的时候——这是万物的自然规律;我也不会用我在国事访问、花卉展览或国会辩论中所用的语气和方式来报道杀害无辜人民的事件"(1998a:18)。贝尔的异端思想是在思考这样一种可能性:新闻业不是一种中立的、机械的事业,而可能是一种道德事业,应该由对错来决定——这开启了一场关于应该运用何种伦理和道德体系的辩论。虽然他批评客观性是一种旁观者的态度,但或许更重要的是他的出发点,即"新闻……不是与世界隔绝。我们是其中的一部分"。新闻客观性理论仍在努力把握这一基本命题,因为它没能确立好记者在世界中的合适位置,也没能建立起对关怀有效的判断结构。

参与式记者和公众议程

从约翰·皮尔格(John Pilger)的独立纪录片到威廉·伦道夫·赫斯特等为金主们进行的耸人听闻的炒作,这些五花八门的实例都需要找到一个更好的词来形容"活动"新闻(campaign journalism),这里的重点是导向社会正义的政治新闻。

记者不应只报道世界,而应寻求改变它,这引起了那些对客观性感兴趣的人的关注。他们以公正、平衡或不偏不倚的方式站在中立的立场进行报道的理想受到了威

第六章 客观性能否与政治或伦理承诺共存？

胁。然而，更重要且令人担忧的是，公共议程被个人的、政治的党派议程所劫持。这将有助于加深我们对"议程"的理解。议程设置是20世纪60年代出现的一个非常广泛的传播学研究领域（McCombs & Shaw, 1972）。早在20世纪20年代就有先驱者研究了公共议程、媒体议程与政策议程之间的关系。因此，客观性概念与议程之间的相互作用是一个值得讨论的宏大主题，超出了本研究的范围。就目前的目标而言，我们注意到任何一种议程都可能产生扭曲作用，因为议程列出了社会现实中特定项目的优先次序。公共议程是有限的，一次能够处理大约4—6个优先级问题。根据定义，某些事物几乎可以被排除在外（Dearing & Rogers, 1996）。议程是公共和私人利益的直接表达。事实上，从政府到游说者，再到公共关系专业人士，各种各样的代理机构都在试图塑造议程，并为议程上的项目确定优先顺序。

如果把新闻改革视为对客观性的威胁，同时也是对社会议程的挟持，将会忽略一个关键的区别。这种区别与议程的形成和宣布方式有关，与报道被生产、正当化和合法化的方式有关。参与式的新闻工作仍然可以是事实导向的，并根据声明的议程来写作，这与事实导向的客观性不同，后者不强调或不声明记者参与了一个议程。以乔治·奥威尔（George Orwell）为例，其出发点是"一个党派之争的感觉，一种不公正的感觉"［Orwell, 1965(1947)：186］，他在工资、物价、租金、姓名和日期等数据的收集上十分讲究，还利用工会和地方当局等消息来源。对于像奥威尔这样的作家来说，真实性和特定政治原则之间没有矛盾(Hampton,2008:483)。事实证明,他的报道是建立在日常生活的基础之上和表达模式之下的。正如迈克尔·布罗姆利(Michael Bromley)所说,"这些文章提供了一个'客观'的基础,在此基础上,他添加了多层次的主观描述、评论、分析、对比和夸张,最后是政治和伦理,试图在平凡的表象中实现真实性"(2003:127)。

尽管真实性和对具体政治原则的承诺不一定是对立的,但对于可认可的新闻报道的界限及激进主义的越轨行为仍存在激烈的辩论。例如,新西兰自由撰稿人卡尔·杜德兰(Karl du Fresne)希望为激进的新闻业进行客观性辩护,"前者是出于对公众知情权的承诺。后者更进了一步:所呈现的信息是由记者的个人观点所塑造的,而记者往往希望得到一个特定结果"(2007)。在这方面,公众知情权与客观性和披露事实的理念相一致,被认为是可以接受的,但不能直接表达变革或革命。如果信息是由个人观点所塑造的,那么,相对于由中立和公正的观点所塑造的故事,人们更倾向于前者。一种是支持公共议程的新闻报道,另一种是推动议程的新闻报道。

然而,这两个项目之间的边界并不总是那么清楚(参见 Hallin,1986:117)。议程需经修订和重新谈判;也就是说,不同的群体以及不同的政治和政策信仰,每天都会产生不同的影响。把看不见的客观性框架变成盾牌,暗示公共议程不开放辩论和对话是危险的,因为它隐藏了议程的政治性质和公共利益有争议的方面。也就是说,正如我们在讨论客观性的历史以及它是如何回应宣传和公共关系时所了解到的那样,客观性之所以具有吸引力,正是因为它提供了一种显然"没有议程"的世界观(参见第一章)。

约翰·皮尔格是一个经常被认为缺乏客观性的人,尽管人们怀疑这种批评是否与他有关,因为他这样公开批评客观性,"对许多人来说,客观性意味着不搅局,不代表当权者的观点。在我看来,新闻就是要脱离这一观点,与政府的观点无关,要透过现象看本质"(转引自 Dunlevy,1988:133)。正如莫里斯·邓利维(Maurice Dunlevy)所指出的,具有扒粪传统的皮尔格"把客观性风气视为一种抑制"(1988:133)。

皮尔格是"左倾"的,并且参与其中。正如一篇社论所言,"皮尔格是资本主义的批评者,是新全球经济的怀疑者,是对西方(尤其是美国)在世界事务中发挥影响力的极度反对者……皮尔格对美国的霸权主义、军备竞赛以及跨国资本主义蔓延到第三世界而感到悲哀"(*Canberra Times*,1998)。他的新闻工作有时被认为是在推动一项特别的议程,但我们应该更仔细地考虑这种反对的原因。如果它来自一种观点,认为社会议程是不可触及的,那么很明显正是这种观点限制了辩论。

皮尔格的支持者认为他比新闻媒体更深入地保持了客观(Bowler,2006)。虽然他对平衡的描述可能很独特,他可能会公开自己的偏见,但他本人仍与权力保持着距离,在某种意义上,他认为自己是在抵制宣传和操纵。

任何等同于偏见的观点在许多方面都过于简单化。重要的是超越个人偏见,扩大平衡,考虑到不同的因素——例如议程的制定——和不同的利益。正如《堪培拉时报》(Canberra Times)所言：

> 无论是右派还是左派，参与其中的新闻业都能产生效益。它驱使人们去寻找他们感兴趣的东西，那些不经发现就会错过的"事实"和故事……从事新闻业，在最坏的情况下，可能意味着巴黎式的利己主义、小报式的平庸，或者为了迎合国家利益（或所有者的利益）而"安排"外国新闻。

《堪培拉时报》拒绝以明显的事实作为依据来否定新闻报道，它认为"参与式新闻报道不是故意捏造事实……就像客观性新闻报道一样，各种各样的报道可能会以错误的事实而告终，但它不会以错误开始：那只会是糟糕的报道"。

一些评论家认为，尽管有不公正的惯例，但记者所宣传的事件版本往往与官方报道或对事件的首选解读保持一致[Taylor & Condit,1988:293；Gitlin,2003 (1980)]。换句话说，平衡会导致倾斜效应。公平可以被操纵，声音可以被压制。因此，一个积极参与的新闻视角可能会辩称：媒体的第四等级作用是将新闻客观性过度地与政治体系（其中媒体是参与者）的规则和既定政党的运动联系在一起。媒体机构的企业性质形成了另一种信息"过滤器"(Herman & Chomsky,1988)。可以说，对权力的分析超出了新闻客观性的哲学范畴，而新闻客观性建立在事实与价值分离的基础上，不是对这种分离条件的质疑。

新闻客观性可以被看作与世界打交道的一种形式,但它有严格的规则来界定什么是恰当的,什么是不恰当的。最关键的是,从事新闻工作的人可以把客观性看作一种沉默或审查的形式(Pilger,2006),或者一种实际上的战争新闻形式。

战争新闻的客观性

和平新闻研究员、电视新闻记者安娜贝尔·麦戈德里克认为,"记者们所认为的'客观性'报道实际上是由一套惯例组成的,这些惯例使关于冲突的新闻更倾向于战争新闻"(2006:2)。"战争新闻"的结构有不同的组成,杰克·林奇和麦戈德里克借鉴了约翰·加尔东(Johan Galtung)的模式,认为战争新闻由四个主要元素组成。第一,它是以战争/暴力为导向的,着眼于"两方参战,一方(赢)"的场景。战争新闻是在封闭的环境中构建冲突的,它传播的是一种美国的新闻观,这种新闻对"他们"持否定态度。第二,它更倾向于保密而不是透明,而且与宣传有关。第三,战争新闻以精英为导向,关注关键人物,特别是恶人。第四,战争新闻以胜利为导向,坚持"和平=胜利+停火"的原则。与此形成鲜明对比的是,和平新闻把焦点从冲突转向双赢,让各方都有发言权。它抵制通过揭露所有方面的真相来进行宣传。它不是以精英和胜利为导向,而是以"人民"和解决方案为导向,注重"和平=非暴力+创造力"的"公式"(Lynch & McGoldick,2005:6;McGoldrick,2006:2)。

然而，对于舒德森来说，抵制宣传和公共关系是客观性理想的核心关注点（参见第一章），在和平新闻中，客观性与宣传和战争新闻是一致的。事实上，麦戈德里克认为，越客观，就越有可能以"支持战争"的偏见进行报道（2006:2）。正如林奇和麦戈德里克所指出的：

> 客观报道的三种惯例尤其倾向于战争新闻。可以说，它们的"自然倾向"是引导我们——或让我们——高估对冲突、暴力、反馈性的反应，而低估对非暴力、发展性的反应。惯例包括：
> 对官方消息来源的偏向；
> 对事件而不是过程的偏向；
> 在报道冲突中对"二元论"的偏向。（2005:209）

然而，这个问题比自然的游移（natural drift）走得更远，正如作者早些时候所说，"在启蒙运动中锻造的值得信赖的客观性之剑，以及后来为了商业和政治生存而选用的最佳武器，随着时间的推移，已经确保了'官方议程'在新闻中的首要地位"（Lynch & McGoldrick, 2005: 204）。

和平新闻与其他许多研究新闻的方法（如宣传分析、框架和把关理论）一样，认为新闻是受惯例约束的。作为解释性报道的一种形式，它寻求更大的情境和背景。从这些角度来看，和平新闻认同这样的观点，即新闻不仅仅是报道事实。这一概念仍然是专业活动中"贯穿始终的指导原则"(Lynch & McGoldrick,2005:195)。

和平新闻与这一理论工具是一致的,这一理论工具反对"反映"现实的概念,赞成建构现实的想法。和平新闻借鉴了冲突分析方法,又超越了这一观点,提醒人们和平可以被排除在新闻议程之外,冲突的框架缩小了和平的选择范围。它为平衡问题提供了一种挑衅的方法,并提出了一个问题,即相对于非暴力回应,对冲突、暴力、反应性的回应被高估了(Lynch & McGoldrick,2005:197)。它进一步促进了积极的变革(倾向于非暴力与和平),培养、支持并让能够干预暴力循环的"变革推动者"发出声音。

然而,事实证明这是一种有争议的方法,尤其是围绕"超然还是参与"这一客观性中的核心问题(参见 Lynch,2007),以及记者是否应该扮演维和人员的角色(Hanitzsch,2004)。例如,大卫·洛恩认为和平的方法是约定俗成的,是一个新的正统(2007)。他拒绝战争与和平新闻的对立,并把记者塑造成和平的倡导者:

> 但这里要指出的重点是,记者需要保持他们作为观察员而不是参与者的地位。加尔东要求新闻工作者成为积极的参与者,在制造冲突的复杂的"翻绳游戏"中扮演一个角色,这种要求是错误的。通过寻找和平缔造者,记者们立刻站到了错误的一边。报道和缔造和平是不同的角色,记者过分强调和平计划,或寻找和平缔

造者,会歪曲他们的事业,使得他们不再为受众服务。(2007:3)

然而,洛恩并没有完全否定和平新闻研究的真知灼见,而是认为后者的许多关键见解是优秀新闻的典型特征,而不仅仅是和平新闻的特征。

虽然和平新闻作为参与式新闻的一种形式对客观性提出了批评,但它仍然包含解释性和反身性。这意味着新闻业需要某种可行的反身性,分析和处理其在形成讨论和创造现实方面的作用。没有这一点,它注定会串通和隐瞒(Lynch & McGoldrick,2005:xvi)。洛恩反对将客观性排除在外:

> 但解决这一问题的良方无疑是在报道事件时提供更全面的背景,而不是放弃客观性。记者和观众都需要知道,除了解释正在发生的事情之外还有没有其他的议程——你在屏幕上看到的或在广播中听到的,都是对客观性的诚实尝试;记者对任何事件都抱着明智的怀疑态度,拒绝任何让他们参与其中的企图。(Loyn,2007:5)

和平新闻可以反驳这一说法,称其目标是透明的,这在分析和试图改变议程方面更为关键。它提出了这样一个问题:有没有所谓的"非议程新闻"(Lynch & McGoldrick,2005:211)?

正如洛恩所承认的,这种分歧的核心是关于视角的争论。从表面上看,洛恩似乎在寻找一个客观的、没有价值的位置来进行报道,所谓"看不见的风景"。但他明确地拒绝说"每个记者都从某处观看"(2007:4)。他承认记者生活在一个社会环境中,与观众分享语言和某些假设(2007:4)。他同意林奇和麦戈德里克需要进行分析和反思的观点,并提出了重塑客观性的概念。

尽管文学界倾向于将和平新闻与客观性视为相互排斥的、理论上的对手,但有一种见解是:客观性不仅仅是对事实的盲目报道,也不仅仅是战争新闻的一种功能。最近,林奇和加尔东重新定义了客观性,"我们所说的客观性是指主观间的可传播性和可再现性,其他记者也会有同样的报道。不存在私人的幻想"(2010:52)。"客观性不是问题所在。选择是一个议题,一个应用标准,以及事件放置和解释的原则与情境。"(Lynch & Galtung, 2010:53)这种客观性的"可操作版本"有助于选择性地抵制和平。

客观性和看门人角色

媒体在公共领域的监督作用吸引了记者和公众的想象力。调查性新闻在这种模式下被认为是最高尚的,并能导致真正的改变。但这是否符合新闻客观性的理想?

格拉瑟的核心观点是:客观性是一种意识形态,因为"客观性报道对新闻界在民主国家中通常被定义的角色存有偏见——第四等级的角色、监督的角色及敌对的媒体"(1992:176)。然而,与我们对语境的关注相一致的是,我们应注意第四等级的不同理念,即在不同的媒体系统中基于不同理想的运作方式。对一些人来说,这种想法超越了对手的角色。在西方民主国家,媒体一项不可或缺的社会功能是监控权力阶层(司法、立法和公共服务)之间的关系(Pearson & Polden,2011:11)。此外,并非所有国家都为新闻自由提供宪法保护,这意味着第四等级通过公约运作。为了回应格拉瑟的批评,我们应简要地审视一下理想这个角色本身是如何被不同方式解释的,以及它在所有情况下是否与客观性不相容。

西方民主社会中存在着一种信念,即媒体在民主进程中可以发挥积极的、独立的作用。尽管新闻机构有商业方面的内容,不受选举约束,但它也是一个重要的政治机构。"这一理想的基础是这样一种观念,即在确保有权有势的人承担责任的各种制衡措施中,媒体可以发挥至关重要的、高度政治化的作用。"(Schultz,1998:2)

"第四等级"这个词可以有许多不同的含义。事实上,亨利·菲尔丁(Henry Fielding)在1752年提出了一个非新闻性的关于第四等级的定义"暴民"(参见Fielding,1806:83)。虽然媒体扮演监督角色的概念可以有非常广泛的解释(从消费者权利到环境政治),但这是第四等级概念的核心。新闻是一个独立的信息中介,不受政府控制,但仍然活跃在政治进程中。第四等级的概念常常可以追溯到英国国会议员埃德蒙·伯克(Edmund Burke)[来自1841年托马斯·卡莱尔(Thomas Carlyle)演讲中一个未经证实的说法],据说他在1790年说过,

"议会中有三个权力阶层,但在记者的旁听席上坐着第四等级,其重要性远远超过其他等级"(Ingelhart,1987:143)。关于这句话的来源有一些争议,散文家托马斯·麦考利(Thomas Macaulay)被认为是另一个创始者,他于1828年说过,"记者们坐的旁听席已经成为国家的第四等级"。伯克的三个阶层指的是当时英国议会包括的三大贵族:世俗贵族、精神贵族和平民贵族。在大多数文本中,这三个阶层以一种更加世俗的形式存在,而这一概念的更新意味着,除了司法(法律体系)、议会和行政机构之外,新闻媒体扮演着一个独立的角色来促进公共利益。

第四等级的概念提出了媒体在治理体系中的地位问题,但并不总是明确这一角色的范围。的确,第四等级的概念也可以被解释为贬义,赋予该术语不同的含义。它被视为媒体追求权力的一部分。乔治·博伊斯(George Boyce)认为这是一个"政治神话",新闻界在"公众舆论和国家治理机构之间不可或缺的联系"中发挥着关键作用(1978:21)。朱莉安·舒尔茨指出,围绕客观性和自主性概念存在的真正的组织性约束表明,"新闻工作者声称拥有专业地位——以及对复兴第四等级的责任——可能只是掩盖了对权力的追求"(Schultz,1998:135)。哈克特和赵月枝提出了更直接的批评,"媒体机构有选择地利用道德监督,为对政府普遍怀有敌意的立场辩护,或为自己的商业或政治利益展开仇杀行动"(1998:138)。他们质疑理想的价值,因为它不能为新闻业提供全面的公共哲学,而且它"根植于一种过时的古典自由主义观点,即政府是对个人自由的主要潜在威胁"(1998:183)。

163 　　回到格拉瑟对客观性的批评,他认为这种批评有失偏颇:在一些国家,新闻自由不像美国那样受到宪法的保障,第四等级并不是一种预设的功能,而是与客观性等其他功能一起作为一种理想而存在。在这种情况下,客观性并不总是被认为与第四等级的角色不相容。在1992年六七月进行的一项"媒体和民主"项目调查中,澳大利亚媒体研究员朱莉安·舒尔茨就第四等级和客观性问题询问了600名新闻和调查记者,80%的人提供了答案,"大约90%的新闻和调查记者对第四等级的理想保持着乐观的个人信念,而39%的人认为实际情况并没有这么理想,媒体更像是一个企业(Schultz,1998:120,257)。与此同时,在回答"在你看来,记者尽可能保持客观有多重要?"时,88%的人认为非常重要,12%的人认为多少有点重要。

　　这一调查涉及政治问题。由于客观性可以有不同的表现形式,调查要求记者指出关于优秀报道的五种说法中,哪一种最接近他们对"客观性"一词的理解:33%的人表示在政治争端中公正表达每一方的立场;23%的人不允许记者自己的政治信仰影响主题的呈现;22%的人主张在政治争端中超越争斗双方以抵达硬核事实;21%的人在政治争端中同等地质疑每一方的立场;只有2%的人认为明确"政治争端中哪一方的立场更好"反映了他们的客观意识。

164 　　历史因素也会影响人们对第四等级这一角色的看法。詹姆斯·卡伦(James Curran)认为,在20世纪早期的英国,第四等级或监督者的角色与其说描述了媒体的

第六章 客观性能否与政治或伦理承诺共存？

独立性，不如说体现了媒体巨头利用他们的报纸和工具反对政党的意愿(Curran & Seaton,2003:45,347-8)。

在美国,1950—1970年,这一理想经历了重大的变革,媒体被解释为"政府的第四部门"。1959年,道格拉斯·卡特指出：

> 美国第四等级实际上是政府的准官方第四部门,作为机构它同样重要,因为它们的发展是非正式的,而且实际上是随意的。华盛顿记者团大约有一千二百名成员,得到报纸、通讯社或网络的认可,所获得的权威性胜于其他任何机构,他们是首都享有特权的官场的一部分。(1959:13)

结合卡特的观点,即政府比以往任何时候都更依赖于宣传,从而产生了"宣传政府",我认为,这种把新闻界看作政府的一个分支的观点扩展了第四等级的概念以及新闻界与权力的关系。其他人则专注于这个新的政府角色。正如詹姆斯·博伊兰在谈到五角大楼文件和水门事件时所指出的那样,"这确实是新闻业作为第四分支的工作,与其说是报道整个社会,不如说是报道行政部门的不当行为"(Boylan,1986:40)。

这一与政府关系密切的问题(以及随之而来的责任)对任何第四等级的概念都很重要。自1852年2月6日《泰晤士报》(*The Times*)的一篇社论讨论政府和新闻界的责任问题以来,一直是这样。编辑让《泰晤士报》远离政府部门的人，专注于披露的工作，"新闻媒体的首要职责是获得最快和最正确的事件信息，并且立即披露它们，使它们成为国家的公共财产"[*The Times*（London），1852:4]。鉴于此，《泰晤士报》算是认真考虑了媒体作为政府第四部门的意涵。

如果以健康的代议制民主依赖于第四等级——新闻界，来质疑政府行为和辩论条款，那么知道它可以有不同的解释就很重要。客观性可以与第四等级的角色协调一致，如清晰而准确地披露报道相关情况；监督三权分立和其他等级；还可以监督公民自由。这并不是说不存在灰色地带（比如"不公开"的评论），也不是说各等级之间在允许披露的方面可以存在冲突（例如法院禁止就某些问题开展公开报道），但他们的作用是相当清晰的。

随着纯粹的政治监督角色的出现，事情变得更加复杂，客观性新闻的语言开始被视为约束媒体的枷锁。正如戈登·坎贝尔（Gordon Campbell）2004年在新西兰发表的纪念布鲁斯·杰松（Bruce Jesson）的演讲中所说的：

> 在客观性的名义下，新闻业在对抗政府和企业公关的宣传机器时，很大程度上退缩了。新闻业有一种强烈的保守意识形态，认为新闻和时事的形式应该像一张白纸——主持人以同等火力推动左翼和右翼力量在上面写作。我强烈表示不同意。我认为应该鼓励媒体在事先评估证据的基础上得出结论，并让政客们接受强烈和持续的质疑，以追求真相。（Campbell，2006）

这种观点认为,客观性新闻与净化后的语言、对提供上下文和背景的审查影响、对有争议的问题作出判断的厌恶有关,并且"经常导致它将侵略者和受害者置于相同的、道德中立的立场上"(Campbell,2006)。新闻监督机构,尤其是在调查模式下,需要找出隐藏的事实,判断其对错,并将其公之于众。对于杰伊·罗森来说,记者作为监督者的概念"不太符合客观性的概念,因为监督远比客观更决断"(1993:51)。

公共或公民新闻

政治承诺要考虑的另一个重要领域是公共或公民新闻,其前提是公民重新参与公共生活的理想以及认识到"除非公共生活仍然可行,否则新闻不可能保持价值"(Merritt & Rosen,1998:46)。主要理论家之一杰伊·罗森从四个方面来看待这个问题:一是关于媒体任务的争论;二是一套实践和实验;三是人员和机构的流动;四是一场围绕审议和民主的争论。公共新闻提倡记者与社群更紧密地合作,帮助他们(并报道他们的努力)解决公民问题。在围绕民主、审议、参与、倡导、竞选和解释以及发行量下降展开的一系列辩论中,公共新闻发挥了作用。罗森对这个运动给出了一个更简洁的定义,他写道:

公共新闻是一种处理日常事务的方法,它要求记者:(1)将读者当作公民,当作公共事务的潜在参与者,而不是受害者或旁观者;(2)帮助政治团体解决问题,而不仅仅是了解他们的问题;(3)改善公众讨论的氛围,而不是坐视其恶化;(4)帮助公共生活良好运行,而这又进一步值得我们为之服务。(转引自 Iggers,1998:143)

这场"运动"出现在 20 世纪 90 年代初,早在 1988 年美国总统大选之后就有了早期的实验,被描述为"虚假指控和反指控的运动,很少关注重要问题"(Rosen,1994:374)。公共新闻活动的例子包括:远离以冲突为导向的新闻价值观,为了平衡而平衡;把社论页交给读者;用以公民和议题为重点的选举报道来强调公民的声音(与数字和民调或"赛马"报道相反);赞助社区圆桌会议;召集市民大会堂会议、智囊团或特别专家小组;与其他新闻机构和大学合作;一起营造社区议程;在暴力、种族关系、城市规划和失业等问题上发挥公共政策作用。

这一概念常常被当作一种运动来对待,但人们总是忽略这一概念的历史和话语意涵。该理论的一些关键点包括:1988 年的总统大选;沃尔特·李普曼和约翰·杜威之间的一场理论辩论,这场辩论提出了一种观点,认为客观性是官方的三分法,"告诉我们要担心准确性、平衡性和公平性等问题",而不是公众参与(Merritt & Rosen,1998:51;参见 Schudson,2008);认为越战和水门事件后的客观性"越来越没有意义"(Merritt & Rosen,1998:52)。

在新闻界,公共新闻一直是一个有争议的观点,主要是因为它呼吁超越报道,通过参与节目、举办公共论坛、创建新议程、连接公民来参与社区活动(参见 Richards, 2005:113-15)。这个想法是为了表达社会的声音,让人们倾听。对一些人来说,这个想法是"创建一个学习型社区,一个不仅基于情感,而且基于事物如何运作的事实来讨论问题的社区"(Meyer,1995)。

公共新闻记者呼吁重新评估新闻价值观,如冲突、平衡和中立,所有这些都是为了让"公共生活过得好"(Merritt & Rosen,1998:44)——尽管批评者认为好的报道总是能做到这一点。除了挑战记者在现代新闻业中所扮演的角色外,或许最大的争议领域是跨越客观性报道的无形框架,而公共新闻似乎是通过鼓励参与来促进客观性报道的。这就导致了与资源、社区利益和市场化力量结盟的问题,以及与挑战或改变公众意见有关的问题(Richards,2005:116)。当然,它打破了认为记者是社会的一面镜子的传统观念,但当新闻机构报道他们所从事的同一项目时,它也引发了披露和利益冲突的问题。正如一位评论家所指出的,"包括我在内的一些人长期以来一直认为,记者不能一边走在游行队伍中一边又进行观察,记者应当只是观察者,而不是参与者。参与我们所报道的事件是为了提供对冲突的感知,否则即使没有实际的冲突,也会因此失去读者的信任"(Russell,1995:17;Shepard,1994:33-4)。作为回应,有人认为,公民记者不能将脱离超然与脱离中立画上等号。罗森欣然表明,中立的承诺对公共新闻至关重要,因为"它将'做新闻'与'做政治'区分开来"(Holbert & Zubric,2000:57)。

公共新闻可以与相当强烈的关于客观性的负面主

张联系在一起。在创建"新闻与公众之间联盟"的任务中,"最大的障碍"之一是记者传统的超然立场(Iggers,1998:141)。这在一定程度上与客观性的"非政治性"地位有关,有人认为,这种地位等同于去政治化,是一种对事件和名人的预先占有,而不是政策(Blumler & Gurevitch,1995:213)。虽然戴维斯·梅利特(Davis Merritt)没有明确提到客观性,但是他表达了强烈的关于超然的负面观点,认为这使得记者与他们工作的结果分开,导致记者忽视或贬低批评(Merritt & Rosen,1998:42)。

在这种消极的观点中,客观性并不着重于公民的需要。在此基础上,杰里米·伊格尔斯认为,"无论是作为程序规范还是作为认识论的目标,客观性都必须被拒绝"(1998:138),尽管他小心翼翼地维护准确性和公平性等价值观。客观性与公民被排除在公共辩论之外有关。(Iggers,1998:140)事实上,伊格尔斯认为"客观性新闻的兴起,部分是由于公民参与公共生活的减少"(1998:125)。其他人附和了这一批评。尽管传统媒体曾声称代表人民,并且将客观性等同于思想的自由交换,但实际上"不是人民,而是特权集团,即主要媒体和它们的来源,定义着公共话语的基础,(用席勒的话说)即'事实的主'"(Hackett & Zhao,1998:35)。简言之,他们的论断是"客观新闻通过关注精英、专业阶层对新闻的管理,导致了社区和公共领域的衰落"(Iggers,1998:121)。

许多关于精英和公众利益的争论焦点都集中在重要的信誉问题上。例如,杰伊·罗森认为,客观性正在损害可信度,因为它转移了对报道工作的批评。但他进一步假定，客观性与不同的可信度方法之间存在联系。在旧的理论中，可信度来自分离和距离。"你是可信的，因为你没有参与其中。你不感兴趣，你没有利害关系。"但在新的可信度理论下，"信誉随着你的思考，随着你的关心而来，因为社区里发生的事情对你很重要"（Rosen，1993）。罗森不会为失去客观性而悲伤。然而，公共新闻的其他支持者却试图拯救它。菲利普·迈耶（Philip Meyer）区分了客观性的两种定义，一种是"结果的客观性"，"以枯燥、含糊的方式罗列事实，然后退后一步，让读者来决定哪种观点是正确的"；另一种是"方法的客观性"，一种"应用于新闻实践的科学方法"。"如果我们可以用新闻方法的客观性来代替新闻客观性，那么放弃新闻客观性的传统立场去从事公共新闻工作并不一定是一件坏事。无论如何，这是一个更好的标准，它可以让我们保持诚实。"（Meyer，1995）

长期以来，新闻一直被批评只关注那些成为"事件"（events），即特殊事件的问题，其结果是非事件的"重大现象（significant phenomena）（如情况、趋势、条件）在很大程度上没有被报道"[McDonald，1975(1971)：73]。公共新闻提供了一种不同的视角来报道新闻，强调更长的注意力持续时间，需要更深入的讨论，对实质的偏好重于策略（Meyer，1995），理解胜于冲突。

作为对新闻业社群主义、技术变革和公民参与度下降的回应，公共新闻学派与回归公民和民主基础、参与社群关系、改善公民生活和协商民主的质量联系在一起。为了做到这一点，公共记者认为他们必须离开。因为这

170　超越了新闻业强加给自己的"人为限制",将客观性置于尴尬的境地。客观性可以被看作一种"毫无生气的学说"(Rosen,1994:373),是对社区中日益分裂的人们这一更为紧迫的问题的被动回应。

解决这个问题引出了一个大家都很熟悉的问题,也就是说,客观性产生了一种观点,即记者必须与社会保持距离,正如菲利普·迈耶所说,这样"你会看到所有的事件和观点都同样遥远、重要——或者不重要"。从公共新闻学的角度来看,这种不置可否、超然的做法留下了许多有待回答的问题,涉及新闻业与记者工作所在社区之间的联系。尽管一些记者辩称,他们一直与社区保持着密切联系,但另一些记者则担心公共新闻如何保持责任感。马文·卡尔布(Marvin Kalb)指出,"当记者真正地组织变革,然后进行报道时,我不确定他们是否具备超然、客观、坚韧等传统品质……美国新闻业的整体观点一直是脱离权威,以便进行批判性分析"(转引自 Shepard,1994:34)。霍尔伯特(Holbert)和祖布莱德(Zubric)借用舒德森的研究成果,认为公共新闻有将对话和深思熟虑的特定理念理想化的风险,"公众对话并不能确保健康民主进程……公众发起高质量辩论的能力不应被视为一种福音"(2000:62)。

另一个重要的批评与制定新闻议程的新闻记者的自主性和独立性有关。令人担忧的是,媒体变成了一个"参与者",而不是一个"记录者"。如果没有明确的原则,公共新闻也会变成公益新闻。任何偏离客观性的举动,都有可能与社区议程步调一致,这个议程或许很好,但也可能被误导,并可能导致某种新闻审查、过滤或对批评的反对。

公共新闻与新闻业的再创造联系在一起。然而,尽管它代表着对审议和民主的更广泛承诺,而不仅仅是对某个特定社会的忠诚,但它也一直存在争议,因为它意味着重新评估在一个特殊利益群体大量存在的时代,新闻媒体何以成为社会的利益相关者。虽然为公众利益服务一直是媒体的长期任务,但公民记者围绕公众的想法和"什么对公众最好"展开了新的话题。这可以被看作一种促进血液循环的策略。对其他人来说,它的定义并不明确。正如伊恩·理查兹(Ian Richards)所指出的,这个词存在不确定性和模糊性,"公共新闻的支持者使用'公共'和'社区'这样的词,就好像它们是清晰而明确的概念,而不是激烈争论的概念一样"(2005:113),尽管一些最好的文章确实探讨了这些问题,并认识到有必要对它们进行更深入的讨论。

就客观性而言,公共新闻对新闻的争论作出了重要的贡献,因为采用公共镜头意味着重新审视新闻在报道各种问题特别是政治问题中的作用。正如罗森所言,它迫使人们承认,即使遵循最传统的客观性价值观,也需要"以一种特定的方式观察政治场景来实践一种政治"(Rosen,1994:376)。这让人们对报纸产生了一种不同的看法,认为它是"公正的参与者",而不是监管者或法官(这是对第四等级过度行为的一种纠正)。借用詹姆斯·凯瑞的一句话来评价公共新闻和客观性,这就好像客观性"把公众从政治中带了出来,把政治从公共生活中带了出来"(转引自 Schudson,2008:1033)。有了它以后，公众讨论已然萎缩。对客观性的特别关注也许是因为客观性占据着新闻思维方式的主导地位，而公共新闻不可避免地必须在与规范的关系中定义自己。在这样做的过程中，它对客观性进行了敏锐的观察（参见Rosen,1993）。但批评客观性有它自己的历史，公共新闻可以被视为有关客观性的长期争论中的某一阶段性状态，我认为需要考虑到这一点，以便梳理解释、倡导民主倾向的层层讨论。

结　论

在考察客观性是否能与政治和道德承诺共存的问题时，我们已经看到，任何答案都取决于正在盛行的政治、道德和新闻形式。本章可以很容易地扩展到宗教，例如（参见 Rosen,2004b）圣经客观性的概念（参见 Olasky,1996,2006；Beckerman,2004：32），或存在的客观性（Stoker,1995）。这个问题促使人们对报道的一些基本方面、报道在世界上的地位及其调解作用进行思考。它也提出了关于记者地位的重要问题。

那种认为任何政治或伦理承诺在某种程度上"使"客观性失效的观点缺乏文化特异性。关于客观性是否符合第四等级理想的辩论就是一个恰当的例子，因为不仅有各种不同的方法来构成这个概念，而且有不同的方法来执行它。客观性不能被认为与政治和道德承诺相排斥，部分原因是一些作者已经驳斥了这一观点，但也因为范畴的转变允许客观性本身被视为政治或道德承诺的一种形式。

第七章 在24/7新闻和在线新闻时代,客观性正在发生改变吗?

2012年1月12日,《纽约时报》的读者代表阿瑟·布里斯班(Arthur S. Brisbane)对"读者就《纽约时报》新闻记者是否以及何时应该质疑他们所报道的新闻人物所宣称的'事实'提出意见"(Brisbane,2012a)。布里斯班在他的"公共编辑博客"上写道,他想知道"如果是这样,《纽约时报》怎么能以一种客观公正的方式做到这一点?"当记者选择纠正一个事实而不是另一个事实时,有可能做到客观公正吗?布里斯班的帖子提出了一个如何处理谎言的实际问题,但却招致了读者的批评,他们似乎认为事实不应受到新闻记者的质疑。另外,读者们对将报道简化为"口述记录"的方式也提出了怀疑。布里斯班认为专栏作家有权说出他们认为是谎言的东西,但他的问题是"新闻记者也应该这么做吗?"读者的批评性反应再次质疑了该问题的依据,及新闻报道不应该质疑新闻人物提出的事实这一假设。

与主流反应不同的是,少数人将新闻与分析严格区分开来:"如果一位美国总统候选人说了什么任何可能的话,我想知道他/她说了什么,这就是报道,这就是报道中的'真相':尽可能客观地陈述事实。候选人是否含糊其词、夸大某事,用误导人的语言在他或她的公开声明中遗漏某事……所有这些都是分析。"这句话呼应了广播电视界的一个共同想法,即报道事实,让读者决定真相(Albota,1991:225)。然而,大多数读者对报道和分析的分离提出了异议。读者们明确表示,他们对客观的标准不同于布里斯班提出的作为正常做法的"虚假客观",公平的概念有迎合政客的风险。

许多评论都提到了互联网。一位评论者评论道:"《纽约时报》的公共编辑刚刚问互联网,该报的记者是否应该称谎言为谎言。"评论者指出,缺乏事实检验可能是读者"蜂拥"上网的原因;此外,互联网使事实检验变得至关重要,因为它接受未经检验的事实,并将其广泛传播。读者的反应呼应了美国媒体对兴起于其他领域的对"事实核查"的新兴趣(Spivak,2010)。

这个例子抓住了本章的许多主题:增强反馈、审议过程中的透明度、一致性、完全客观的问题本质(Sargent,2012)以及19世纪晚期美国媒体的事实导向(现在被21世纪的新技术所推动)。所有这些都体现在《纽约时报》的公开记录中,并由《纽约时报》执行主编吉尔·艾布拉姆森(Jill Abramson)对布里斯班的这篇文章提出异议(Brisbane,2012b)。

在媒体的讨论中,以科技作为变革的决定性驱动力,并对数字技术和互联网的发展进行前后对比是司空见惯的。一个例子是将报纸发行量下降这一现象归因于互联网,但实际上下降现象的出现早于互联网(参见 Tiffen,

2010）。这种方法的问题在于，它往往无法提供一个批判性的视角来看待媒体实践在历史和文化中的定位问题。在 24/7 新闻和在线新闻时代，这成为一个至关重要的问题。

《纽约时报》的例子说明了从历史角度看问题的必要性，因为这一阶段与围绕报道真相展开的成熟辩论有关。记者是根据他们所看到的事实报道真相，还是根据他们运用科学方法发现的事实报道真相？（Hulteng，1973：137）这个问题代表了记者作为"专业沟通者"[Carey，1997（1969）]所面临的一个特殊困境，即到底是致力于实事求是还是致力于真相。例如，仅仅转发官员的声明就足够了吗？还是应该在断言时对事实提出质疑？是否有义务越过宣传手册对事实进行深入挖掘？（Mott，1953：79）

它还涉及另一场在互联网时代获得新生的辩论，这场辩论涉及如何捕捉社会关系的复杂性。安德鲁·加尔塔（Andrew Calcutt）和菲利普·哈蒙德（Philip Hammond）看到了新闻两个角色和实践之间的紧张关系，"一方面，新闻作为一种调查性活动，通过关注生动的矛盾来处理社会现实；另一方面，新闻作为一种中介性活动，也构成了社会现实的一部分，但解决这些矛盾是为了消除它们自身"（Calcutt & Hammond，2011：126）。加尔塔和哈蒙德建议"报纸新闻……把这两种任务都承担下来，但第二种任务应优先于第一种任务"（2011：126）。

许多（但不是所有）网络和移动平台（数字技术快速发展领域的一部分）的协作性质为参与新闻发布和消费过程提供了新的可能性，并使判断和价值观的行使更具透明度。此外,在线协作开辟了一种协调上述两种观点的途径,以一种肯定社会现实中活跃的矛盾的方式进行调解。换句话说,它迫使新闻伦理面对多元化、对话、合作和透明度等问题。它还迫使媒介研究者认真考虑媒介使用问题,包括读者和生产者的使用。

澳大利亚新闻和时事网站 Webdiary 就是一个例子。该网站由澳大利亚记者玛戈特·金斯顿(Margot Kingston)于 2000 年创建,当时是《悉尼先驱晨报》(*Sydney Morning Herald*)的联邦政治专栏,现在已经独立运营。作为一本政治日记,作为与读者的"对话",金斯顿发现网络平台和用户本身迫使她向其他贡献者开放网站,并重新思考透明度、问责制和道德规范。金斯顿在描述为 Webdiary 建立一种道德规范时(这一为行本身就是由用户推动的)谈到要摆脱"客观神话的文体束缚,这实际上是一个向读者隐藏真相、而非揭露真相的借口,而且还错误地把记者当作观察员/法官,而非参与者"(Kingston, 2003:161-2)。她的道德准则强调信任、独立和诚实,而不是客观。

媒体工作者对新技术的接触一直塑造着客观性的概念。正如我们下面所看到的,在 24/7 新闻和在线新闻时代,新闻客观性的概念被摒弃、挑战和修改,但也被捍卫和重新创造。距离和超然的态度可能是非常重要的,但也许不是在所有情况下(Tait, 2007)。记者、公民和媒体机构使用新平台的方式,正揭示出客观性与专业、求真、权威和声誉等概念的历史联系和紧张关系。这些都是新闻工作主流范式的一部分,但它们本身也正在被重新商定。

有线电视、卫星和变革的挑战

古希腊语单词 pharmakon 既表示毒药也表示治疗。与新闻有关的技术变革可以用这个(双重)标题来概括。正如杰克·哈里森所指出的,技术变革带来了机遇和扩张,使人们能够"绕过或改进主流的报道流程"(2005:148)。哈里森同时指出,一些主流电视媒体只从竞争或侵蚀他们目前所做的事情的角度来看待技术。在工作层面上,技术可以带来或大或小的新闻自主权,这取决于现有的制度。桌面视频和更小的设备可以带来更大的机动性,可以为跨媒体叙事带来更大的可能性。数据库提供了前所未有的核查基础。所有这些都有助于工作的加强。记者们正在接受新的工作方式,"他们的雇主要求他们用更少的钱做更多的事情,在很多情况下,他们需要学习一整套全新的工具和技术,同时保持(大多数情况下是增加)他们的产出"(Media Alliance,2010:18)。

有线和卫星新闻以及其他新媒体曾在不同时期被认为是毒药和良方,它们改变了我们对新闻和时事的看法。(Wark,1994)美国有线电视新闻网(CNN)、天空新闻和福克斯新闻现在都是家喻户晓的全球品牌。新闻生产已被数字技术所改变,允许多种媒介形式的频繁更新,使新闻比以往任何时候都更容易变质。1955 年,华莱士·卡罗尔警告称,速度会导致不准确,并构成肤浅报道的基础,"速度是使我们戴上客观性枷锁的因素之一"(1955:27)。速度对反馈的影响仍然令人关注。BBC 总干事马克·汤普森指出,"24 小时新闻服务意味着,公众几乎可以在他们喜欢的时间和地点获得他们想要的新闻,但这会给反思和判断所需要的时间带来可怕的压力"(2005)。正如布伦特·坎宁安(Brent Cunningham)所指出的,"不间断的新闻循环让记者没有那么多时间去挖掘信息,并鼓励他们依赖能够快速、简洁地提供信息的官方来源……这种时间的缺乏使得头脑简单和懒惰的客观性更有吸引力"(2003:27)。在电视新闻领域,对突发事件做实况直播的动力很强。跨多个时区运行的 Twitter feed 使得在"云"信息中进行报道的方式变得复杂,这些"云"信息可能已经过时,或者因移动得太快而无法捕被捉或验证。这些情况导致了对与客观性密切相关的实践的强调,如模式化或编辑、验证和提供背景。

伦敦《卫报》(*Guardian*)编辑艾伦·拉斯布里杰(Alan Rusbridger)观察到:

> 在数字世界中,我们对速度的要求越高——速度确实很重要,但绝不能以牺牲准确性、公平性或任何危及信任的事情为代价——我们就越应该诚实地面对可能性的试探……新闻业变成了一个永无止境的有机行业,它将材料置于公共领域,对其进行添加、澄清、纠正,在这里添加一些东西,在那里删减一些东西,进行编辑、语境化、分析和回应。我们所做的每件事都将更具争议性,更加开放地接受挑战和另类解读。(Alan Rusbridger,2007)

在线平台在这里代表着一种潜在的解放,特别是从印刷新闻和电视新闻曾受到的版面和播出时长的物质限制中获得自由。在线上,发布空间或时间可能会扩展。此外,在线领域允许更正、评论、情境、分析、背景、响应和解释,有时这些还会同时进行。为了确保出版物的连贯性和相关性,这给编辑和审核带来了新的挑战。

由于渠道和观点的扩散(不幸的是,并非总是伴随着对媒体更少的关注),新闻的基调发生了变化。超然的声音并不是最响亮的,"公正和客观正在成为主流新闻中越来越少见的品质"(Thompson,2005)。对鲁珀特·默多克(Rupert Murdoch)来说,新闻频道的多样化意味着新的多样化的声音,这需要政策的改变,"将来不再需要为任何媒体制定公正的规则"(转引自 Hargreaves,2005;参见 Curran & Seaton,2003:394)。尽管这一假设有待商榷(Dwyer & Martin,2010)。另一些人则强调了固执己见的党派媒体(Sambrook,2004)的回归,或民粹主义形式的"道德创业",以那些精心策划民粹主义道德恐慌的社区人物为代表,后者体现在咄咄逼人的脱口秀主持人身上(Jones,2011:8)。

有不同的方法来应对这些变化。对一些人来说,这将意味着重新应用和说服更多的人脱离客观性规范,重申反思和判断的必要性,在一个问责是重要问题的、不断变化的新闻世界中捍卫它(参见下文关于 BBC 的讨论)。对其他人来说,就像半岛电视台的例子一样,它涉及适应客观性的新视角。最后,博客和公民新闻也代表了对规范性条件的挑战。

新闻的福克斯化

自1996年成立以来,福克斯新闻频道(FNC)一直因宣称客观新闻而引发争议,具体体现在"公平与平衡"和"我们报道,你决定"的口号上。它专门为吸引保守派观众而设立,创造了一个成功的商业模式。2010年,《经济学人》报道称,FNC的利润超过了竞争对手CNN和MSNBC的总和(*The Economist*,2011)。

福克斯被解读为媒体萎靡论的表现(将大众媒体与政治文化的衰落联系在一起)(Jones,2011:9),两个趋势使得新闻的福克斯化特别重要。首先,它是在关于新闻(自由主义)偏见的论述中形成的,因此用明确的党派术语来对待受众。如果不讨论这一说法的价值(参见 Bagdikian,1972),则它代表着一个循环的转向,即回到了19世纪美国党派媒体的状况,那时还没有出现客观性理想。其次是通过有线电视、卫星电视、在线电视和移动电话等媒体渠道的数字化。广告客户已将预算从传统媒体转移,以应对这些渠道的激增。在这种情况下,福克斯的反应是超越严格的公正性和客观性理念,以提高受众的认同感。在保持事实意识,并将客观性的痕迹作为一种品牌战略加以推广的同时,这种方法涉及的意见和评论、新闻和社论的分离存在问题。

在某些方面,福克斯可以被认为是在其他电视公司之前发出了挑战。如BBC宣称坚持自己的立场,其总干事马克·汤普森坚信,尽管"争论不休、固执己见的新闻频道是有说服力的……但 BBC 自己的新闻报道将保持公正"(Sherwin,2010)。其他人如杰伊·罗森提出,要应对福克斯的挑战,就要回归本真,即准确、公平和理性诚实(*The Economist*,2011)。另一种策略是完全取代客观性,"透明度是新的客观性"(Weinberger,2009)的说法已经出现。这是一个潜在的有吸引力的提议,因为基于超文本的媒体提供了一个前所未有的机会来链接到原始文件和补充文件,尽管布里斯班/《纽约时报》的故事形成了一个有趣的案例,说明透明度可以有多么复杂。然而,这一论据中的透明度成了可靠性的新条件:

> 我们过去相信,因为我们认为作者是客观的;我们现在相信,因为我们可以通过作者的作品看到他所处位置的来源和价值观。透明度给读者提供了信息,使其可以通过这些信息消除一些一直存在的偏见带来的意想不到的影响。透明度给我们带来了可靠性,就像客观性过去带给我们的那样。(Weinberger,2009;参见 Lasica,2005)

因为没有一个更好的术语,最后一个策略可以用"模拟仿真"(emulation)一词来表达,根据泰德·科佩尔(Ted Koppel)的说法(有一些争议),这就是 MSNBC 的方法。科佩尔写道,"我们现在生活在有线新闻的世界里,崇尚欧伯曼(Olbermann)、雷切尔·麦德(Rachel Maddow)、克里斯·马修斯(Chris Matthews)、格伦·贝克(Glenn Beck)、肖恩·汉尼提(Sean Hannity)和比尔·赖利(Bill O'Reilly)等人的观点——他们支撑着政治党派的两大支柱,他们被他们的上级组织鼓励这样做是因为他们的分析和评论是非常有利可图的"(2010)。科佩尔继续说,"因此,我们开始相信开国元勋们为我们带来的诸多好处中,最新的是可供我们选择的新闻。或许,从绝对客观不可能实现这个合理的角度出发,福克斯新闻和 MSNBC 甚至不再尝试。他们向我们展示的不是真实的世界,而是政治光谱两端的党派人士(和忠实的观众)所希望的世界"(2010)。

在对科佩尔报告的特别评论中,基恩·奥伯曼(Keith Olbermann)驳斥了仿真的论点及 MSNBC 追随(美国)联邦网络委员会的建议。他也关注客观性问题及对客观性的过分理想化,认为它是一种经过净化的、不涉及报道的形式,而实际上,过去的好时光大多是由强烈的(甚至是党派的)价值观指引的:

> 科佩尔为之苦恼的巨大变化不是党派之争,不是论调之争,也不是分析之争。最大的变化是创造了像克朗凯特(Cronkite)和默罗(Murrow)这样的人所做的经过净化的形象。这些人并不是所谓的速记员,他们不是中立的人。这些人在他们的时代做了最好的记者现在还在做的事情:评估、分析、整理、评价。他们把一个连贯的画面或一个有挑战性的问题放在一起,只使用他们最能识别的事实,加上他们自己

的诚实和良心。(Olbermann,2010)

但奥伯曼更进一步宣称客观性是虚假的上帝,是一个失败的项目:"他(科佩尔)歌颂的那种新闻,让这个国家失败了,因为当需要真相时,我们得到的只是事实,不管怎样,其中大部分都是谎言。"

在将自己的做法辩护为"有机"的同时,奥伯曼对FNC模式提出了鲜明的批评,并对客观性的空洞概念转化为品牌提出了明确的批评。当(转引自会议记录)"两个人像二重唱一样尖叫时,只要有两个人,只要他们是公平和平衡的,新闻消费者不就会被尖叫及他追捧的人总是比另一个人尖叫得更大声的事实迷住吗?难道他不相信自己看到了真正的平衡、真正的客观吗?"(Olbermann,2010)

重塑 BBC 的客观性

BBC 与客观性概念有着长久的联系(下一章将对此进行探讨)。肖恩·西顿(Jean Seaton)认为,在第二次世界大战期间,"BBC 宣称的准确性和客观性本身就是一种宣传武器——展示了民主相对于极权主义的优越性"(Curran & Seaton,2003:139)。尽管客观性是媒体道德标准的一个过时的试金石,但它仍然是 BBC 的一个关键话题。事实上,有迹象表明,该组织正在努力重振这一概念,并重新定义它与在线空间的关系。相关演讲经常以客观性为出发点提出相关问题。该组织总干事马克·汤普森指出:"一些学者也怀疑,关于客观、冷静的新闻报道的经典主张是否能够持续下去。"在显而易见的"事实"背后,隐藏着各种假设、叙事或意识形态。这促使人们将客观性重新定义为一种"批判现实主义":

> 这个概念之所以"至关重要",因为我们是通过复杂的叙事和假设的中介来接受事实的,我们每个人都需要使用复杂的分析和个人判断来理解其中的意义。但"现实主义者"是因为我们相信它仍然是有可能的——实际上我们的职责是了解事实,才形成尽可能客观和准确的世界观。(Thompson,2006)

第三章讨论了批判现实主义。客观性不仅是为了回应学术争论,也是为了回应 BBC 所面临的具体挑战。其中包括有线电视新闻频道如福克斯的崛起,但更具体的问题是,哈顿勋爵在 2003 年对戴维·凯利(David Kelly)博士死亡前后的情况进行了调查。凯利博士在 BBC 有关大规模杀伤性武器"伊拉克档案"报道中发挥了关键作用。正如理查德·萨姆布鲁克所指出的,"但只有通过客观的方法——事实、证据、验证——我们才能确保把事情做好"(2004)。BBC 甚至对更具有划时代意义的问题做出了回应,比如代表其自身复杂性的信息社会。正如时任 BBC 代理总裁的马克·比福德(Mark Byford)大胆指出的:

> 这可能是一个信息时代,但信息本身是不够的。当我们在一个不确定的世界中寻找答案,而观众在寻找信任和可靠性时,重要的是观点的真实性、准确性、客观性和多样性。(Byford,2004)

但是,我们可能会问,考虑到我们对规范社会和历史情境的兴趣,这个不确定的世界与1914年沃尔特·李普曼表达的游移与怀疑状态,以及被迈克尔·舒德森(1978)视为客观性理想的发展阶段有何不同?(参见第一章)

对于 BBC 来说,"坚持客观性"的独特策略是显而易见的(Sambrook,2004)。正如马克·汤普森概述的那样,新的措施已经到位。

> 公正和客观正在成为主流新闻中越来越少见的品质……在吉利根-凯利-赫顿(Gilligan-Kelly-Hutton)事件之后,我们加强了对许多内部新闻工作者的安全保卫。我们让成千上万的记者参加了新的培训课程,在这些课程中,"公正"和"给予那些我们提出严重指控的人回应的权利"成为中心议题。(2005)

因此,建立新闻学院并明确编辑方针,是对不断变化的媒体环境的一种回应,有助于增强"我们始终努力为观众提供客观和语境的责任感"。

半岛电视台

自 1996 年成立以来,这家总部位于卡塔尔的 24 小时新闻频道一直受到学术界和公众对其客观性的强烈质疑。

继穆罕默德·阿伊什(Muhammad I. Ayish)之后,将半岛电视台置于中东广播发展的背景下加以讨论变得非常重要。自 20 世纪 50 年代首播以来,大致可以确定三种播出方法。第一种是传统的政府控制的电视,第二种是政府拥有的改革主义电视,第三种是自由的商业电视(2002:139)。在最后一类节目中,半岛电视台融合了阿拉伯人对政治的痴迷;致力于"新的专业新闻价值观和规范,这在政府经营的电视中是前所未有的"(2002:142);"社会批判与多元观点"(2002:143);CNN 聚焦于现场采访知名人士,以及最新的冲突镜头的审美(2002:149)。

半岛电视台的地区身份使其在全球媒体圈中占有独特的地位。由于其对地区问题感兴趣,2001 年塔利班迫使其他国家离开时,它被允许留在阿富汗。因此,它能够从喀布尔传送出战争画面,而且还是奥萨马·本·拉登(Osama bin Laden)谴责美国的录音带的接收方和播送方。2001 年 11 月,美国轰炸了其在喀布尔的办公室,这被视为一种不祥的事态发展。2003 年 4 月,该公司驻巴格达办事处遭炸弹袭击,高级记者塔里克·阿尤布(Tarek Ayoub)在爆炸中丧生。2004 年,该网络被指控与伊拉克叛乱分子合作,它的一些记者被临时政府驱逐出伊拉克(El-Nawawy,2004:14)。它既播放沮丧的美国平民伤亡的画面,也播放美国战俘和死去士兵的画面(El-Nawawy,2004:13)。在其他广播公司提供血腥报道时,它播出"没有流血、异议者和外交的画面,包括激动人心的武器、瞩目的图像和英勇的士兵"(Aday et al.,2005:18)。

事实证明,从非西方的角度目睹中东发生的事件是有争议的,这导致人们指责该网络不可靠和不负责任(El-Nawawy & Iskandar,2003:203)。评论人士特别关注半岛电视台对其东道国的不实报道,以及"直接涉及阿拉伯高级官员,甚至部长或国家元首的问题"(Moussa,2007)。尤其是对西方规范如客观性的援引,更是引发了争议。1996年,BBC终止了与阿拉伯语电视台的合同(El-Nawawy,2004:11)。记者们继续接受西方技术的培训。它被认为是遵循BBC/CNN的模式;尽管有人质疑这项承诺的诚意。对于像约翰霍普金斯大学中东研究教授福阿德·阿加米(Fouad Ajami)这样的批评者来说,该电视台擅长"在迎合泛阿拉伯情绪的同时,模仿西方新闻公平的规范"(Ajami,2001)。

它将西方的规范与阿拉伯的观点相融合,并进行交易。由于"在新闻报道中获得客观性和吸引特定受众"(El-Nawawy & Iskandar,2003:209)之间存在内在矛盾,可能很难做到这一点。半岛电视台在从阿拉伯人的角度提供阿拉伯新闻和通过新闻平衡的观点回应对偏见的批评之间扮演着平衡的角色。阿伊什指出:

> 电视公司对事件和问题的处理似乎取决于

问题的类型和手头的玩家。当涉及泛阿拉伯协商一致意见的问题时,平衡报道冲突观点的客观性实际上似乎是不存在的。对巴勒斯坦起义的报道就是一个很好的例子。所有电视公司都使用"烈士"一词来指称在暴力冲突中被以色列炮火打死的巴勒斯坦人,而将以色列人称为侵略者。在有关埃及选举或苏丹局势的问题上,所有电视机构都报道了政府和反对派团体对不同问题的立场。(2002:150)

阿伊什所指出的是一种对客观性的解释方法,即与阿拉伯人的共识并肩作战。但在不存在这种共识的地方,公正似乎占了上风。尽管如此,有人认为半岛电视台反映了它的文化传统,与 CNN 从西方的角度来看待新闻没有什么不同(Aday et al.,2005:16)。

该电视台当然可以展示出平衡,只要它播放美国发言人和阿拉伯消息来源,包括巴勒斯坦和以色列。正如托马斯·约翰逊(Thomas Johnson)和沙希拉·法赫米(Shahira Fahmy)所言:

半岛电视台并不否认它关注的是阿拉伯观众感兴趣的新闻,并从阿拉伯人的角度进行报道。然而网络认为它体现了其座右铭"意见和其他意见"(或者正如有人所说"观点和其他观点"),因为它的新闻节目赋予观众和所有观点以客观性、完整性和平衡性,让观众形成了自己

的观点。(2006:8)

穆罕默德·埃尔-纳瓦伊(Mohammed El-Nawawy)和阿德尔·伊斯坎达尔(Adel Iskandar)认识到了将事实与价值完全分离并消除文化偏见的困难,他们设计了"语境客观性"一词解释"客观、全面地报道一个问题,但用报道媒体固有的视角为其着色的模式"(2003:209)(据悉,半岛电视台并未公开使用这个词)。这种"天生的视角"来自电视广播员对观众、地区和文化态度的解读,"虽然这个词似乎是一个矛盾修饰法,但它其实不是"(2003:209)。他们坚持认为,这个词是将公正的原则与当地的情感联系起来的。

埃尔-纳瓦伊和伊斯坎达尔通过语境的客观性研究了专业电视新闻的一些关键困境。也就是说,报道首先应该是全面的,但必须有选择性;其次,新闻追求客观性,但也要对受众有意义(2003:209)。这些不同的要求和承诺可能很难调和。

语境客观性一词可能会引起人们的关注,因为它在语境和视角中与客观性概念相矛盾(因此它违背了传统的经验主义和实证主义的理想基础)(参见 Irvine,2011)。然而,正如我们在第四章中所提到的,客观性并不是第一次与认识论的立场或观点相联系。就半岛电视台而言,这个词引发了一些有趣的问题,比如媒体如何为公众和观众服务,以及文化观点如何影响新闻业。如果客观性与反映现实有关,那么问题是谁的现实?语境客观性描述的是特定取向下对客观性的追求,反映了任何故事的方方面面,同时又保留了目标受众的情感。对于埃尔-纳瓦伊和伊斯坎达尔来说,在阿拉伯世界以及美国的电视中都可以找到语境客观性。

这一立场的微妙之处很容易被忽略,半岛电视台被指责在"民主透明"和"威权主义宣传"之间采取客观的措辞(Awad,2005:82)。"这种镜头与美国大肆宣扬的新闻客观性相比如何?"当半岛电视台华盛顿分社社长阿卜杜勒-拉希姆·富卡拉(Abderrahim Foukara)被《时代周刊》问到这个问题时,他回答说:

> 老实说,我不知道客观性新闻是什么意思。播放的环境明显影响了报道。如果你是一家来自美国的广播电视公司,你播出的内容将带有一种对世界另一个地方的观众未必客观的敏感性。如果你是阿拉伯半岛电视台(Al-Jazeera Arabic)这样的电视台,在中东以外的地区播出节目,情况也是一样。但我们必须超越这一点。我们应该同意及时提供信息的必要性。我们不能生活在这样一个世界:一个像埃及这样的故事——它对整个世界都有影响——正在展开,而你的观众对它一无所知,或者对它知之甚少。(Tharoor,2011)

这说明了丹尼斯·麦奎尔的观点,即"客观公正和真实可感知的方式可能因社会的不同而不同,甚至因主题或问题的不同而不同"(1992:203)。的确,正如马克·林奇指出的,在科威特,半岛电视台因缺乏客观性而受到批评(2006:162)。2002年盖洛普(Gallup)对沙特阿拉伯、摩洛哥、科威特、约旦和黎巴嫩进行的一项调查发现,"客观性被认为是半岛电视台最薄弱的领域,在一些国家,只有不到一半的受访者将这一优点与该电视台的报道联系起来,而在其他国家,这一比例仅勉强过半"(Saad, 2002)。即使与其他阿拉伯电视公司(约旦除外)相比,半岛电视台也没有更客观。

对于埃尔-纳瓦伊和伊斯坎达尔来说,语境客观性是指渗透了阿拉伯和西方语境的深层文化取向。这种定位是好斗的:事实产生于意见和观点的冲突(El-Nawawy & Iskandar,2003:200)。"阿拉伯传统的一部分是充满激情地辩论和讨论问题。"(El-Nawawy & Iskandar,2003:66)休·迈尔斯(Hugh Miles)认为半岛电视台是"专业和客观的典范"(2005:359)。但他也看到了文化差异、偏见和商业考虑之间的联系:

> 半岛电视台在报道同样的事件时,与西方媒体有着同样严格的编辑流程,但最终却推出了不同的产品。这是因为做编辑选择的人和其他人之间有着深刻的文化差异,作为商业电视台,半岛电视台正在向它的观众推销自己。偏见是商业进程的自然结果。半岛电视台对待观众的方式,与美国主流有线电视网络和调频广播电台对待国内观众的方式一模一样。它迎合民意是因为……它希望获得观众份额,并希望

销售广告。(Miles,2005:359)

  无论这种偏见是意识形态上的还是商业上的,此处的观点是文化偏见可以与客观性并存,这是对观众的一种深层承诺。这与在美国客观性被嫁接到商业媒体并成为商业策略的一部分的方式相似。

  半岛电视台的《道德准则》(2010)本身并没有提到客观性。虽然国际英语新闻社"关于我们"的网页声明"半岛电视台英语频道将致力于平衡从南到北的信息流,从草根层面提供对全球观众来说准确、公正、客观的消息,为世界各地报道不同地区的不同观点发声"(Al-Jazeera Press Office,2007)。道德规范本身肯定的价值观包括"诚实、勇气、公平、平衡、独立、信誉和多样性,以及不将商业或政治凌驾于专业之上",致力于准确区分"新闻材料、观点和分析,以避免投机和宣传的陷阱",这些都是与客观性规范密切相关的熟悉术语。

  尽管不常被公开,但围绕客观性的辩论往往带有强烈的民族性,这与当地政治体系的框架有关,也与严格控制的媒体环境(尤其是广播电视行业)有关,后者限制了新的进入者。半岛电视台的例子说明,随着媒体圈(mediasphere)从全国性变成区域性和全球性,技术允许新的参与者进行播出,客观性作为一种跨国新闻规范的运作可能会引发争议。这可能会引发一系列不同的反应,具体取决于所涉及的传统媒体视角。它也可以作为语境客观性的一个案例加以研究,以期解决当前专业新闻媒体的一些关键困境。

新闻博客和公民新闻

成本相对较低的"开放"出版平台陆续出现,在这些平台上,人们可以讨论时事、提供专家及其意见,甚至发布新闻和披露泄密信息,由此推动了博客和公民新闻的兴起,并进一步复杂化了 24/7 新闻和在线新闻的世界。这些平台的技术性质意味着平台上的材料通常是多媒体性质的(结合视频、音频和文本),而且常常是协作的,从提供评论到编辑和修改他人编写的材料。虽然有时这些内容是超本地化的,但由于公民记者在现场,这些平台的覆盖范围往往是全球性的。这些实践和技术正在改变我们创造和接受媒体的方式以及我们对媒体的理解。

阿克塞尔·布伦斯(Axel Bruns)认为,造成"当今商业新闻整体失宠"的一个关键原因是"记者不能准确、客观地报道新闻事件,而是受到其他议程的支配"(2005:15)。事实上,在以时事为导向的博客和公民新闻圈中,客观性并不总是作为一种明确的规范被积极提倡,而主观性和观点也确实得到了推崇(Allan, 2006:85)。约翰·帕维里(John Pavlik)认为客观性是一个"浪漫但无法实现的目标"(2001:24),他指出"单一视角"提供了对事件现实的有限视角。客观性是一种"意识形态"和一种"外衣"。相比之下,在线新闻允许读者"以一种传统新闻无法做到的方式对真相进行检验"(2001:93)。对于伯恩哈德·德巴廷(Bernhard Debatin)来说,博客的真实性是"一个散乱的过程,是博客圈中传播和竞争思想相互作用的结果"(2011:838)。"虽然客观性可以被称为专业新闻的基本准则,但新闻博客似乎遵循三个主要准则的结合,分别为透明度、准确性和倡导性"(2011:838)。

韩国合作公民新闻网站OhmyNews(成立于2000年2月)在2005年拥有超过四万名撰稿人(Min,2005:17),它骄傲地回避了对客观性的公开承诺,而倾向于肯定这样一种观点:每个公民都可以成为一名记者——这一观点在英国和美国的激进媒体中有着悠久的历史。这个网站被定性为"编辑协助的公开新闻"(Bruns,2005:129),这是对传统保守的韩国媒体的侮辱。它有一个广泛的筛选和文字编辑过程,以确保事实的准确性。首先是说服"一线编辑",通常是专业记者,这些材料是有新闻价值的(Min,2005:18)。公民记者被授予"新闻学101"课程,这增加了复制既定新闻规范的可能性。

由于对主流新闻媒体持批评态度,社交媒体制作人和评论员已经习惯商业议程滥用客观性(Bruns,2005:215)。他们对传统媒体的批判从传统的"看门人"模式(Janowitz,1975)转向了"看门狗"模式(Bruns,2005)。术语"看门人"主要指博客社区中关注主流媒体的部分人(Rettberg,2008:86)。这表明数字媒体提供了前所未有的手段来监控世界媒体的表现。正如布伦斯所言,新闻受众"已经开始在新闻循环圈中夺回自己的位置"(Bruns,2005:9),但正如他所观察到的,"这种广泛合作和开放的新闻生产方式的第一个也是最重要的牺牲品,就是新闻客观性理念"(2005:308)。在社交媒体为合作新闻创作开辟了新的可能性之际,这一概念充当了高质量新闻的"伪装"(2005:310)。

新闻博客和公民媒体促使人们对出版业的陷阱和可能性以及其中的关键角色进行了激烈的反思,可以说改变了我们对新闻政治经济学的理解。客观性与单个的、整体的新闻价值以及单一的(通常是公司的)新闻来源相联系。从这个角度看,特里升·博尔顿(Trish Bolton)庆贺"新闻生产和传播的戏剧性转变","拒绝真理、客观性、可信度和与受众距离的概念",使用平台"促进对话而非独白……(允许)从观众的生活中产生的非中介叙事"(2006)。以前被认为是客观性的问题,即价值的存在和"主观化"问题(Dennis & Merrill,1984:106),如今成了一个积极而不是消极的真实性的标志。这开辟了一个复杂的合作与对话领域,但也带来了相互冲突的解释。在某些方面,博客和合作新闻网站的空间实现了赫伯特·甘斯的先见之明,即新闻媒体的价值和服务受众的方式都将是"多视角的"(1979:314-15)。

解决本章的指导性问题的困难之一是涉及的实践的绝对范围,以及快速变化的技术形势,这经常导致一个没有记者的世界,通过算法以完全客观的方式合成新闻(Alan,2006:176-7)。因为情况总是在变化,所以我想提出三个命题,每一个命题都需要进一步研究和论证。

第一个命题是在线和公民新闻本身可能并不代表对客观性的挑战,新的报道技术和出版平台可以(而且正在)纳入已经建立的新闻模式,这些模式本身也在适应24小时的新闻周期。因此,关于天气事件或灾难的手机业余视频可能会出现在传统媒体中,并(在理想情况下)受到所有标准的制衡。艾伦指出早期主流媒体对在线网站不信任,认为它们缺乏客观性、专业性和独立性的公众预期(2010:221),但事实很快证明,读者们正转向互联网寻找突发新闻,这促使主流媒体从业者们反思。吉尔·沃克·雷特贝格(Jill Walker Rettberg)指出,博客在赋予"普通公民"权力的同时,也在为主流媒体服务,这两者之间存在一种共生关系(2008:108)。这并不是说这是一个没有问题的区域,媒体机构也面临着与公民记者和在线社区合作、使用业余镜头、管理消费者预期以及使用Facebook等平台的内容等方面的新决策。当然,使用Twitter等社交媒体的员工记者也会引发一组不同但同样严重的声誉问题,这需要一种与大多数新闻文章截然不同的写作风格和观点。此外,还有更广泛的问题涉及博客和新闻之间的关系,以及如何定义新闻本身。

第二个命题是这些媒体为"监督民主"提供了新的渠道,通过这些渠道,"成百上千的监督机构现在正在公开监督权力……到了监督民主和计算机化媒体网络作为融合系统发挥作用的地步"(Keane,2011)。

被称为"拉瑟门"或"备忘录门"的事件,源自 2004 年《周三新闻六十分》(*60 Minutes Wednesday*)的一期题为乔治·布什(George W. Bush)总统国民警卫队(National Guard)的特别节目,可以被视为微观层面监控的一个具体例子。该方案依靠四份备忘录来证明其立场。网络论坛"自由共和国"上的讨论人士对哥伦比亚广播公司发布的文件的权威性提出了质疑。公民记者利用 20 世纪 70 年代打字机的专业知识,质疑了这些文件的真实性,揭露了事实核查方面的严重缺陷,并指出布什的议程存在偏见。这给了那些在(自由主义)媒体中寻找偏见的保守派一些安慰,但也说明博客作者在发挥看门人功能时可以发挥积极作用。

然而,监督民主也意味着更宏观层面的发展,即新的和现有的行动者共同利用新媒体,在以前无法想象的跨国界社区和全球公众中扩大他们的民主化努力。围绕协商民主的话语正从"代表"的观念转向"直接"民主(Hartley,2000)。对于那些曾经认为自己是未经选举产生的代表性记者和编辑来说,这是一个新世界;他们用透明度和问责制的概念来回应(Rusbridger,2007)。

对于斯蒂芬·里斯来说,通过"垂直"视角、民族国家视角和"水平"全球视角来重新创造客观性规范的可能性就在我们眼前(2008:243)。里斯设想了他所说的"总体"客观性与跨国全球公众的一致之处:

> 对新闻"偏见"的旧批评将被全球新闻增长带来的新问题所取代。对多个交叉引用来源的事件的分布式访问提供了一种新形式的聚合"客观性"。在这个系统的汇总结果中,歪曲的或虚假的报道现在更迅速地受到质疑或扩大影响——不仅是其他新闻机构,还有成千上万的读者和观众,他们通过新闻组和其他在线社区传播、比较和质疑报道。(2008:242-3)

对里斯来说,"压缩的全球文化舞台"、跨越不同国家背景的新闻实践和惯例的"平等化","给客观性等传统新闻概念带来了新的重要性"(2008:245)。

第三个命题与公认的非常广泛的博客和公民媒体领域有关,作为一种了解和呈现现实的方法,它正在挑战和改变客观性的信息基础。这一转变在某些领域得到了热情的回应,"当主流记者突然发现自己置身于新闻编辑室之外时,一些有趣而充满希望的事情正在发生"(McGill, 2008)。道格·麦吉尔认为,这是一个重塑记者与公民关系、让公民开始教授记者道德规范的机会,"近一个世纪以来,由于客观性理想,记者们坚定地拒绝在新闻编辑室谈论道德——真正的道德"(2008)。对话和互动的前景让许多学者和评论家兴奋不已,这是理所当然的。

然而,鉴于新闻客观性在多大程度上嵌入了以宣传和公共关系为主导的信息景观的特定愿景,以及信息景观的变化程度,有必要对这种传播情况进行仔细分析。正如斯图尔特·艾伦和唐纳德·马西森(Donald Matheson)所观察到的,"新闻未被宣之于口的认识论基础正在鲜明地凸显出来"(2004:82)。例如,探索"融合、互动、超媒体和叙事性的融合过程将如何重新改变更传统的新闻真实、事实和客观性的概念"是值得的(2004:82)。

借用盖伊·塔奇曼的术语,我建议对"新闻网"进行彻底的重新配置(参见第三章对塔奇曼概念的讨论)。尽管塔奇曼的分析方法和提问方式仍然至关重要,但支撑新闻网的范式正在以不同的方式被重新设计。这一点在新闻程序、事实处理方式、新的组织内部关系、批评表现的新形式和方法以及围绕客观新闻的预期的转变上表现得很明显,"如果每个记者都以一种超然、公正、客观的方式收集和构建事实,截止日期将会被满足,诽谤诉讼将会避免"的假设在某些领域可能仍然成立(Tuchman,1972:664)。然而,新闻平台的开放性、合作性、分散性和个性化正在对这一提法的相关性提出严峻的考验,在这些平台上,事实不断受到挑战和评论,客观性不再像过去那样是一张"出狱卡"。

在经典观点中,客观性作为一种认识论,是新闻网络的重要组成部分。然而,新媒体形式正在改变"真实"的概念。从经验主义和实证主义的角度来看,现实被认为是独立于观察者的,是可知的。客观性是一种方法,通过这种方法,可以简单地描述这种现实,并以其无价值的形式表现出来。梅丽莎·沃尔(Melissa Wall)将其描述为新闻的"现代主义"概念,"一种可以从客观角度观察和记录现实的感觉,强调不断的变化和时效性,相信能够准确地描述现实"(2005:154)。

沃尔认为,"一些形式的在线新闻,如博客,已经从传统新闻的现代主义方法转变为一种后现代的新闻形式"。她的意思是"现实不是固定的,也不是可知的。相反,我们通过语言和互动表演创造现实"(2005:158)。这也改变了人们对新闻业寻求真相的看法。真理不是被否定的,而是以一种不同的"对事实的意志"来接近的,用艾伦(1995)的话说,这种意愿往往与卷入和参与有关,而非距离和超然。正如吉尔特·洛芬克(Geert Lovink)所指出的,"写博客是对真理的追求,但它是带着问号的真理"。为了获得更高的权威性,真相已经被牺牲为一个业余项目(absolute value)，不是绝对准则(Lovink,2007:13)。

在沃尔对战争时期博客的研究中，叙事风格(观点，超然)、与观众(作为参与者和贡献者)的关系，以及故事模式存在与否(如倒金字塔)，都是后现代主义倾向明显的领域(2005:162)。虽然这些后现代特征也可以出现在其他所谓的"传统"媒体形式中，但我认为，在线环境中发生了一些独特的事情，支撑客观性的表征条件发生了变化。我们处在一个后实证主义的空间中，媒介就是信息，真实是由链接和话语片段构成的。在这里，从单一角度进行镜像和反射已经让位于调解和再调解的过程和履行(Bolter & Grusin,1999)。随着我们对真实的感觉发生变化以及我们了解真实、客观的能力发生变化，客观性将通过数据库和数字媒体作为众多"信息技术"中的一种而被重新设计。

在无形框架理念的一个版本中，如果客观新闻可以被理想化地设想为一个不改变被传输的材料而简单地将现实传递给观众的渠道——用凯瑞的话说，这是传播的经典"传输"观点(1989:14-15)——那么也许我们现在处于这样一种情况：我们正处在鲸鱼的肚子里从内部观察这个渠道。博客(尤其是在战时)能给我们提供未知事件的第一手和实时信息，而不是一个通常只被部分了解或在特定视角内被了解的事件，这是专业的广播电视记者无法达到的(一个例子是在2005年伦敦地铁爆炸事件中，报纸头版使用了手机拍照画面)(参见Alan,2007)。雷特贝格讨论了萨拉姆·帕克斯(Salam Pax)的研究(2008:95;Pax,2003)。主流新闻媒体正在向编辑判断的透明度迈出前所未有的一步,公开它们的原材料、采访和研究文件、新闻列表。

作为认识和呈现现实的方法,客观性的信息基础正在发生变化的一个重要表现是数据化。正如雷特贝格所指出的,"一个记者应该预先置身于行动之外,客观公正地进行观察"(2008:99)。相比之下,博主通常都是博客内容的参与者。在评论帕克斯等人的博客时,雷特贝格认为,"作为参与者,他们没有试图保持客观。传统的新闻公信力和事实核查的信条与他们毫无关系。相反,他们的优势在于他们的真实性,但这是一种不同于主流媒体承诺的'这是真的'的真实性。这种真实性可以从博客的即时性中得到证明"(2008:101)。

与我们从内部查看通信通道的想法一致,在协作性新闻站点上,编辑过程现在常常是裸露的、外部化的、开放的、自动化的。这包括将编辑权力下放给有选择性的审核员或用户自己,以及利用评级系统和建议将评论反馈给(已分发的)编辑过滤系统。分布式新闻模型重视评论,但同时也对审核实践造成了压力。举个例子,网络社区Slashdot"只会在讨论中显示那些位于某个阈值之上的评论"(Bruns,2005:42)。好的用户会积累"善果",获得更大的"声音",坏的用户会慢慢沉默,高段位的用户有机会参与调和。

约翰·哈特利曾用"编辑"这个词来描述新闻业当前的扩张时期,即"从编辑而非写作的角度进行反思"(2000:43-6)。与此同时,编辑过程被重新定位到新合作的、开放的、透明的平台。这种转变的影响是巨大的,不仅仅影响到传统新闻生产的输入、输出和反应阶段（参见Bruns，2005：12），更具体地说，还影响到作为一种战略仪式的客观性的基础机制。

塔奇曼的策略性仪式概念隐含地依赖于一种离散的新闻编辑室模型，这种模型是围绕公司员工和正式的新闻服务和机构建立的。客观性在一套常规的编辑实践中起作用。这种习惯在确保新闻编辑室的权威和控制力的同时，也为独立和自主性留下了空间。这种自主权是通过客观公正来证明其合理性的，前提是"允许记者得出结论并发表意见"（Gans，1979：183）。正如斯蒂芬·里斯所指出的，新闻收集是通过共识来实现的（1990：393）。此外，正如莱昂·西格尔（Leon V. Sigal）所指出的，共识是在日常生活中形成的，"只要新闻工作者遵循同样的惯例，信奉同样的职业价值观，并将彼此作为比较的标准，新闻报道就会趋于孤立和自我强化"（1973：180-1）。这种孤立性与常规、共识支持的环境，对战略仪式的"仪式"方面至关重要。客观性的这个方面现在正在转变。

这种"范式"衰落的后果影响巨大。需要思考如何在这种环境下提出和维持一项有效的规范。这里的一个例子是维基新闻，它拒绝"单一的、无偏见的、客观的观点"（Thorsen，2008：939）。该网站提倡中立的观点政策（NPOV）。根据该政策网站的说法，"NPOV是绝对的，不可协商的"。

> 中立观点政策指出，一个人写文章时应该没有偏见地、公平地呈现所有观点。

> 中立观点是指一篇文章应该公正地代表新闻报道的各个方面,而不是让一篇文章陈述、暗示或影射任何一方是正确的。(当然,值得一提的观点是有限的,这可能是一个冲突领域。)
> (Wikinews,2010)

有趣的是,该政策没有详细说明哪些观点应该被代表。在处理有偏见的投稿人或令人震惊的案例时,该政策呼吁公众关注这个问题。

维基新闻值得关注还有两个原因:首先,它将客观性规范转换为中立观点策略。正如艾纳·索尔森(Einar Thorsen)所指出的,"投稿者努力保持传统新闻客观性理念熟悉的'真实'和'准确'概念——通过他们自己的中立概念来使之合理化"(2008:936)。该网站积极推广倒金字塔形式,目前鼓励所有意见都归某个人所有。该政策文件承认,这在某种程度上是一种幻觉,"我们意识到,这实际上并没有把那个观点转化为事实,它只是说这是一个事实:'这个人持有那个观点'"。这种转换招致了批评:

> 维基新闻可以说遭受着某种程度的自卑情结,这种情结似乎导致了对传统新闻理想中客观性和中立性的执着追求,尽管这些理想本身可能源于过时的世界观……相比之下,一个真正多视角的新闻研究方法承认,几乎所有"事实"都需要解释,而不像维基新闻那样试图综合

它们。它只是呈现这些解释,并为它们之间的对话提供了一个空间。(Bruns,2006)

中立观点政策在基于公共利益的中立性观念上试图做出平衡,也信任读者有形成他们自己意见的能力。它平衡了英美意识形态与认为观点不中立的理论家的要求。它最初的声明是这样写的:"中立的观点试图以一种支持者和反对者都能同意的方式来表达观点和事实。"因此,它把中立、协议和共识联系在一起。正如索尔森所指出的,中立有其局限性,试图通过共识和常识解决争端本身并不能消除偏见(Thorsen,2008:940)。

其次,维基新闻值得注意是因为它试图在一个协作的公民新闻生产模型中实施这一政策/规范。这是很重要的,特别是在一个后客观性的环境中,因为这些准则仍然需要加以实施。正如共识对塔奇曼新闻编辑室的客观性运作至关重要一样,它也成为任何新规范传播的关键问题。分布式新闻模型对传播规范提出了特别的挑战,它们通常是在可编辑的在线环境中被提出和加以管理的,在这种环境中,参与者的完整身份可能不为人所知。在这种情况下,需要注意的是,中立观点策略是索尔森所称的"固定原则",这是维基百科基金会不可协商的策略。从这个意义上说,它在实践的意义上运行。它试图将这一政策作为一种规范,尽管是在与传统新闻编辑室截然不同的条件下。支撑传统客观性规范的是记者的自主性和独立性,而中立观点政策联系的是消费者的独立性,"也就是说,当读者明确地知道,我们不希望他们采取任何特定的观点时,这会鼓励他们自由地做出决定,从而鼓励知识的独立性"。该政策在制定出版指导方针的同时,并没有保护报道者的独立性和自主性,而是提出了出版规范。

结　论

在24/7全天候新闻和在线新闻时代,客观性正在以多种方式发生变化,导致概念的重新表述(以BBC为例)、围绕概念的争议(以福克斯新闻和MSNBC为例),以及概念的新整合(以半岛电视台为例)。与此同时,新闻博客和公民新闻正在促使人们重新评估客观性,将其作为一种处理信息的方法,并在不断变化的使用和消费环境中作为一种真理理论。这些发展揭示了围绕客观性这一历史观念的紧张关系,并导致媒体实践范式和模式的改变。这些发展也提出了媒体权力和媒体伦理的重要问题;这些问题涉及一些基本问题,包括如何执行判断以及如何看待判断的执行;用户对相关信息的可访问程度及他们由此形成的判断如何。这导向一套围绕透明度、参与性和卷入性的新要求,这些要求正开始融入用户对媒体表现的期望以及对信息和核心价值观(如真相和信任)的新态度(参见Fray,2011)。我们兴奋地期待看到"将新闻业从与货币化、中央化和官僚化相关联的异化客观性中剥离出来"的尝试(Calcutt & Hammond,2011:128-9)。

第八章 客观性是一种普适的新闻规范吗？

虽然新闻客观性起源于西方启蒙传统中的自由主义哲学和科学调查，但它一直被视为美国的独特创造（Donsbach & Klett,1993:54），并被拓展到"美国、英国以及其他一些地方，如瑞典、荷兰和瑞士"（White & Leigh,1946:85）。在美国，从客观性转向"政治上更活跃、更具侵略性"的报道被称为"欧洲式"报道[Donsbach,1995:20；Weaver,1975(1974):106]。相反，在欧洲语境中，走向客观性被描述为美国化（Chalaby,1996:309）。对一些人来说，客观性几乎等同于"美国模式"的新闻，它包括使用一个导语、五个W、1个H、倒金字塔式叙事以及中立的风格等（Sánchez-Aranda & Barrera,2003:497-8）。

这就引出了本章所提出的问题：客观性是一种普适的新闻规范吗？这是一个具有特定分析重点的问题，涉及规范如何在文化和跨文化中运作，是否被投射为"普适的"以及如何被投射。西方新闻机构一直被视为西方帝国利益和普适"西方价值观"的盟友（Righter,1978:13）。与此同时，正如我们看到的那样，批评家有时会诉诸普世价值,作为实现更大发展目标或跨越文化边界的一种方式。"普适性"问题不仅关系到客观性规范在不同新闻文化中的存在,而且关系到客观性的整合程度(无论它定义的是模型、标准还是非正式的结构)以及更广泛的话语语境。

指导本章的问题还有一个重要的经验维度。这一领域的所有研究都将致力于解决媒介和政治结构如何通过不同的"媒介系统模型"与社会系统互动(Hallin & Mancini,2004:11)。就我们的目的而言,最初的证据很有趣。研究发现,99%的西班牙记者认为客观性很重要,但他们更喜欢一种超越陈述事实的客观性(Canel & Piqué,1998:316)。这与丹尼尔·哈林和保罗·曼奇尼的观点相吻合,他们认为,在南欧,记者们表达了对客观性作为一种全球理想的忠诚,但实践中却与美国和英国的中立概念相左(2004:261)。相比之下,在芬兰,有一个从辩论形式的写作向"盎格鲁撒克逊式"实践的转变(Hallin & Mancini,2004:252)。

如果把焦点从美国、英国和欧洲移开,重要的是要注意客观性是太平洋沿岸记者的一项关键职业规范(Layton,1998:134)。在南美洲,客观性在巴西得到了适应和争论(de Albuquerque,2005:487),也许是因为"冷静和中立与该地区的政治喧嚣相违背"(Waisbord,2000:45)。在二战后的日本,记者援引客观性以减轻新闻俱乐部的影响,他们预先安排了接触信息源的渠道与政治家和政党报纸的密切关系(Sugiyama,2000:196-7,201),但与此同时,客观性报道会阻止记者对政治话语采取批判性的观点(Hayashi,2011:534-5)。学者们也已经开始探索中国的客观性(Li,1994;Zhao,2012:165)。1994年颁布的《中国新闻工作者职业道德准则》第五条规定应坚持客观公正原则,指出"新闻工作者要坚持辩证唯物主义和历史唯物主义观点,从人民群众根本利益出发,实事求是,做到客观公正"(Xinhua News Agency,1994)。

最后,指导本章的问题具有后殖民主义的一面,重点在于客观的规范性和规定性。彼得·戈尔丁(Peter Golding)在讨论向第三世界传输新闻专业主义这一意识形态时指出,"发展新闻"的本地理解和西方客观性职业理念之间存在着张力,它假定一种电视广播公司与国家之间的制度化分离,但这一情况并不存在于每个国家。第三世界的情况并不总是符合"客观和公正地报告事件是可能和可取的"这一假设(1977:300)。例如,在尼日利亚,"一种将新闻视为社会掠夺的自然倾向被赋予了一种内疚感,因为欧洲和美国媒体宣扬和执行的客观性报道信条和实践训练了这种内疚感"(1997:303)。质疑规范与一个更广泛的去西方化媒体研究项目相关联,后者提出了关于后殖民世界客观性地位的问题(参见 Curran & Park,2000)。在新闻业中,比较研究是一种强大的趋势,它是对西方视角的一种解毒剂(Hallin & Mancini,2012)。

虽然经验主义和后殖民主义的视角是重要的,但我在本章的主要目标是仔细考察规范的文化限制这一分析性问题,以及客观性并不能定义每一种媒介系统或新闻文化这一事实。在本章中,我将讨论舒德森所称的"比较问题"(2001:166),我的目的并不是要描绘出全球新闻客观性的每一种表达方式,然而某种程度上的映射应为跨国规范的讨论提供信息,这是本章任务的一部分。我还要回答一个重要的补充问题,即客观性在美国以外的国家得到了多大程度的采用。

客观性作为一种规范

迈克尔·舒德森在他 2001 年发表的论文《美国新闻业的客观性规范》(The Objectivity Norm in American Journalism)中扩展了他在 1978 年发表的《发掘新闻》中的客观理想。舒德森将规范理解为"社会行为的道德处方"(2001:151),它们可以参考现有的行为模式。但舒德森不仅想要关注简单的"常规",他还试图捕捉"什么应该是普适行为的道德的有效处方",因为他认为许多习惯根本没有道德含义。

针对规范的规定性问题,可以从不同的维度来加以区分。它们适用于谁是一个显而易见的维度(每个人、一个阶层的人、一个职业、孩子?),它们(在规则或法律中)的形式化或法典化程度是另一个维度。有些规范模糊为法律,有些则与法律共存。我们可以称之为规范的"领域",它所适用的领域(经济、技术、科学)是另一个维度。的确,这是新闻客观性的一个重要问题,因为它可以被看作报道事实的领域、出版者的管理世界、读者的民主世界——或者实际上是以上三者的结合。正如舒德森所指出的,"直到记者作为一个职业群体,对受众和自己这个职业群体产生更多的忠诚,而不是对出版商或他们青睐的政党忠诚,公正的分析才有了稳固的地位"(2001:161)。

舒德森对规范性的关注支撑了他在论文《什么导致规范被阐明》(What Causes the Norm To Be Articulated)(2001:150)中的核心问题。这个问题支持了他对20世纪20年代以来在《发掘新闻》(1978)中"客观性"一词的实际使用的关注,这与对事实性的更广泛的讨论截然不同。舒德森梳理出四个条件,鼓励表达,"修辞形式化"或规范的编纂(2001:152):

第一,仪式上的团结,提供"演讲的场合,演讲者经常被要求明确地陈述,以此作为群体的道德准则"(2001:152)。

第二,群体间的跨文化接触和冲突会"激发群体内部的规范整合"。

第三,在大型机构(如学校或公司)中,非正式的人际接触是不够的。

第四,对复杂组织中下属的控制。

后两个条件与19世纪以来新闻业复杂的工作环境特别相关(2001:162)。

规范可以作为道德行为的有效标准,规定美德和羞耻的情况。在这方面,舒德森的社会规范论文与他早期关于客观性理想的研究并不冲突,相反,20世纪20年代标志着一个时期,"客观性规范成为一种完全形成的职业理想,成为专业项目或使命的一部分……客观性最终成了道德准则"(2001:163)。

这里出现了一个关于整合的问题。也就是说，今天很少使用"客观性"一词，这一事实是否对规范的力量产生了影响，或者意味着它的力量正在减弱？回答这个问题需要我们清楚规范是如何运作的以及如何变得有意义。我们可以从（至少）两个方向来处理这个问题。

第一个方向是我们可以效仿丹·席勒的观点，认为"提及"规范与法典化和制度化之间的关系比人们可能认为的更为复杂。席勒在一篇引人注目的评论中指出，"客观性，作为新闻职业的基础，同时也阻碍了其自身的进一步独立发展"(1979:53)。换句话说，客观性标准中可能隐含着某种阻碍或"妨碍"，"只要新闻工作者声称他们的新闻报道只是反映了一个不断变化的世界，那么明确的编纂就是有问题的"(1979:52)。席勒的观点解释了为什么有时难以阅读记者创造的规范陈述，他们一方面不愿意谈论规范，或重复鹦鹉式的规范——以诅咒第四等级的形式，例如相同的策略性仪式（可能）支撑着塔奇曼对客观性的批评(1972)。席勒认为，与其说客观性规范是专业化的产物，不如说它构成了专业化和规范整合的障碍(1979:53)。用舒德森的话说，这可能表明该规范保持了仪式上的团结和群体身份，以对抗新闻编辑室的控制力量。

第二个方向是我们可以讨论规范使用与效果之间的关系问题，尽管客观性不能完全使伦理准则和实践制度化，但持续、广泛、专业而学术的概念争论仍可以完成对基本任务的重新评估。舒德森提出了至少四种确定客观存在的方法，包括专业术语讨论、职业惯例观察、衡量新闻故事中非个人性和非党派性的内容和规范受到挑战时的阻力(2001:149-50)。辩论和讨论主要落在第一种和第四种方法上。不可否认,这一论点与其他学者之间存在潜在的紧张关系,这些学者可能对规范有不同的看法(例如,参见 Chalaby,1998:130)。一方面,这可能构成围绕规范的健康辩论;另一方面,它代表了进一步的发展。

跨国主义、规范和社会条件

那么,如何解决在跨文化语境中研究客观性规范的问题呢?客观性可以在不同的国家和文化中以不同的方式进行比较、调查和跟踪。但细节决定成败,如何做到这一点至关重要。正如卡特琳·伏尔默(Katrin Voltmer)所指出的,"客观性"等术语没有固定的含义,而且非常具有"弹性"(2012:233)。我在本章的目标不是建立一个全面的全球新闻客观性的地图,而是从国际的角度考察不同的客观性,不仅关注规范的差异,也关注规范性或普世性的价值。

值得注意的是托马斯·哈尼奇(Thomas Hanitzsch)的研究,他试图澄清当我们使用"新闻"或"专业文化"这样的术语时,我们的意思是什么。的确,他解构了"新闻文化"这个概念(2007)。哈尼奇的研究是对帝国形式的媒介研究的有益回应,帝国形式的媒介研究寻求提供一种超越性的文化观点,因为它表明专业意识形态在不同的社会中占据着不同的位置。

在哈尼奇的理论中,客观性是一个框架的三个子部分，这个框架梳理出了每种文化的制度角色、主教派和伦理意识形态。客观性是认识论的一个分支。哈尼奇在这里阐明了客观主义与"如何获得真理的问题"有关，它是"哲学上或绝对意义上的客观性，而不是用程序意义上的客观性作为方法"（2007：376）。然而，他也指出，客观主义和主观主义处在一个循环中，客观性产生于或来自"潜在的无限数量的主观叙述"（2007：376）之间的竞争。注意到"真相及其追求"不能总是"脱离语境和人的主体性"，这种分离的趋势可能确实"解释了许多亚洲记者不愿实施任何西式客观性新闻"的原因（2007：376）。

任何对客观性进行定义的行为本身都有一种哲学偏见的风险。也许是为了回应这一点，一些调查发展出了一种不同的方法，即向受访者提出一系列关于好报道的陈述，然后询问哪一种陈述最接近他们对客观性的看法。这是20世纪90年代"媒体与民主"项目中不同研究人员的研究方法。例如，沃尔夫冈·多斯巴赫（Wolfgang Donsbach）和贝蒂娜·克莱特（Bettina Klett）（对德国、意大利、英国和美国做了研究）要求受访者首先说明他们对"好报道"的标准，然后说明这些标准中哪一个最接近他们对"客观性"一词的理解（1993：63）。从这些研究中我们得到了一个全球职业的图景，这个职业有着强大的共同规范，但也存在着强烈的差异。这些调查要求记者回答的问题包括无主观性、公平的代表、公正的怀疑、客观的事实和价值判断。朱莉安·舒尔茨向澳大利亚记者提出了同样的问题，并提出了更多关于第四等级的问题（1998）。大多数接受调查的美国和澳大利亚记者认为，

"公平的代表"(公平表达双方立场)更接近他们对客观性的理解。德国记者看重的是"硬事实"(不仅仅是有争议的陈述,而是关注事实)。来自五个国家的记者以非常高的比例(80%或更高)回答了一个问题,那就是记者做出客观性尝试的重要性,有91%的美国记者表示"很重要",澳大利亚(88%)、英国(84%)、德国(81%)和意大利(81%)记者紧随其后。

诸如此类的调查提供了态度和信仰变化的指标。然而从规范的角度来看,舒德森提醒我们,对社会条件的意识是至关重要的。

> 记者在德国、中国、古巴和阿根廷工作时所遵循的准则与客观性准则不同。要了解规范在历史上的出现,不仅需要了解激励群体采用"某些"规范的一般社会条件,还需要了解导致他们采用特定规范的特定文化环境。(2001:165)

舒德森研究了与控制和社会化相关的战略条件和组织因素;但他也将人们的注意力吸引到"群体可以借鉴的文化环境,即他们可以接触到有吸引力的、能够令人信服地传达给自己和他人的一系列思想、概念和价值"(2001:166)。

这些社会条件的特殊性使人们对其他国家客观性的性质和发展产生了疑问。任何基于规范的"模型"构建都涉及对该规范的"本质"做出意识形态判断。贝亚特·约瑟芬(Beate Josephi)称这个模型为"代表性样本"(2007:

302)。约瑟芬质疑美国模式是否具有代表性,但也将客观性与这种质疑联系在一起。

> 到目前为止,美国的客观性模型是世界上最著名的专业模型,但它有太多缺陷,不能作为模仿的对象。作为该模型核心的客观性理想已受到尖锐的批评……价值中立的可能性也是如此……在大西洋彼岸,客观性标准还没有生根发芽,记者们更喜欢拥护他们所钟爱的价值观和理念。(2007:302)

客观性规范在何处生根、为何生根以及在何处不生根,成为一个关键问题,这使得任何可能发挥作用的普适主义概念复杂化。例如,凯·哈菲兹(Kai Hafez)指出阿拉伯新闻工作者联合会以及埃及和巴基斯坦的新闻工作者对客观性概念作出了若干明确的承诺(2002:229)。同时,雷纳特·科赫尔(Renate Köcher)指出"这与德国记者对他们角色的看法相冲突,因此被他们所拒绝"(1986:50)。

约瑟芬在舒德森"所有新闻都是民族主义的"(2001:164)这个观点的基础上主张颂扬差异,但与之相反的是,她从某种"规范"模式中看到了价值,而这种"规范"模式是任何地方的专业人士都可以追求的。换句话说,她仍然致力于一种"以言论自由的理想为基础的,不畏惧、不偏袒、实事求是、独立的新闻报道模式"(2007:304)。其他一些批评人士之所以对全球媒体圈发表了一些强有力的普适性声明,是因为他们注重规范的必要性。评论俄罗斯媒体的布莱恩·麦克奈尔(Brian McNair)在20世纪90年代指出,"新闻客观性在俄罗斯尚未成为占据主导地位的职业道德,但它应该成为,如果电视从长远来看有助于整合苏联社会的自由民主规范的话"(McNair,2000:91;参见 Akhterov,2011:698)。凯·哈菲兹反对基于普适化的新闻文化解构,"尽管存在西方式新闻伦理和中东/伊斯兰新闻伦理之间的差异,而且这又与社会规范的新保守主义(伊斯兰)趋势相左,但正规的新闻伦理仍然在过去几十年间得到了普及"(2002:225)。因此,尽管通俗化在处理文化差异的方式上存在问题,但一些作者看到了战略性使用这一术语的价值。

客观性标准在多大程度上被美国以外的国家采用?

在本书的引言中,我讨论了客观性作为一种跨国规范的问题,并建议虽然对于客观性在各国发展的比较分析有一种渴求,但我们仍然缺少展开这样一种研究的基础,因为这种研究本身在概念上就有问题,尤其是我们如何研究规范及其整合的问题。从分析角度而言,这不仅涉及规范在具体语境中是否存在的问题,还涉及如何存在、存在方式及其强度和力量的问题。这些问题涉及文化及其与政府的关系、组织过程和话语。哈林和曼奇尼强调了比较研究的隐忧,它可能是高度民族中心主义的,并在错误的概括上投入太多(2004:3)。新闻客观性研究更多时候都是在美国而不是其他地方展开。不用说,这是一个非常大的研究领域,超出了本书的范围。虽然我在本章的主要目标是研究将客观性视为一种普适规范的相关问题,但探索客观性规范在美国以外被采纳的程度将是有益的。这些答案将有助于我们的分析。在本节中,我将重点讨论英语客观性研究中凸显出的一些关键区域。

客观性和"欧洲"新闻

舒德森以"客观性"是美国人的主要职业价值这一命题作为他关于客观性规范的论述的开端。这一客观价值曾经并仍旧将美国与欧洲大陆主流的新闻业模式区别开来(2001:149)。他文章的其余部分探讨了这一论断的基础。这使欧洲成为对客观性规范进行比较研究的关键地区。

欧洲新闻业的客观性一直是许多研究的主题,许多不同国家或地区成了考察对象:包括西班牙(Sánchez-Aranda & Barrera, 2003; Berganza-Conde et al., 2010)、斯堪的纳维亚(Westerhahl, 1983; Hemánus, 1976)、瑞士(Berganza-Conde et al., 2010)和英国(Smith, 1978; Hampton, 2008)。多国研究也在这方面作出了贡献(Donsbach & Klett, 1993; Donsbach, 1995,研究了德国、英国、意大利、瑞典和美国; Köcher, 1986; Esser, 1998,研究了德国和英国)。

对弗兰克·埃塞尔(Frank Esser)来说,德国报纸的区域性聚焦,加上新闻编辑室拒绝报道和编辑分离的结构,以及哲学上对理想主义和抽象的倾向,意味着客观性不能发展成为记者的职业道德(1998:384)。在20世纪90年代初的研究中,道斯巴赫和克莱特强调了德国的公众意见和世界观(或个人世界观)的表达是如何凌驾于客观性之上的。支持美国客观性上升的商业条件在德国也不存在,因为德国对广告实行国家垄断,"直到19世纪下半叶,报纸业务才获得这一收入来源"。此外,在德国(和意大利一样),文学写作和作家对新闻业有一定影响(Donsbach,1995:19)。道斯巴赫指出,党报出现得较晚,在德国存在的时间更长。此外,与美国的新闻编辑室不同,德国报纸并不总是把报道、编辑、社论作者或评论员作为不同的职业加以区分,而且这些角色是重叠的,因此记者可能会就同一问题写一篇评论文章(Esser,1998)。这些只是在思考客观性时可以发挥作用的一些差异。一般来说,欧洲大陆的记者认为报道新闻是理所当然的,他们也相信这一点,主张记者的主要工作是解释和评价新闻(Donsbach,1995:23)。道斯巴赫还指出,德国记者(意大利记者也一样)比美国记者更有可能"拥护特定的价值观和理念"。

保罗·曼奇尼在对意大利新闻业的概述中指出,虽然中立和客观是建立在新闻和评论分离基础上的自由职业模式的核心术语,但它在意大利有着"不舒服的住所"(Mancini,2000:272)。一旦一个人超越了两党议会制,公正和偏见就变得复杂起来,"客观性几乎是不可能的"(2000:273)。曼奇尼在他对意大利案例的论述中概述了客观性在主流职业模式中如何占有一席之地,但同时又被视为天生的软弱和偏见。这是一种"空洞的陈词滥调",在有关意大利媒体的公开辩论中扮演着模棱两可的角色。

法国是让·查拉比(Jean K. Chalaby)研究的一个重要案例。他认为,新闻不仅是19世纪的发明,而且是英美人的发明。这一论点挑战了新闻是为了庆祝法国大革命而被发明的概念(参见 Hartley,1996)。在1996年的一篇文章中,查拉比发现19世纪的法国媒体没有英国媒体那么注重信息和事实。由于资源受到限制,英美报纸更多地关注不同领域的新闻和信息(议会、法庭、各省、外国核心赞助商)。记者和记者的职业后来在两次世界大战之间(1918—1939年)的法国也获得了合法性。查拉比认为,纪事、意见、评论、政治党派、辩论和文学形式(而不是电报风格)更符合法国新闻业的特点。

在他1998年的著作中,查拉比认为在18世纪的法国,客观性并没有作为一种话语规范在运作(1998:9)。这补充了他早期的论点,即"以事实为中心的话语实践"的关键之一与客观性有关,而事实和观点的分离并不是20世纪之交法国新闻业的主要特征。这对新闻业的风格产生了影响。英美新闻报道也区别于法国期刊经典文章的写作方式。新闻报道是"围绕事实"而不是围绕"观点和时间顺序"构建的,尤其是因为它们将最有新闻价值的事实放在首位。在法国报纸上,许多文章的组织原则是记者的中介主体性(Chalaby,1996:312)。尽管有对记者主体性的关注,但法国的采访和报道却与源于英美语境的"现代新闻观念"和记者实践联系在一起。查拉比认为,从1896年左右开始,英美新闻模式首先由在法国的美国记者提出引入,"从那时起,英美模式的影响在法国新闻界就一直存在"(1996:318)。

尽管如此,公平地说,客观性规范扎根的土壤可能并不肥沃。查拉比认为,这是因为法国的新闻领域与文学领域及其规范的联系更加紧密。在英美世界,新闻业与文学的联系不那么强烈(但并非不为人知),因为新闻界被视为"信息媒介"。因此,文学资本和地位在法国更为重要,"最具文学性的新闻实践是最有声望的"(1996:315)。正如舒德森所指出的,作为美国新闻业的专业价值,"客观性"所占据的空间已经被欧洲新闻业所占据,"记者是高级文学创造者和世界政治思想家的自我理解"(2001:166)。

在国家背景下的其他显著差异,例如法国对新闻界的管制,阻碍了新闻传播的发展,这值得我们铭记在心。与意大利的情况一样,法国的政治也并非议会中的两党之争。缺乏两党合作意味着,通过提供平等的时间来方便地定义公正和平衡是行不通的。法国政治斗争的本质意味着党派斗争更加多样化和激进。继关于新闻客观性出现的商业化争论之后,查拉比认为通过广告获得的财务独立是"基于中立和客观性话语规范的信息新闻业的发展"的关键部分(1996:320)。但他也指出,广告在19世纪末的法国并没有得到很好的发展。

客观性和英国的联系

和查拉比一样,丹尼斯·麦奎尔指出,英国媒体是现代新闻业的模板。麦奎尔详细描述了《泰晤士报》是如何

第八章 客观性是一种普适的新闻规范吗？

定义媒体概念的：

> 在19世纪后期的自由主义政治和商业环境中，以《泰晤士报》（伦敦）为榜样的精英或"资产阶级"报纸的兴起和巩固，为客观性提供了主要推动力。这类报纸的特点是法律自由、独立于国家、员工的能力及专业精神、高度的信息量、自我选择对整个社会的责任，特别是对受过良好教育的商业和专业中产阶级的责任。商业、公共行政和改革后的参与性政治要求重视广泛而且最新、连续、准确和有用的信息。（McQuail,1986:3）

由于没有更好的术语，在此将其称之为《泰晤士报》"模式"，它融合了商业独立和公共服务理念，体现在第四等级的理念中(Chalaby,1996:320-1)。19世纪早期，就像在美国一样，英国报纸"开始摆脱对政府财政的依赖"，主要通过广告实现财务自由(Conboy,2004:113)。在这个意义上，《泰晤士报》可以作为一个典范。康博伊宣称，《泰晤士报》是"构建新闻自由功能话语的最重要的单一贡献者"(2004:119)。但是，正如马丁·康博伊和詹姆斯·柯伦所指出的那样，这种解读并没有给予英国激进派媒体应有的赞誉(Conboy,2004:88-108)；也没有对《泰晤士报》如何实现"向自由改革事业的转变"给出一个完整的解释(Conboy,2004:115)。

把《泰晤士报》当作北美新闻业的典范存在一些问

题,反之亦然。舒德森认为查拉比对美国和英国案例的处理过于相似,"英国的案例可能是介于美国专业主义和欧陆传统之间的一种折中方案,后者是由政党控制的新闻业,具有很高的文学抱负"(2001:167)。哈林和曼奇尼也对试图用单一术语讨论英美新闻模式持谨慎态度(2004:11)。"英美"新闻业传统观念的难点之一是,尽管人们倾向于以客观的眼光看待时代,但客观性规范实际上很难在英国的纸媒中立足。马克·汉普顿(Mark Hampton)认为,"英国新闻业历史上的'客观性'概念往往被视为跨大西洋记者传统的知识遗产的一部分……"(2008:479)。虽然他并不反对英美新闻业本身的建构,但他质疑这两种传统实际上是否是同构的。从这一点出发,他进行了仔细的比较:"在某种程度上,我们称之为'客观'的东西作为一种新闻准则在英国占据了上风,当然,它不需要遵循美国的准则。"

> 尤其是英国的平面媒体记者,不仅很少讨论"客观性"这个词,而且新闻理想与美国同行之间的分歧也非常明显。真相、独立和"公平竞争"的观念,而非客观性对20世纪的英国记者更具吸引力。此外,与"客观性"不同,这些不同的概念虽然从公民的角度来看令人钦佩,但并不构成有助于区分新闻工作者和非新闻工作者的职业仪式。它们也不禁止党派之争。(2008:478)

汉普顿探讨了客观性并没有在英国语境中得到推广的观点,"相反,它只在更具体的制度语境中才有意义"。英国人的客观性在创立之初也采取了独特的形式,"在诚实与对具体政治原则的承诺之间几乎没有矛盾"(2008:483)。汉普顿认为,在英国印刷新闻业中,编辑独立性比客观性更有影响力。

英国广播公司

通过 BBC(成立于1927年1月1日)称"客观性"为"宝贵的品质,不容妥协"(BBC News,2002),可见客观性在英国广播新闻业中有着悠久的传统。因此,关注 BBC 及其对客观性的承诺将是有益的,但更重要的在于讨论客观性与该组织所提倡的公正规范之间的联系。

理查德·泰特(Richard Tait)在 BBC 信托报告中指出,21世纪在维护公正性方面,BBC"从未被官方告知要保持公正"(2007:25)。它对公正的承诺本身就是公共广播这一新生领域的一项创新,是在政府对新成立的广播公司实施强有力控制的背景下形成的,政府还试图放松这些控制,使其能够处理所谓的争议性问题。从历史上看,最重要的事件是1926年的大罢工。争取矿工工资和工作条件的罢工定义了当时英国的政治。1925年,矿主威胁要降低工资。煤矿、铁路和运输工会联合起来进行抵抗。政府通过实行为期9个月的补贴避免了一场危机。在此期间,一个皇家委员会在调查基础上于1926年3月提交了一份报告(Trades Union Congress,2004)。

工党政客和工会大会领导人担心大罢工会导致党内

激进势力(受1917年俄国革命的启发)脱颖而出。5月3日罢工开始时,新闻业是争端的组成部分,印刷工人也停止了工作。早些时候,《每日邮报》(*Daily Mail*)的员工拒绝发表一篇题为《为国王和国家》(For King and Country)的文章,这篇文章把罢工者描绘成革命者,暗示罢工不仅仅是一场劳资纠纷。邮车被取消,纸张供应也受到限制。正如阿萨·布里格斯(Asa Briggs)所指出的,"大多数大型的全国性报纸不再以读者习惯的周期和可靠的形式出版"(1961:367)。

在这种背景下,这家成立仅四年的新广播公司(1922年更名为英国广播公司)本可以被政府征用,以维持社会和宪法秩序(这在法律权威下是可行的)(Briggs,1961:361)。但它已经受到严格控制,对政治和宗教争议的所有问题都有限制。此外,为了避免与既有报纸产生不正当竞争,其新闻业务也受到了限制。罢工发生时,BBC在19点的一份简报中播出了来自其他机构的新闻,以确保报业的销售数字不受影响(Alan,1997:310)。总之,在任何被认为有争议的事情上,邮政大臣都对BBC保持着密切的控制。

总罢工提供了一个重要的机会,说明该组织在其历史的关键时刻能够做些什么。特蕾西(Tracey)指出,"BBC受到报纸所有者和政客的双重压力,正是在这种新闻服务严重不发达的背景下,BBC在1926年5月发现自己成了全国主要的新闻来源"(2003:8)。正如斯图尔特·艾伦所说,"公众转向无线频道对危机的报道;BBC对此的回应是,每天发送多达5封新闻快讯,其中大部分至少包括一些它自己收集的材料"(1997:310)。

BBC总干事约翰·里斯(John Reith)和公司成立前的董事长(也是成立后的副董事长)甘福特勋爵(Lord Gainford)抓住这个机会,确定了另一条道路,并通过承诺不偏不倚来维护新闻自由。公正,作为规避政治和商业敏感性的原则,在大罢工的背景下产生,以确保政府不施加审查压力;但在一些研究人员看来,这也意味着BBC通过自我审查拒绝报道任何可能帮助罢工者的消息。

在客观性方面,5月4日第一次新闻简报的文字记录具有重要意义。

> BBC充分认识到它对所有公众部门责任的严重性,并将尽其所能在情况允许的最公正的情况下履行职责。上一期报纸主要提到了大规模震荡的可能性。关于这一点,我们不发表意见,但我们要求公众像我们自己一样严肃地看待"让每个人都能听到清楚客观的新闻"的必要性。(转引自 Tracey,2003:13)

关注客观性新闻服务是一种协商不同利益的方式。公正作为一个概念在这里只能部分地发挥作用,而BBC的表现也不是在所有情况下都是至关重要的。毕竟,政府会发布政策并采取行动,BBC也有义务做出相应的回应。里斯虽然对矿主或工会劳工没有多少同情(Briggs,1961:363),但被认为与政府的观点一致。有趣的是,教会领袖的声明没有播出,因为这会让政府感到尴尬(这可能会导致 BBC 遭到报复)。BBC 理解政府官方立场的逻辑,这一表述来自一份由盖福德勋爵签署的政策备忘录。

> 由于政府确信他们在争论的事实和宪法问题上都是正确的,所以我们可以采取的任何冷静地传达真相的做法都会被认为对政府有利。
> (转引自 Tracey,2003:14)

即使公正以这种方式受到损害——或者用特蕾西的话说,是宪法而不是政治定义的(2003:19)——至少这些资料是客观的事实,"作出了有意识的努力来区分机构版本和政府版本;许多广播项目是客观的,因为它们是对可核实事件的准确报道"。

对特蕾西来说,"大罢工无疑让 BBC 成了一个主要的新闻来源……最重要的是,1926 年 5 月发生的事件比任何事情都更清楚地说明了'公正'发挥作用的背景涉及几乎完全(如果是间接地)迎合政府的需要和利益"(2003:22)。虽然没有工会或工会发言人发表讲话(一项提议被政府否决),但工会领导人的讲话被引用,而政府的《英国公报》(*British Gazette*)却没有这样做。布里格斯认为,造假是可以避免的,但也有一些误导性的报道并不总是得到纠正。这里有一种"对政府的自然偏向"(Briggs,1961:374)。

BBC 于 1927 年 1 月成为一家上市公司,但对报道有争议的事件的限制仍然存在,公司的各个方面及其融资仍然由邮政大臣监管。公正成为赢得公众信任的口头禅。它还与BBC联系在一起,试图表明它可以在政府影响的规则范围内独立、负责地行事。新闻服务发展缓慢。艾伦描述了到1934年,BBC新闻如何逐步成为一个独立部门,中立的企业伦理在这一发展过程中再次起到了重要作用(尽管很多新闻仍然来自其他机构)。

20世纪40年代,客观性成为海外广播的一项重要价值观。1946年的一份广播白皮书指出,"应非常小心地确保新闻公报的完全客观性,这将成为所有海外广播的核心"(Briggs,1985:313)。客观性成为海外新闻服务的重要价值。对"公正性作为一种职业的公共责任"的承诺在这个时候是如此强烈,以至于第一批电视新闻节目没有播音员,因为担心新闻的权威性和超然的公正会受到损害(Alan,1997:312)。公正在广播的话语中根深蒂固,这是1954年电视法案对新独立电视新闻(ITN)的规定之一。准确和公正因此成为整个广播系统的口号。它仍然是一个监管点,但也是通过严格的编辑标准来维护和扩大媒体独立性的一种方式。

到1956年苏伊士运河危机时,公正再次成为BBC在报道中证明自己并保持其自主权的关键方式。理事会调查了关于偏见的指控,认为"公正、客观和说实话的义务已经履行"(Allan,1997:318)。因此,BBC对公正的承诺由来已久,并因其与保守派和中产阶级观点的联系而备受争议。尽管如此,客观和公正都是BBC的精神核心。就客观性而言,BBC是一个独特的机构,因为它把客观性作为一种组织规范来追求(而且由于它在英国长期处于垄断地位,实际上已经成为广播新闻和时事的一种专业规范)。

回到当下,2006年的《皇家宪章和协议》中没有体现客观性。当前版本的"BBC使命和价值观"声明在网站上也没有提到客观性(BBC,2011a)。但在执行人员的讲话中援引了这一规范,由此保持了客观性和对BBC的信任之间的联系(参见第七章)。

英国的案例表明,任何对英美新闻业的明确建构都存在复杂性。虽然英国在公共广播方面的经验被输出到英联邦国家,但也存在明显的差异。哈克特和赵月枝认为,加拿大形成了一种介于美国和英国之间的例子。在那里,19世纪晚期的工党报刊通过宣称其"无党派、非宗派"的特性,成为客观性发展的关键一步(1998:23)。廉价日报的出现冲淡了工党媒体激进的民主言论,但保留了提供独立公正信息的权利。19世纪晚期,加拿大新闻界的兴趣开始集中在客观性上,它们经常模仿英国媒体,作为走向尊重和责任的一部分(Ward,2004:239)。进入20世纪,1917年加拿大通讯社的成立成为"传播客观性的福音"(Ward,2004:247)。加拿大广播公司(成立于1936年)与新闻机构紧密合作,"依靠新闻机构对事件报道的客观性"(Petersen,1993:156)。加拿大广播公司将客观性作为一种严格的组织规范,新闻界和新成立的新闻学院为二战后的"客观性文化"作出了贡献(Hackett & Zhao,1998:39-40;Albota,1991)。

澳大利亚

在澳大利亚,国家广播公司ABC将客观性写入其管理制度《1983年澳大利亚广播公司法》(CTH)。其中第8章第1条解释说,董事会有责任"确保新闻和信息公司按照公认的客观新闻标准,准确、公正地收集和呈现新闻和信息"。

在澳大利亚,当时的澳大利亚广播委员会(成立于1932年7月1日),通过与澳大利亚媒体和其他机构商议,对新闻摄取量和播出时间做出了限制——这主要是为了保护报纸市场和他们获得新闻"精华"的渠道。内维尔·彼得森(Neville Petersen)认为,当时的媒体本质上是党派的,在追求垄断利益方面咄咄逼人(1985:77)。报纸所有者没有被要求为公众利益而行动,政府希望他们对新闻报道施加影响。虽然新闻机构有一个更"客观"的风格,适合他们的政治多元化听众,但一些评论家还是质疑新闻机构是中立的想法(Petersen,1985:77)。此外,新闻并不是新成立的委员会的优先事项(Petersen,1993:51),尽管与新闻界的协议(和对ABC的报道)是ABC第二任主席威廉·詹姆斯·克利里(William James Cleary)和总经理查尔斯·摩西(Charles Moses)特别关心的问题。然而,随着美国广播公司新闻编辑迈克尔·弗朗西斯·迪克森(Michael Francis Dixon)在1936年被任命,沃伦·丹宁(Warren Denning)在1939年被任命为联邦通讯委员会成员(他还担任了ABC在堪培拉的联络员,从而使ABC与政府的关系复杂化),作为一个独立的新闻服务机构,美国广播公司的创建工作进展缓慢,在一个由既定新闻利益集团主导的环境中,政府担心新闻媒介会影响舆论和政治进程(Petersen,1993:58)。客观公正地报道政府声明对于获得政府支持至关重要。澳大利亚政府对 ABC 新闻服务的独立性相对不感兴趣,由于战时重要新闻的报道和限制,澳大利亚政府与媒体所有者的关系恶化。所有权的集中意味着"太少的声音拥有太多的权力"(Petersen,1985:77)。1946 年 7 月,在工党政府对报纸及其向 ABC 提供的新闻感到不满的背景下,工党出人意料地建议成立一家独立的新闻机构。

在克利里的主导下,客观性不是一种组织规范,而是以一种零敲碎打的方式与提供特定服务联系在一起,以确保新闻界——客户或部长——的满意。这是一种反应,不偏不倚更像是一种防御姿态。新闻在当时并不像现在这样是美国广播公司的核心。当时对客观性的承诺与 1942 年向报纸提供一种新的全国新闻服务挂钩(Petersen,1993:165)。从这个意义上说,即使在公共广播的范围内,客观性与有关这一时期客观性发展的商业化论点之间也有联系(参见第一章)。

在政治报道方面,1946 年以前的这段时期被描述为"新闻而不是观点"政策。虽然最初似乎意味着事实和评论是分开的,但这是一项非正式政策,优先考虑当时作为新闻创始者的政府,反对派只有对新闻发表意见的地位(Petersen,1993:127)。当然,存在的风险是 ABC 将变成部长们事实上的"官方频道"(1993:190)。

彼得森认为,20 世纪 30 年代末,客观性与新闻业本身的职业化并无关联,尽管个别记者确实提倡客观实践,AJA 也提倡实事求是、以事实为基础的报道,即"对事实的无党派追求"(Petersen,1993:73)。但 AJA 的第一版实践准则直到1944年才出台,且没有提到客观性。

在人们对美国广播公司表现出几乎持续关注和争论的背景下,广播公司作为独立的、具有"社会责任感"的新闻提供者的概念出现了。彼得森指出,这种客观性的概念在某些重要方面缺乏充分发展的客观性规范。1932年的ABC法案没有规定公正性,讨论的焦点是"事实新闻服务"和公共信息,而不是一个更宏大的理想(1993:93)。就连美国广播公司在20世纪30年代试图做到不偏不倚也只是尝试性的,要么坚持两党之间的平衡,要么倾向于拒绝完全刊登政治内容(Thomas,1980:83)。ABC面临着在政府定义的国家利益问题上进行合作的压力,特别是在20世纪30年代末和40年代初的美澳关系背景下(Thomas,1980:78)。尽管如此,ABC以独特的方式设想了自己的角色,而克利里则追求更直接的公共服务和启蒙作用(Thomas,1980:58-9)。

遵循1942年商业广播电台提供国家新闻服务时对客观性所作的承诺,广播事务议会常务委员会开始支持新闻业的独立,并以提供客观、公正的新闻作为基础性原则(1946:1),客观性开始在ABC发挥核心作用。1946年中期,在理查德·博耶尔(Richard Boyer,1945—1961年)的领导下,客观性被更严格地纳入了"新闻和语音传送"(News and Spoken Transmissions)编辑指令,该指令基于一种"帮助公民"的精神,即"激发他们对生活(社会、政治、哲学)问题的独立判断以及对文化价值的独立欣赏"(ABC,1946)。该指令特别强调新闻的选择和呈现,"在一定程度上不需要其他组织的客观性"。这一客观性应适用于新闻公告的优先性和文字长度,并应以公众利益为导向。它主张"不让听众通过听新闻就能听出新闻筛选者的态度"。与"看不见的框架"(见引言)的观点相一致,它认为"判断的权力应该留给听者"。

对平衡问题的处理在指令中形成了一个特殊的重点。在口头传播中,对争议性问题的充分讨论不依赖于非中介化的主张,只要在合理的时间内谨慎地提出不同的意见。在新闻中,需要对等的突出度和对等的词语来表达相互矛盾的观点。在政治方面,"新闻而不是观点"的政策也得到了保留和修改。政府的行动被认为更有新闻价值,但是报道关于包括议员或部长的声明将以公共利益为基础。不需要根据执行政策的实际情况征求反对意见,但在提出新的政策或为旧的政策辩护时,应征求反对意见。

ABC 的客观性案例可以映射到新闻机构、政府和 ABC 之间。彼得森认为,美国广播公司因其客观性受到新闻界的批评,而客观性被政府视为新闻管理的产物。政府的观点是"与传统的新闻界角色相反,它代表人民监督政府"(1985:82)。"媒体所表达的震惊无疑是真实的,因为直到这个时候,澳大利亚还没有强大的客观性新闻传统。"(1985:82)在 1939 年之前,"显然没有强大的媒体'客观性'传统"(1985:83;参见 Cryle,1995)。就印刷新闻而言,研究人员认为,直到 20 世纪 50 年代,它才成为澳大利亚新闻界的一个强大规范(McKnight,2001)。

新闻业的"亚洲价值观"

自 20 世纪 70 年代以来,"亚洲价值观"在一系列领域成为辩论的主题,不仅仅是媒体领域(Xu,2005:9)。虽然不像客观性规范的研究领域那么发达,但客观性确实出现在记者关于亚洲价值观的辩论中。正如卡雷尔(P. Kharel)所指出的,"西方的专业标准,其客观性和与新闻相匹配的经营能力,无论其起源地为何,都在亚洲新闻业中有所体现"(Kharel,1996:34)。虽然新闻业对亚洲价值观的讨论可以采取二元形式(东方/西方,第一世界/第三世界),并陷入围绕国家认同和全球化的辩论中,但辩论概念本身也受到了质疑和解构。参与者在辩论中为新闻的实质和形式划定界限,询问"亚洲"和"亚洲人"的固定定义,这是一种有问题的、简化的二分法,涉及新闻、个人与社会、自由与控制、市场和社会后果(参见Masterton,1996)。

这场辩论还看到了"特殊"和"普适"之间的紧张关系。在某些情况下,很明显,"亚洲"媒体价值观"特殊性"的关注点聚焦于和谐、尊重和信任领导的原则上,这些原则往往与儒家思想以及佛教、伊斯兰教和印度教的宗教传统有关(Nasution,1996:53)。有人还提到了人类发展、凝聚力和文化完整的理想(Lowe,1996:35)。徐晓歌强调"群体取向、孝道、努力工作、社区或国家高于个人"(2005:2)。"而普适主义"强调新闻价值,如真相、客观、社会公平和非暴力(Masterton,1996:172)。比如李金铨(Chin-Chuan Lee)提出:亚洲价值观存在吗?答案是肯定的,但它们是什么,与什么有关?爪哇价值观与印度价值观如何比对?马来西亚华人价值观与马来西亚马来人价值观如何对比?(Lee,1996:63)

关于亚洲媒体价值的争论与新闻传播理论的发展有很强的关联性。与彼得·戈尔丁(Peter Golding)向第三世界传递媒介专业主义意识形态的论述相似,也有人承认媒介专业主义是西方中产阶级自由主义的产物,特别是其坚持的"事实与价值的隔离",这是客观性争论中的一个重要特性(Lee,1996:62)。

卡雷尔试图转移围绕亚洲价值观产生的争论,提出"也许问题是亚洲有多少现代新闻价值观被实践了"(Kharel,1996:32)。这将导致根据"亚洲"实践重新审视西方媒体和传播的概念(参见 Xu,2005)。李金铨指出,以香港为例,"香港记者发现,接受专业主义的抽象理想(如客观性报道)比执行其实践规范(平衡报道)更容易"(Lee,1996:62)。然而,对1998年香港回归后第一次选举的研究显示,媒体在民主派和亲陆派之间做出了合理的平衡,"有关一九九八年立法会选举的电视报道,基本上是客观的,目的是平衡各政治团体的政治倾向,为他们作出平衡的报道,虽然这些报道似乎偏向于给予有潜力的政治家更多的曝光度"(Nip & To,1999:249)。

结 论

此处的讨论并没有试图在全球范围内提供客观性的全面图景,也没有对客观性进行全面的后殖民主义批判。它所寻求的是揭示一些与"客观性是一种普适的新闻规范吗?"这一在本书提出所有问题中可能是最难回答的也可能是无法回答的问题的答案。问题是关于规范的,因此，对于规范是否总是特定的、偶然的和为族群所特有的，对它们是否可以被转化为专业工作的必要条件或模型，存在着不同的观点。另一个困难与"普适"本身的概念有关。正如引言中所指出的，尽管在新闻报道中，客观性作为一种具有独特的、可识别形式的跨国家规范是有可能实现的，但普适性提出了一系列不同的问题，这些问题围绕着该规范如何运作、它在不同时间和不同地点的异同等展开。

尽管令人信服的是，客观性是一种英美准则，而美国是连锁反应的中心，但这并没有解决它的"差异融合"问题。例如，在印度，官方关于客观性的论述表明，客观性并不一定意味着中立，我们应该如何看待这种情况？正如印度总理曼莫汉·辛格（Manmohan Singh）2006年在拉姆纳特·戈恩卡新闻奖（Ramnath Goenka Journalism Awards）典礼上所说：

> 新闻自由不仅仅是出版商和编辑的自由。它是社会的自由，是为了让自己的声音被听到。这种自由的发挥确实需要……"有勇气的新闻"……我认为，"有勇气的新闻"也意味着偏袒一方。客观并不意味着中立，它意味着尊重真理和事实，并愿意采取立场，无论有多少反对或争议。（Singh，2006）

印度的政治制度及其语言多样性为客观性提供了一个非常不同的背景。这个例子说明，即使是在前英国殖民地,要投射出任何一致的扩散过程都十分困难。导致客观性理想在美国得以实现的状况在英国或澳大利亚没有得到复制。

虽然政治制度以及媒介在该制度中的作用可以使我们对客观性如何在该文化中发挥作用有一种了解,但是,这种分析可能会使我们的注意力从实践转移到现有的规范制度或模式上,从而使我们的认识有所欠缺。当然,它允许诸如客观性是否与中立性相一致、新闻自由的核心等专业新闻所必需的基本问题得到辩论和争论。但我认为,这种关注也导致了从业者和媒体机构对客观性的过分强调,比如牺牲了对受众或读者观点的讨论。在这里,对模型或媒体系统的讨论是以忽视客观性在特定行动者如何在新闻业实现客观性的特殊性为代价的。

在一个以职业道德准则和对偏见的内容分析为主导的研究领域,客观性概念仍然与科学和实证主义紧密相连,导致人们越来越意识到需要一种不同的方法:把新闻客观性视作置于文化和情境中的表现来加以研究,这些都联系到新闻的不同风格,可以包括专业和监管的问题,也可以包括与读者、观众或用户期望有关的问题。把新闻客观性当作一种文化协商的实践来加以考察,可以更加关注说服、风格、格式和体裁等问题,也可以更加关注政治立场和视角的问题以及客观性实践中涉及的判断和解释问题。

有关新闻客观性可能与不可能的争论还在继续,客观性继续在媒介和新闻学领域扮演核心角色,它关联到真实、准确、平衡、独立等问题,无论这些问题的目的是支持民主协商,还是寻找记者和受众之间新的张力。可以说新闻客观性是在一个矩阵或一组术语中起作用的。在不同的时期,它与公正、透明度、责任和准确性等术语相互作用,具有不同的影响。然而,在这一组术语中,客观性仍然是特别令人感兴趣的。它提供了一个涵盖哲学、伦理学和政治经济学的辩论领域。它使学者和实践者能够反思新闻和媒体实践的本质,提出关于媒介社会学、哲学和伦理学的重要问题。

新闻业的标准并不凌驾于历史之上,需要不断地对好与坏的实践进行重新定义,这不仅需要业内人士进行有力而严谨的讨论,还需要与新的理论视角和文化变革进行对话。媒体在社会中可以扮演的角色是非常重要的。媒体不仅是商业企业(或像商业企业一样经营),也是我们公共生活中的重要机构。这个角色带来了特殊的公共责任,对组织和为其工作的记者都是如此。为了保持这一作用及其信誉,需要传播和讨论新闻从业者的专业承诺,使其在现在和将来具有意义。围绕新闻客观性的争论告诉我们,仅仅因为它们是传统的而"呼吁"并捍卫传统原则是不够的。我们不应躲在局内人的身份后面。公共教育和正当化的过程是重要的。为了负起责任,新闻媒体必须在比预期更大的程度上设法揭露他们所采取的立场和所作的判断背后的逻辑。媒介学者可以通过梳理与我们当前媒体实践相关的政治和文化问题来提供帮助。

参考文献

ABC Editorial Policies(2008) *Short Looks at Some Big Concepts That Govern the ABC*, Australian Broadcasting Corporation, accessed 26 November 2011 at: 〈http://www.abc.net.au/corp/pubs/documents/200806_reformatted_key_words.pdf〉.

Aday, S., Livingston, S. & Hebert, M. (2005) Embedding the Truth: A Cross-Cultural Analysis of Objectivity and Television Coverage of the Iraq War. *The Harvard International Journal of Press/Politics* 10 (1),3-21.

Agnew, S. T. (1969) On the National Media. Mid-West Regional Republican Committee Meeting, Des Moines, IA, 13 November, accessed 1 May 2012 at: 〈http://faculty.smu.edu/dsimon/Change-Agnew.html〉.

Ajami, F. (2001) What the Muslim World Is Watching. *The New York Times*, 18 November, accessed 27 April 2012 at: 〈http://www.nytimes.com/2001/11/18/magazine/what-the-muslim-world-is-watching.html?pagewanted=all〉.

Akhterov, V. (2011) Voiceless Glasnost:

Responding to Government Pressures and Lack of a Free Press Tradition in Russia. In: Fortner, R. S. & Fackler, P. M. (eds.) *The Handbook of Global Communication and Media Ethics*, Vol. II. Wiley-Blackwell, Malden, MA, pp.677-99.

Al-Jazeera (2010) *Code of Ethics*, Al-Jazeera, accessed 15 December 2011 at: ⟨http://www.aljazeera.com/aboutus/2006/11/2008525185733692771.html⟩.

Al-Jazeera Press Office (2007) Release: News Presenters. *Al-Jazeera*, 8 October, accessed 27 April 2012 at: ⟨http://www.aljazeera.com/aboutus/2007/10/2008525185536833890.htmt⟩.

Albota, R. (1991) Dan McArthur's Concept of Objectivity for the CBC News Service. In: Lockhead, R. (ed.) *Beyond the Printed Word: The Evolution of Canada's Broadcast News Heritage*. Quarry Press, Kingston, ON, pp.223-35.

Allan, S. (1995) News, Truth and Postmodernity: Unravelling the Will to Facticity. In: Adam, B. & Allan, S. (eds.) *Theorizing Culture: An Interdisciplinary Critique after Postmodernism*. New York University Press, New York.

Allan, S. (1997) News and the Public Sphere: Towards a History of Objectivity and Impartiality. In: Bromley, M. & O'Malley, T. (eds.) *A Journalism Reader*. Routledge, London, pp.297-329.

Allan, S. (2006) *Online News: Journalism and the Internet*. Open University Press, Maidenhead.

Allan, S. (2007) Citizen Journalism and the Rise of 'Mass Self-Communication': Reporting the London Bombings. *Global Media Journal: Australian Edition* 1(2), 1-20.

Allan, S. (2010) *News Culture*. Open University Press, Maidenhead.

Allan, S. & Matheson, D. (2004) Online Journalism in the Information Age. *Knowledge, Work & Society* 2(3), 73-94.

Altschull, J. H. (1990) *From Milton to McLuhan: The Ideas behind American Journalism*. Longman, New York.

Amanpour, C. (1996) Television's Role in Foreign Policy. *The Quill* 84(3), 16-17.

Australian Broadcasting Commission (1946) Directives—News and Spoken Transmissions, from Minutes of the 169th Meeting of the Commission, 5-7 June 1946, no.5399, Sydney.

Awad, G. (2005) Aljazeera.net: Identity Choices and the Logic of the Media. In: Zayani, M. (ed.) *The Al Jazeera Phenomenon: Critical Perspectives on New Arab Media*. Paradigm Publishers, Boulder, CO, pp. 80-90.

Ayish, M. I. (2002) Political Communication on

Arab World Television: Evolving Patterns. *Political Communication* 19(2),137-54.

Bagdikian, B. H. (1972) The Politics of American Newspapers.*Columbia Journalism Review* 10(6),8-13.

Baggini, J. (2003) *The Philosophy of Journalism*, openDemocracy, accessed 12 April 2012 at: 〈http://www.opendemocracy.net/print/1218〉.

Baldasty, G. J. (1992) *The Commercialization of News in the Nineteenth Century*.University of Wisconsin Press,Madison,WI.

Barkho, L. (2010) *News from the BBC, CNN, and Al-Jazeera: How the Three Broadcasters Cover the Middle East*.Hampton Press.Cresskill,NJ.

Barnes, A. (1965) Writing the Story.In: Roderick, C. A.& Revill,L.(eds.) *The Journalist's Craft: A Guide to Modern Practice*.Angus & Robertson,Sydney, pp.72-80.

Barth, A. (1951) Washington Roundup. *Guild Reporter* XVIII(5),8.

Barthes, R. (1986) The Reality Effect. In: *The Rustle of Language*.Basil Blackwell,Oxford,pp.141−8.

Bayley, E. R. (1981) *Joe McCarthy and the Press*. University of Wisconsin Press, Madison,WI.

BBC Monitoring Africa (2003) Safrican Broadcasting News Chief Raps Liberal Views on Media Freedom,5 June.

BBC News (2002) *Alphabetical Checklist*, British Broadcasting Corporation, accessed 12 December, 2011, 〈http://news.bbc.co.uk/2/hi/programmes/radio_newsroom/1099593.stm#o〉.

Beasley, M. H. & Mirando, J. A. (2005) Objectivity and Journalism Education. In: Knowlton, S. R. & Freeman, K. L. (eds.) *Fair and Balanced: A History of Journalistic Objectivity*. Vision Press, Northport, AL, pp.180-91.

Beckermall, G. (2004) God Is My Co-Author. *Columbia Journalism Review* 43(3), 32-4.

Bell, M. (1997) TV News: How Far Should We Go? *British Journalism Review* 8(7), 7-16.

Bell, M. (1998a) The Journalism of Attachment. In: Kieran, M. (ed.) *Media Ethics*. Routledge, London, pp. 15-22.

Bell, M. (1998b) The Truth Is Our Currency. *The Harvard International Journal of Press/Politics* 3(1), 102-9.

Belsey, C, (1980) *Critical Practice*. Methuen, London.

Bennett, W. L. (1988) *News: The Politics of Illusion*. Longman, New York.

Berganza-Conde, M. R., Oller-Alonso, M. & Meier, K. (2010). Journalistic Roles and Objectivity in Spanish and Swiss Journalism. An Applied Model of Analysis of

Journalism Culture. *Revista Latina de Comunicación Social* 13(65),1-12.

Berger,P. L. & Luckmann, T. (1971) *The Social Construction of Reality: A Treatise in the Sociology of Knowledge*.Penguin Books,Harmondsworth.

Berkowitz, D. & Eko, L. (2007) Blasphemy as Sacred Rite/Right: 'The Mohammed Cartoons Affair' and the Maintenance of Journalistic Ideology.*Journalism Studies* 8(5),779-97.

Berry, S. J. (2005) Why Objectivity Still Matters. *Nieman Reports* 59(2), 15-16.

Blackburn, S. (2008) *The Oxford Dictionary of Philosophy*.Oxford University Press. Oxford Reference Online, accessed 5 October 2011 at: ⟨http://www.oxfordreference.com/pub/views/home.html⟩.

Blankenburg, W. B. & Walden, R. (1977) Objectivity, Interpretation, and Economy in Reporting. *Journalism Quarterly* 54(3),591-5.

Bledstein, B. J. (1976) *The Culture of Professionalism: The Middle Class and the Development of Higher Education in America*.Norton, New York.

Blumler,J.G.& Gurevitch,M. (1995) *The Crisis of Public Communication*. Routledge,London.

Bolter,J. D. & Grusin, R. A. (1999) *Remediation: Understanding New Media*. MIT Press, Cambridge,

MA.

Bolton, T. (2006) News On the Net: A Critical Analysis of the Potential of Online Alternative Journalism to Challenge the Dominance of Mainstream News Media. *Scan: Journal of Media Arts Culture* 3 (1), accessed 27 April 2012 at: 〈http://scan.net.au/scan/journal/print.php?journal_id=71&j_id=7〉.

Bonney, B. & Wilson, H. (1983) *Australia's Commercial Media*.Macmillan, South Melbourne.

Bowler, M. (2006) Displacement and Degradation. *The Nelson Mail* (*NZ*), 25 October.

Bowman, L. (2006) Reformulating 'Objectivity': Charting the Possibilities for Proactive Journalism in the Modern Era.*Journalism Studies* 7(4), 628-43.

Boyce, G. (1978) The Fourth Estate: The Reappraisal of a Concept. In: Boyce, G., Curran, J. & Wingate, P. (eds.) *Newspaper History: From the Seventeenth Century to the Present Day*. Constable, London, pp.19-40.

Boylan, J. (1986) Declarations of Independence. *Columbia Journalism Review* 25(4), 29-45.

Briggs, A.(1961) *The Birth of Broadcasting. The History of Broadcasting in the United Kingdom, Volume I*.Oxford University Press, London.

Briggs, A.(1985) *The BBC: The First Fifty Years*. Oxford University Press, New York.

Brisbane, A. S. (2012a) Should the Times Be a Truth Vigilante, *The New York Times*, 12 January 2012, accessed 27 April 2012 at: 〈http://publiceditor. blogs. nytimes. com/2012/01/12/should-the-times-be-a-truth-vigilante/〉.

Brisbane, A. S. (2012b) Update to My Previous Post on Truth Vigilantes, *The New York Times*, 12 January 2012, accessed 27 April 2012 at: 〈http://publiceditor. blogs. nytimes. com/2012/01/12/update-to-my-previous-post-on-truth-vigilantes/〉.

British Broadcasting Corporation (2011a) *BBC Mission and Values*, accessed 2 December 2011 at: 〈http://www.bbc.co.uk/info/purpose/〉.

British Broadcasting Corporation (2011b) *Editorial Guidelines-Guidelines-Section 11: War, Terror and Emergencies-Accuracy and Impartiality*, accessed 2 December 2011 at:〈http://www.bbc.co.uk/editorialguidelines/page/guidelines-war-practices-accuracy/〉.

Bromley, M. (2003) Objectivity and the Other Orwell: The Tabloidism of the *Daily Mirror* and Journalistic Authenticity.*Media History* 9(2), 123-35.

Brucker, H. (1937) *The Changing American Newspaper*.Columbia University Press, New York.

Brucker, H. (1949) *Freedom of Information*. Macmillan, New York.

Bruns, A. (2005) *Gatewatching: Collaborative

Online News Production. Peter Lang, New York.

Bruns, A. (2006) Wikinews: The Next Generation of Alternative Online News? *Scan: Journal of Media Arts Culture* 3(1), accessed 27 April 2012 at: ⟨http://scan.net.au/scan/journal/display.php?%20journal_id=69⟩.

Burnham, D. & Young, H. (2007) *Kant's Critique of Pure Reason*. Edinburgh University Press, Edinburgh.

Byford, M. (2004) Speech Given at the Newspaper Society Annual Lunch, 4 May. Accessed 27 April 2012 at: ⟨http://www.bbc.co.uk/pressoffice/speeches/stories/byford_newspaper_soc.shtml⟩.

Calcutt, A. & Hammond, P. (2011) *Journalism Studies: A Critical Introduction*. Routledge, London.

Campbell, G. (2006) Bruce Jesson Memorial Lecture, November 21. Accessed 1 November 2011 at: ⟨http://www.brucejesson.com/sites/default/files/Bruce%20Jesson%20Memorial%20Lecture%202006%20-%20Gordon%20Campbell.pdf⟩.

Canberra Times (1998) Debate on Truth, Justice and a Proprietor's Way. *Canberra Times*, 26 May.

Canel, M. J. & Piqué, A. M. (1998) Journalists in Emerging Democracies: The Case of Spain. In: Weaver, D. H. (ed.) *The Global Journalist: News People around the World*. Hampton Press, Cresskill, NJ, pp.299-319.

Carey, J. W. (1982) Review Essay: The Discovery of Objectivity. *American Journal of Sociology* 87(5),

1182-8.

Carey, J. W. (1989) *Communication as Culture: Essays on Media and Society*. Unwin Hyman, Boston, MA.

Carey, J. W. (1997 [1969]) The Communications Revolution and the Professional Communicator. In: Munson, E. S. & Warren, C. A. (eds.) *James Carey: A Critical Reader*. University of Minnesota Press, Minneapolis, MN, pp.128-43.

Carey, J. W. (1997 [1986]) The Dark Continent of American Journalism. In: Munson, E. S. & Warren, C. A. (eds.) *James Carey: A Critical Reader*. University of Minnesota Press, Minneapolis, MN, pp.144-88.

Carey, J. W. (1999 [1987]) Journalists Just Leave: The Ethics of an Anomalous Profession. In: Baird, R. M., Loges, W. E. & Rosenbaum, S. E. (eds.) *The Media and Morality*. Prometheus Books, Amherst, NY, pp.39-54.

Carroll, W. (1955) The Seven Deadly Virtues. *Nieman Reports* 9(3), 25-30.

Cater, D. (1950) The Captive Press. *The Reporter* 2 (June 6), 17-20.

Cater, D. (1959) *Fourth Branch of Government*. Houghton Mifflin, Boston, MA.

Chalaby, J. K. (1996) Journalism as an Anglo-American Invention: A Comparison of the Development of French and Anglo-American Journalism, 1830s-1920s.

European Journal of Communication 11(3),303-26.

Chalaby,J.K.(1998) *The Invention of Journalism*. Macmillan,Basingstoke.

Christians, C. G., Rotzoll, K. B., Fackler, M., Richardson,K.B.& Woods, R.H.(2005) *Media Ethics: Cases and Moral Reasoning*.Pearson,Boston,MA.

Conboy,M.(2002) *The Press and Popular Culture*. Sage,London.

Conboy,M.(2004) *Journalism:A Critical History*. Sage,London.

Conboy,M.(2010) *The Language of Newspapers: Socio-Historical Perspectives*. Continuum,London.

Crawford,N.A.(1924) *The Ethics of Journalism*. A.A.Knopf,New York.

Cryle, D. (1995) Journalism and Objectivity: A Colonial Viewpoint.*Australian Studies in Journalism* 4, 90-7.

Cunningham, B. (2003) Re-Thinking Objectivity. *Columbia Journalism Review* 42(2),24-32.

Curran, J. & Park, M.-J. (2000) *De-Westernizing Media Studies*.Routledge, London.

Curran, J. & Seaton, J. (2003) *Power without Responsibility: The Press, Broadcasting, and New Media in Britain*.Routledge,London.

D'Agostino, F. (1993) Transcendence and Conversation:Two Conceptions of Objectivity.*American*

Philosophical Quarterly 30(2),87-108.

Danermark, B., Ekström, M., Jakobsen, L. & Karlsson, J. C. (2001) *Explaining Society: Critical Realism in the Social Sciences*.Routledge,London.

Daston,L. & Galison, P. (2007) *Objectivity*. Zone Books,New York.

Davies, N. (2008) *Flat Earth News: An Award-Winning Reporter Exposes Falsehood, Distortion and Propaganda in the Global Media*. Chatto & Windus, London.

Davis, E. (1952) News and the Whole Truth. *Atlantic Monthly* 190(August), 32-8.

Davis,M.(1997) *Gangland:Cultural Elites and the New Generationalism*. Allen & Unwin, St. Leonards, New South Wales.

Davies,D.R.(2005) The Challenges of Civil Rights and Joseph McCarthy. In:Knowlton,S.R.& Freeman K. L.(eds.) *Fair and Balanced:A History of Journalistic Objectivity*.Vision Press,Northport,AL,pp.206-20.

Dawson,N.V.& Gregory,F.(2009) Correspondence and Coherence in Science:A Brief Historical Perspective. *Judgment and Decision Making* 4(2),126-33.

de Albuquerque, A. (2005) Another 'Fourth Branch': Press and Political Culture in Brazil. *Journalism* 6(4),486-504.

Dearing, J. W. & Rogers, E. M. (1996) *Agenda-*

Setting. Sage, Thousand Oaks, CA.

Debatin, B. (2011) Ethical Implications of Blogging. In: Fortner, R. S. & Fackler, P. M. (eds.) *The Handbook of Global Communication and Media Ethics*, Vol II. Wiley-Blackwell, Malden, MA, pp.823-44.

Deleuze, G. (1991) *Empiricism and Subjectivity: An Essay on Hume's Theory of Human Nature*. Columbia University Press, New York.

Dennis, E. E. (1989) *Reshaping the Media: Mass Communication in an Information Age*. Sage, Newbury Park, CA.

Dennis, E. E. & Merrill, J. C. (1984) Journalistic Objectivity. In: Dennis, E. E. & Merrill, J. C. (eds.) *Basic Issues in Mass Communication: A Debate*. Macmillan Publishing Company, New York, pp.103-18.

Deverell, R. S. (1996) On Subjectivity: What You Can See Depends on Where You Stand and How 'Short' You Are. In: Alia, V., Brennan, B. & Hoffmaster, B. (eds.) *Deadlines and Diversity: Journalism Ethics in a Changing World*. Fernwood Publishing, Halifax, NS, pp.59-69.

Dicken-Garcia, H. (1989) *Journalistic Standards in Nineteenth-Century America*. University of Wisconsin Press, Madison, WI.

Dicken-Garcia, H. (2005) The Transition from the Partisan to the Penny Press. In Knowlton, S. R. &

Freeman,K.L.(eds.) *Fair and Balanced:A History of Journalistic Objectivity*. Vision Press, Northport, AL, pp.90-9.

Donsbach, W. (1995) Lapdogs, Watchdogs, Junkyard Dogs.*Media Studies Journal* 9(4),17-30.

Donsbach, W. & Klett, B. (1993) Subjective Objectivity:How Journalists in Four Countries Define a Key Term of Their Profession. *International Communication Gazette* 51(1),53-83.

du Fresne, K. (2007) A Traditional Notion Undermined.*The Nelson Mail* (NZ), 19 September.

Dunkley, C. (1997) Whose News Is It Anyway? *Financial Times* [London (UK)] 20 September, accessed 1 September 2005 at:⟨http://serbianlinks.freehosting.net/whosnews.htm⟩.

Dunlevy,M.(1998) Objectivity. In: Breen, M. (ed.) *Journalism: Theory and Practice*. Macleay Press, Paddington,NSW,pp.119-38.

Durham, M. G. (1998) On the Relevance of Standpoint Epistemology to the Practice of Journalism: The Case for 'Strong Objectivity'. *Communication Theory* 8(2),117-40.

Dwyer,T. & Martin, F.(2010) Updating Diversity of Voice Arguments for Online News Media. *Global Media Journal (Australian Edition)*,4(1), accessed 15 December 2011 at:⟨http://www.commarts.uws.edu.au/

gmjau/v4_2010_1/dwyer_martin_RA.html>.

El-Nawawy,M.(2004) Why Al-Jazeera Is the Most Popular Network in the Arab World. *Television Quarterly* 34(1),10-15.

El-Nawawy,M.& Iskandar,A.(2003) *Al-Jazeera: The Story of the Network That Is Rattling Governments and Redefining Modern Journalism.* Westview Press,Cambridge,MA.

Emery, E. (1972) *The Press and America: An Interpretative History of the Mass Media.* Prentice-Hall,Englewood Cliffs,NJ.

Esser, F. (1998) Editorial Structures and Work Principles in British and German Newsrooms.*European Journal of Communication* 13(3),375-405.

Evans, H. (1983) *Good Times, Bad Times.* Weidenfeld and Nicolson,London.

Fallows,J.M.(1996) *Breaking the News: How the Media Undermine American Democracy.* Pantheon Books,New York.

Fawcett, L. (2011) Why Peace Journalism Isn't News. In: Berkowitz, D. A. (ed.) *Cultural Meaning of News: A Text-Reader.* Sage, Los Angeles, CA, pp. 245-56.

Ferré,J.P.(2009) A Short History of Media Ethics in the United States. In: Wilkins, L. & Christians, C. G. (eds.) *Handbook of Mass Media Ethics.* Routledge,

New York,pp.15-27.

Fielding,H.(1806) *The Works of Henry Fielding*, *Esq*.J.Johnson,London.

Foucault,M.(1980) Truth and Power.In: Gordon, C.(ed.) *Power/Knowledge: Selected Interviews and other Writings*, *1972—1977*.Pantheon,New York, pp.109-33.

Fray,P.(2011) Editors,Journalists and Audiences: Towards a New Compact, *The Sydney Morning Herald*,17 November 2011,accessed 25 April 2012 at: ⟨http://www.smh.com.au/national/editors-journalists-and-audiences-towards-a-new-compact-20111116-1nizh.html⟩.

Gans, H. J. (1979) *Deciding What's News: A Study of CBS Evening News*, *NBC Nightly News*, *Newsweek* ,*and Time*.Pantheon Books,New York.

Gauthier, G. (1993) In Defence of a Supposedly Outdated Notion: The Range of Application of Journalistic Objectivity. *Canadian Journal of Communication* 18(4),497-506,accessed 27 April 2012 at: ⟨http://www.cjc-online.ca/viewar-ticle.php? id = 201⟩.

Gitlin, T. (2003 [1980]) *The Whole World Is Watching : Mass Media in the Making & Unmaking of the New Left*.University of California Press, Berkeley, CA.

Glasgow University Media Group (1976) *Bad News*.Routledge & Kegan Paul, London.

Glasser,T.L.(1992) Objectivity and News Bias.In: Cohen,E.D.(ed.) *Philosophical Issues in Journalism*. Oxford,New York,pp.176-83.

Golding, P. (1977) Media Professionalism in the Third World:The Transfer of an Ideology.In:Curran,J., Gurevitch, M. & Wollacott, J. (eds.) *Mass Commumcation and Society*. Edward Arnold, in association with The Open University Press,London.

Hackett,R.A.(1984) Decline of a Paradigm:Bias and Objectivity in News Media Studies.*Critical Studies in Mass Communication* 1(3),229-59.

Hackett, R. A. (1996) An Exaggerated Death: Prefatory Comments on 'Objectivity'in Journalism.In: Alia, V., Brennan, B. & Hoffmaster, B. C. (eds.) *Deadlines and Diversity: Journalism Ethics in a Changing World*.Fernwood, Halifax,NS,pp.40-3.

Hackett, R. A. & Zhao, Y. (1998) *Sustaining Democracy?: Journalism and the Politics of Objectivity*.Garamond Press,Toronto.

Hacking, I. (2000) *The Social Construction of What?* Harvard University Press, Cambridge,MA.

Hafez, K. (2002) Journalism Ethics Revisited: A Comparison of Ethics Codes in Europe, North Africa, the Middle East,and Muslim Asia.*Political Communication* 19

(2),225-50.

Hahn,M.& Thompson,H.S.(1997) *Writing on the Wall:An Interview with Hunter S.Thompson*, accessed 12 February 2012 at:⟨http://www.theatlantic.com/past/docs/unbound/graffiti/hunter.htm⟩.

Hall, S. (1973) Determinations of News Photographs. In: Cohen, S. &Young, J. (eds.) *The Manufacture of News*.Sage,Beverly Hills,CA,pp.176-90.

Hall, S. (1977) Culture, the Media and the 'Ideological Effect'. In: Curran, J., Gurevitch, M. & Woollacott,J.(eds.) *Mass Communication and Society*. Edward Arnold,in association with the Open University Press,London,pp.315-48.

Hallin, D.C.(1986) *The 'Uncensored War': The Media and Vietnam*. University of California Press, Berkeley,CA.

Hallin,D.C.& Mancini,P.(1984) Speaking of the President:Political Structure and Representational Form in U.S.and Italian Television News.*Theory and Society* 13(6),829-50.

Hallin, D. C. & Mancini, P. (2004) *Comparing Media Systems:Three Models of Media and Politics*. Cambridge University Press,Cambridge.

Hallin,D.C.& Mancini,P.(eds.)(2012) *Comparing Media Systems beyond the Western World*. Cambridge

University Press,Cambridge.

Hampton,M.(2008) The'Objectivity'Ideal and Its Limitations in 20th-Century British Journalism. *Journalism Studies* 9(4),477-93.

Hanitzsch, T. (2004) Journalists as Peacekeeping Force? Peace Journalism and Mass Communication Theory.*Journalism Studies* 5(4),483-95.

Hanitzsch, T. (2007) Deconstructing Journalism Culture: Toward a Universal Theory. *Communication Theory* 17(4),367-85.

Harber, A. (2003) Credibility and Authority Are Qualities the SABC Needs.*All Africa Global Media*,13 June,accessed 27 April 2012 at:〈http://allafrica.com/stories/200306130416.html〉.

Harding, S. (1991) *Whose Science? Whose Knowledge? Thinking from Women's Lives*. Cornell University Press,Ithaca,NY.

Harding, S. (1993) Rethinking Standpoint Epistemology: What Is 'Strong Objectivity'. In: Alcoff, L. & Potter, E. (eds.) *Feminist Epistemologies*. Routledge,New York,pp.49-82.

Hargreaves, I. (2005) *Journalism: A Very Short Introduction*.Oxford University Press,Oxford.

Harless,J.D.(1990) Media Ethics, Ideology, and Personal Constructs: Mapping Professional Enigmas. *Journal of Mass Media Ethics* 5(4),217-32.

Harrington, H. F. & Frankenberg, T. T. (1924) *Essentials in Journalism*. Revised Edition. Ginn & Company, Boston.

Harrison, J. (2005) *News*. Routledge, London.

Hartley, J. (1982) *Understanding News*. Methuen, London.

Hartley, J. (1992) *The Politics of Pictures: The Creation of the Public in the Age of Popular Media*. Routledge, London.

Hartley, J. (1996) *Popular Reality: Journalism, Modernity, Popular Culture*. Arnold, London.

Hartley, J. (2000) Communicative Democracy in a Redactional Society: The Future of Journalism Studies. *Journalism* 1(1), 39-48.

Hayashi, K. (2011) Questioning Journalism Ethics in the Global Age: How Japanese News Media Report and Support Immigration Law Revision. In: Fortner, R. S. & Fackler, P. M. (eds.) *The Handbook of Global Communication and Media Ethics*, Vol. II. Wiley-Blackwell, Malden, MA, pp.534-53.

Hemánus, P. (1976) Objectivity in News Transmission. *Journal of Communication* 26(4), 102-7.

Herman, E. S. & Chomsky, N. (1988) *Manufacturing Consent: The Political Economy of the Mass Meaia*. Pantheon Books, New York.

Hjørland, B. (2005) Empiricism, Rationalism and

Positivism in Library and Information Science. *Journal of Documentation* 61(1),130-55.

Holbert,R.L.& Zubric,S.J. (2000) A Comparative Analysis: Objective and Public Journalism Techniques. *Newspaper Research Journal* 21(4),50-67.

Hulteng, J. L. (1973) *The Opinion Function: Editorial and Interpretive Writing for the News Media*. Harper & Row, New York.

Hume,M.(1997) *Whose War Is It Anyway?: The Dangers of the Journalism of Attachment*. BM InformInc, London.

Iggers, J. (1998) *Good News, Bad News: Journalism Ethics and the Public Interest*. Westview, Boulder, CO.

Ingelhart, L. E. (1987) *Press Freedoms: A Descriptive Calendar of Concepts, Interpretations, Events, and Court Actions, from 4000 BC to the Present*. Greenwood Press, New York.

Irvine,D.(2011) *Al-Jazeera's D.C.Bureau Chief: 'I Don't Know What Objective Journalism Is'*, Accuracy In Media, accessed 13 December 2011 at: ⟨http://www.aim.org/don-irvine-blog/al-jazeeras-d-c-bureau-chief-i-dont-know-what-objective-journalism-is/⟩.

Irwin,W.(1969[1911]) *The American Newspaper*. Iowa State University Press, Ames, IA.

Ivison,D.(2003) Arguing About Ethics.In: Lumby,

C. & Probyn, E. (eds.) *Remote Control: New Media, New Ethics*. Cambridge University Press, Cambridge, pp.25-41.

James, W. (1998 [1907]) *Pragmatism (a New Name for Some Old Ways of Thinking). A Series of Lectures by William James, 1906—1907.* Arc Manor. Rockville, MD.

Janowitz, M. (1975) Professional Models in Journalism: The Gatekeeper and the Advocate. *Journalism Quarterly* 52(4), 618-62.

Janowitz, M. (1977) The Journalistic Profession and the Mass Media. In: Ben-David, J. & Clark, T. N. (eds.) *Culture and Its Creators: Essays in Honor of Edward Shils.* University of Chicago Press, Chicago, IL, pp.72-96.

Johnson, T. & Fahmy, S. (2006) *See No Evil, Hear No Evil. Judge as Evil?: Examining the Degree to Which Users of Al-Jazeera English-Language Website Transfer, Credibility Views to its Satellite Network Counterpart*, presented at International Communication Association, 2006 Annual Meeting, 1-39.

Jones, P. (2011) *From Fourth Estate to Media Populism*, presented at: Representation and Its Discontents, 25 February, The University of Sydney, Australia, accessed 27 April 2012 at: 〈http:sydney.edu. au/arts/sdi/papers/PJ_populism.pdf〉.

Josephi, B. (2007) Internationalizing the Journalistic

Professional Model: Imperatives and Impediments. *Global Media and Communication* 3(4), 300-6.

Kant, I. (1997[1781]) *Critique of Pure Reason*. Cambridge University Press, Cambridge.

Kaplan, R. L. (2002) *Politics and the American Press: The Rise of Objectivity, 1865-1920*. Cambridge University Press, Cambridge.

Keane, J. (2011) *Democracy in the Age of Google, Facebook and Wikileaks*, 18 May, presented at: The University of Melbourne, Australia, accessed 27 April 2012 at: ⟨ http://johnkeane.net/18/topics-of-interest/democracy-21st-century/democracy-in-the-age-of-google-facebook-and-wikileaks-2⟩.

Keil, R. (2005) An American Original. *American Journalism Review* 27(2), 60-2.

Kelly, B. M. (2005) Objectivity and the Trappings of Professionalism, 1900-1950. In: Knowlton, S. R. & Freeman, K. L. (eds.) *Fair and Balanced: A History of Journalistic Objectivity*. Vision Press, Northport, AL, pp.149-66.

Kessler, L. & McDonald, D. (1989) *Mastering the Message: Media Writing with Substance and Style*. Wadsworth, Belmont, CA.

Kharel, P. (1996) Session 2: Asian Values in Journalism: Do they Exist? In: M. Masterton (comp.), *Asian Values in Journalism*. Asian Media, Information and Communication Centre, Singapore, pp.29-34.

Kielbowicz, R.B. (1987) News Gathering by Mail in the Age of the Telegraph: Adapting to a New Technology. *Technology and Culture* 28(1), 26-41.

Kieran, M. (1997) *Media Ethics: A Philosophical Approach*. Praeger, Westport, CT.

Kingston, M. (2003) Diary of a Webdiarist: Ethics Goes Online. In: Lumby, C. & Probyn, E. (eds.) *Remote Control: New Media, New Ethics*. Cambridge University Press, Cambridge, pp.159-72.

Kinsley, M. (2006) The Twilight of Objectivity: How Opinion Journalism Could Change the Face of the News, *Slate*, accessed 12 February 2012 at: 〈http://www.slate.com/id/2139042〉.

Klaidman, S. & Beauchamp, T. L. (1987) *The Virtuous Journalist*. Oxford University Press, New York.

Klotzer, C. L. (2009) The Myth of Objectivity. *St Louis Journalism Review* 38(311), 8.

Knowlton, S. R. (2005a) A History of Journalistic Objectivity. In: Knowlton, S. R. & Freeman, K. L. (eds.) *Fair and Balanced: A History of Journalistic Objectivity*. Vision Press, Northport, AL, pp.3-5.

Knowlton, S.R. (2005b) Into the 1960s and Into the Crucible. In: Knowlton, S. R. & Freeman, K. L. (eds.) *Fair and Balanced: A History of Journalistic*

Objectivity.Vision Press,Northport,AL,pp.221-35.

Knowlton,S.R.& Freeman,K.L.(eds.)(2005) *Fair and Balanced：A History of Journalistic Objectivity*. Vision Press,Northport,AL.

Koch,T.(1990) *The News as Myth：Fact and Context in Journalism*.Greenwood Press,Westport,CT.

Köcher,R.(1986) Bloodhounds or Missionaries: Role Definitions of German and British Journalists. *European Journal of Communication* 1(1),43-64.

Koppel,T.(2010) Ted Koppel：Olbermann,O'Reilly and the Death of Real News. *The Washington Post*,14 November,accessed 27 April 2012 at：〈http：//www. washingtonpost. com/wp-dyn/content/article/2010/11/12/AR2010111202857_pf.html〉.

Kramer,M.(1995) Breakable Rules for Literary Journalists.In：Sims,N.& Kramer,M.(eds.) *Literary Journalism：A New Collection of the Best American Nonfiction*.Ballantine Books,New York,pp.21-34.

Kramer,M.H.(2007) *Objectivity and the Rule of Law*.Cambridge University Press,New York.

Kurspahic,K.(1995) Neutrality vs. Objectivity in Bosnia.*Media Studies Journal* 9(4),91-8.

Kurspahic,K.(2003) Objectivity without Neutrality.*Nieman Reports* 57(1), 79-81.

Lahey,T.A.(1924) *The Morals of Newspaper Making*.University Press,Notre Dame,IN.

Lasica, J. D. (2005) The Cost of Ethics: Influence Peddling in the Blogosphere. *Online Journalism Review*, accessed 27 April 2012 at: 〈http://www.ojr.org/ojr/stories/050217lasica/〉.

Latham, K. (2000) Nothing but the Truth: News Media, Power and Hegemony in South China. *The China Quarterly* No.163(September), 633-54.

Layton, S. (1998) Pacific Island Journalists. In: Weaver, D. H. (ed.), *The Global Journalist: News People Around the World*. Hampton Press, Cresskill, NJ, pp.125-40.

Lee, C.-C. (1990) Mass Media: Of China, About China. In: Lee, C.-C. (ed.) *Voices of China: The Interplay of Politics and Journalism*. Guildford, New York, pp.3-29.

Lee, C.-C. (1996) Session 3: Social and Cultural Influences on Journalism Values in Asia? In: M. Masterton(comp.), *Asian Values in Journalism*. Asian Media, Information and Communication Centre, Singapore, pp.58-64.

Li, L. (1994) The Historical Fate of 'Objective Reporting' in China. In: Lee, C.-C. (ed.) *China's Media, Media's China*. Westview, Boulder, CO, pp.225-37.

Lichtenberg, J. (1991a) In Defense of Objectivity. In: Curran, J. & Gurevitch, M. (eds.) *Mass Media and Society*. Edward Arnold, London, pp.216-31.

Lichtenberg,J.(1991b) Objectivity and Its Enemies. *The Responsive Community* 2(1),59-69.

Lippmann, W. (1914) *Drift and Mastery: An Attempt to Diagnose the Current Unrest*.H.Holt & Co., New York.

Lippmann, W. (1920) *Liberty and the News*. Harcourt,Brace & Howe,New York.

Lippmann, W. (1922) *Public Opinion*. Harcourt, Brace & Company,New York.

Lippmann, W. & Merz, C. (1920) A Test of the News:An Examination of the News Reports in the New York Times on Aspects of the Russian Revolution of Special Importance to Americans March 1917-March 1920.*New Republic* XXIII Part II[Supplement](296),1-42.

Lovink,G.(2007) *Zero Comments:Blogging and Critical Internet Culture*. Taylor and Francis, New York.

Lowe, B. (1996) Session 2: Asian Values in Journalism: Do they Exist? In: M. Masterton (comp.), *Asian Values in Journalism*. Asian Media,Information and Communication Centre,Singapore,pp.34-39.

Loyn, D. (2007) Good Journalism or Peace Journalism?,*Conflict & Communication Online*,6(2), 1-10, accessed 27 April 2012 at: ⟨http://cco. regener-online.de/2007_2/pdf/loyn.pdf⟩.

Lynch, J. (2007) Peace Journalism and Its Discontents,*Conflict & Communication Online*,6(2), 1-13, accessed 27 April 2012 at:〈http://www.cco.regener-online.de/2007_2/pdf/lynch.pdf〉.

Lynch, J. & Conflict & Peace Forums (2002) *Reporting the Worid: A Practical Checklist for the Ethical Reporting of Conflicts in the 21 st Century, Produced by Journalists, for Journalists.* Conflict & Peace Forums,Taplow.

Lynch,J.& Galtung,J.(2010) *Reporting Conflict: New Directions in Peace Journalism.* University of Queensland Press,St Lucia,QLD.

Lynch, J. & McGoldrick, A. (2005) *Peace Journalism*.Hawthorn,Stroud.

Lynch,M.(2006) *Voices of the New Arab Public: Iraq, Al-Jazeera, and Middle East Politics Today.* Columbia University Press,New York.

Macaulay, T. B. (1828) Hallam's Constitutional History.*The Edinburgh Review* 48(September).

MacDougall,C.D.(1938) *Interpretative Reporting.* The Macmillan Company, New York.

MacDougall, C. D. (1947) What Newspaper Publishers Should Know About Professors of Journalism.*Journalism Quarterly* 24(1),1-8.

Machan, T. R. (2004) *Objectivity: Recovering Determinate Reality in Philosophy, Science, and*

Everyday Life. Ashgate, Aldershot.

Mancini, P. (2000) Political Complexity and Alternative Models of Journalism: The Italian Case. In: Curran, J. & Park, M.-J. (eds.) *De-Westernizing Media Studies*. Routledge, London, pp.265-78.

Maras, S. (2012) *Contesting the Public Interest: The Selling of the Pentagon as a Case Study in Objectivity*, presented at: Australia and New Zealand Communication Association Annual Conference, Adelaide, South Australia, 4-6 July.

Markel, L. (1953) The Case for 'Interpretation'. *The Bulletin of the American Society of Newspaper Editors* (353), 1-2.

Masterton, M. (ed.) (1996) *Asian Values in Journalism*. Asian Media, Information and Communication Centre, Singapore.

Mattelart, A. (1980) *Mass Media, Ideologies, and the Revolutionary Movement*. Harvester, Brighton.

May, R. (1953) Is the Press Unfair to McCarthy? *The New Republic* 128, 10-12.

Mazwai, T. (2002) Journalists Are Affected by Religions, Cultural Beliefs. *Business Day*, 16 September.

McCombs, M. E. & Shaw, D. (1972) The Agenda-Setting Function of Mass Media. *Public Opinion Quarterly* 36(2), 176-87.

McDonald, D. (1975[1971]) Is Objectivity Possible?

In: Merrill, J. C. & Barney, R. D. (eds.) *Ethics and the Press: Readings in Mass Media Morality*. Hastings House, New York, pp.69-88.

McGill, D. (2004) *The Fading Mystique of an Objective Press*. The McGill Report, accessed 12 February 2012 at: 〈http://www.mcgillreport.org/objectivity.htm〉.

McGill, D. (2008) *The True Promise of Citizen Journalism*. The McGill Report, accessed 22 December 2011 at:〈http://www.mcgillreport.org/truepromise〉.

McGoldrick, A. (2006) War Journalism and 'Objectivity', *Conflict & Communication Online*, 5 (2), 1-7, accessed 27 April 2012 at:〈http://www.cco.regener-online.de/2006_2/pdf/mcgoldrick.pdf〉.

McKnight, D. (2001) Facts Versus Stories: From Objective to Interpretive Reporting. *Media International Australia incorporating Culture and Policy* No. 99 (May), 49-58.

McLaughlin, G. (2002) War, Objectivity, and the Journalism of Attachment. In: *The War Correspondent*. Pluto Press, London, pp.153-81.

McNair, B. (2000) Power, Profit, Corruption, and Lies: The Russian Media in the 1990s. In: Curran, J. & Park, M.-J. (eds.) *De-Westernizing Media Studies*. Routledge, London, pp.79-94.

McQuail, D. (1986) From Bias to Objectivity and

Back: Competing Paradigms for News Analysis and a Pluralistic Alternative. In: McCormack, T. (ed.) *Studies in Communications: A Research Annual*. JAI Press, Greenwich, CT, pp.1-36.

McQuail, D. (1992) *Media Performance: Mass Communication and the Public Interest*. Sage, London.

Media Alliance (2010) *Life in the Clickstream II*. Media Entertainment & Arts Alliance, accessed 27 April 2012 at: 〈http://www.thefutureofjournalism.org.au/foj_report_vii.pdf〉.

Media Entertainment & Arts Alliance (1999) *Media Alliance Code of Ethics*. Media Entertainment & Arts Alliance, accessed 24 November 2011 at: 〈http://www.alliance.org.au/code-of-ethics.html〉.

Merritt, D. & Rosen, J. (1998) Imagining Public Journalism: An Editor and a Scholar Reflect on the Birth of an Idea. In: Lambeth, E. B., Meyer, P. & Thorson, E. (eds.) *Assessing Public Journalism*. University of Missouri Press, Columbia, MO, pp.36-56.

Methvin, E. H. (1975[1970]) Objectivity and the Tactics of Terrorists. In: Merrill, J. C. & Barney, R. D. (eds.) *Ethics and the Press: Readings in Mass Media Morality*. Hastings House, New York, pp.199-205.

Meyer, P. (1995) *Public Journalism and the Problem of Objectivity*, accessed 28 February 2005 at: 〈http://www.unc.edu/~pmeyer/ire95pj.htm〉.

Miles,H.(2005) *Al-Jazeera：How Arab TV News Challenged the World*. Abacus,London.

Mill,J.S.(1997[1859]) Of the Liberty of Thought and Discussion.In：Bromley,M.& O'Malley,T.(eds.) *A Journalism Reader*.Routledge,London.

Min, J. K. (2005) Journalism as a Conversation. *Nieman Reports* 59(4),17-19.

Mindich, D. T. Z. (1998) *Just the Facts：How 'Objectivity' Came to Define American Journalism*. New York University Press,New York.

Miraldi, R. (1990) *Muckraking and Objectivity：Journalism's Colliding Traditions*.Greenwood Press, New York.

Mirando,J.A.(1993) *Journalism's First Textbook：Creating a News Reporting Body of Knowledge*, presented at 76th Annual Meeting of the Association for Education in Journalism and Mass Communication, Kansas City,Missouri, 11-14 August.

Mirando,J. A. (2001) Embracing Objectivity Early On：Journalism Textbooks of the 1800s. *Journal of Mass Media Ethics* 16(1),23-32.

Morgan,W.(1992) Balance and Related Concepts：A Few Thoughts.*Canadian Journal of Communication* 17 (1),accessed 27 April 2012 at：〈http://www.cjc-online. ca/index.php/journal/article/view/652/558〉.

Morrison,A.& Tremewan,P.(1992) The Myth of

Objectivity.In:Comrie, M. & McGregor,J.(eds.) *Whose News?* Dunmore Press,*Palmerston North*, pp.114-32.

Mott,F.L.(1953) Objective News *Versus* Qualified Report.In:*The News in America*.Cambridge University Press,Cambridge,pp.67-87.

Moussa,M.B.(2007) *Review of Al-Jazeera: The Inside Story of the Arab News Channel That Is Challenging the West*, by Hugh Miles, *Canadian Journal of Communication*,32(1),149-52,accessed 27 April 2012 at:⟨http://www.cjc-online.ca/index.php/journal/article/download/1731/1847⟩.

Myrick,H.A.(2002) The Search for Objectivity in Journalism.*USA Today* 131(2690),50-52.

Nagel,T.(1986) *The View from Nowhere*.Oxford University Press,New York.

Nasution,Z.(1996) Session 3:Social and Cultural Influences on Journalism Values in Asia? In: M.Masterton(comp.),*Asian Values in Journalism*.Asian Media, Information and Communication Centre,Singapore,pp.52-55.

National Union of Journalists [UK] (2011) *NUJ Code of Conduct*, National Union of Journalists, accessed 24 November 2011 at:⟨http://www.nui.org.uk/innerPagenuj.html? docid=174⟩.

Nieman Fellows (1950) Reporting 'Background'. *Nieman Reports* 4(2),29-32.

Nip, J. Y. M. & To, Y.-M. (1999) Television Coverage: Objectivity and Public Service. In: Kuan, H.-.C., Lau, S.-K., Kin-Sheun, L. & Wong, T. K.-Y. (eds.) *Power Transfer and Electoral Politics: The First Legislative Election in the Hong Kong Special Administrative Region*. Chinese University Press, Hong Kong, pp.215-52.

Nolan, D. & Marjoribanks, T. (2006) Objectivity, Impartiality and the Governance of Journalism. In: Colic-Peisker, V., Tilbury, F. & McNamara, B. (eds.) The Australian Sociological Association 2006 Conference Proceedings. University of Western Australia and Murdoch University, 4-7 December, accessed 27 April 2012 at: 〈http://www.tasa.org.au/conferences/conferencepapers06/papers/Culture,%20Media%20and%20Communication/Nolan,Marjoribanks.pdf〉.

Norris, P. (2000) *A Virtuous Circle: Political Communications in Postindustrial Societies*. Cambridge University Press, Cambridge.

Novack, G. E. (1968) *Empiricism and Its Evolution: A Marxist View*. Pathfinder Press, New York.

Novick, P. (1988) *That Noble Dream: The 'Objectivity Question' and the American Historical Profession*. Cambridge University Press, Cambridge.

Noyes, N., Jr. (1953) Design for Impressionistic

School of Reporting.*Editor & Publisher* 9 May,11,63.

O'Donnell, P.(2007) Journalism and Philosophy: Remembering Clem Lloyd. In: Heekeren, M. V. (ed.) *Australian Media Traditions 2007*, Bathurst, Australia, accessed 27 April 2012 at:⟨http://www.csu.edu.au/special/amt/publication/odonnell.pdf⟩.

Ochs, A. S. (1896) Business Announcement. *New York Times*, 19 Augusc, p.4.

Ognianova, E. & Endersby, J. W. (1996) Objectivity Revisited: A Spatial Model of Political Ideology and Mass Communication. *Journalism & Mass Communication Monographs* 159 (October), 1-32.

Olasky, M. (1996) Biblical Objectivity, *World Magazine*, accessed 14 November 2011 at:⟨http://www.worldmag.com/world/olasky/truthc1.html⟩.

Olasky, M. (2006) *New Journalistic Standards (Including Biblical Objectivity) Coming*, accessed 14 November 2011 at:⟨http://www.humanevents.com/article.php? print=yes&id=12309⟩.

Olbermann, K. (2010) *False Promise of 'Objectivity' Proves 'Truth' Superior to 'Fact'*, Countdown with Keith Olbermann, accessed 16 December 2011 at:⟨http://video.msnbc.msn.com/countdown-with-keith-olbermann/4020522140205221⟩.

Orwell, G. (1965[1947]) Why I Write. In: *Decline of the English Murder, and Other Essays*. Penguin

Books, Harmondsworth, pp.180-8.

Overholser, G. (2006) *On Behalf of Journalism: A Manifesto for Change*, accessed 21 November 2011 at: ⟨http://www.annenbergpublicpolicycenter.org/Overholser/20061011_JournStudy.pdf⟩.

Park, R. E. (1923) The Natural History of the Newspaper. *The American Journal of Sociology* 29(3), 273-89.

Park, R.E. (1940) News as a Form of Knowledge: A Chapter in the Sociology of Knowledge. *The American Journal of Sociology* 45(5), 669-86.

Parliamentary Standing Commitee on Broadcasting (1946) *14th Report: The Broadcasting of News*. Document no. 63, 5 July. Parliamentary Standing Commitee on Broadcasting, Canberra.

Pavlik, J. V. (2001) *Journalism and New Media*. Columbia University Press, New York.

Pax, S. (2003) *The Baghdad Blog*. Atlantic on behalf of Guardian Newspapers, London.

Pearson, M. & Polden, M. (2011) *The Journalists Guide to Media Law*. Allen & Unwin, Crows Nest, NSW.

Petersen, N. (1985) The ABC, the State and Journalistic Objectivity, 1932-42. *Australian Journalism Review* 7(1&2), 74-86.

Petersen, N. (1993) *News Not Views: The ABC, the*

Press, & Politics 1932-1947. Hale and Iremonger, Sydney.

Phillips, E. B. (1977) Approaches to Objectivity: Journalistic Versus Social Science Perspectives. In: Kline, G. F., Hirsch, P. M. & Morris, P. V. (eds.) Strategies for Communication Research. Sage, Beverly Hills, CA, pp.63-77.

Phillips, G. & Lindgren, M. (2006) The Australian Broadcast Journalism Manual. Oxford University Press, South Melbourne, Vic.

Pilger, J. (2006) War by Media. Breaking the Silence: War, Lies and Empire, presented at: Heyman Center for the Humanities at Columbia University, New York, 14 April, accessed 11 February 2008 at: ⟨http://www.johnpilger.com/page.asp? partld=267⟩.

Polish Journalists' Association (SDP), et al. (1995) Media Ethics Charter, EthicNet: Journalism Ethics, accessed 3 May 2012 at: ⟨http://ethicnet.uta.fi/poland/media_ethics_charter⟩.

Porwancher, A. (2011) Objectivity's Prophet: Adolph S. Ochs and the New York Times, 1896-1935. Journalism History 36(4), 186-95.

Pray, I. C. (1855) Memoirs of James Gordon Bennett and His Times. Stringer and Townsend, New York.

Putnam, H. (1984) The Craving for Objectivity.

New Literary History 15(2), 229-39.

Pyle, R. (2005) *19th-Century Papers Shed New Light on Origin of the Associated Press*, accessed 20 September 2011 at: ⟨http://www.ap.org/pages/about/whatsnew/wn_013106a.html⟩.

Reeb, R. H. (1999) *Taking Journalism Seriously: 'Objectivity' as a Partisan Cause*. University Press of America, Lanham, MD.

Reese, S. D. (1990) The News Paradigm and the Ideology of Objectivity: A Socialist at the *Wall Street Journal*. *Critical Studies in Mass Communication* 7, 390-409.

Reese, S. D. (2008) Theorizing a Globalized Journalism. In: Löffelholz, M. & Weaver, D. (eds.) *Global Journalism Research: Theories, Methods, Findings, Future*. Blackwell, Malden, MA, pp.240-52.

Reifenberg, J. (1982) The New York Times. In: Rice, M. & Cooney, W. J. A. (eds.) *Reporting U.S.-European Relations: Four Nations, Four Newspapers*. Pergamon Press, New York, pp.24-61.

Reston, J. B. (1945) The Job of the Reporter. In: Garst, R. E. (ed.) *The Newspaper, Its Making and Its Meaning*. C. Scribner's Sons, New York, pp.92-108.

Rettberg, J. W. (2008) *Blogging*. Polity, Cambridge.

Richards, I. (2005) *Quagmires and Quandaries: Exploring Journalism Ethics*. University of New South

Wales Press, Sydney, NSW.

Ricketson, M. (2001) Gang of Two. *The Australian*, 13 June.

Righter, R. (1978) *Whose News?: Politics, the Press and the Third World*. Burnett Books in association with André Deutsch, London.

Romano, C. (1986) The Grisly Truth About Bare Facts. In: Manoff, R. K. & Schudson, M. (eds.) *Reading the News*. Pantheon Books, New York, pp. 38-78.

Rorty, R. (1991) *Objectivity, Relativism, and Truth*. Cambridge University Press, Cambridge.

Rorty, R. (1998) *Truth and Progress*. Cambridge University Press, New York.

Rosen, J. (1993) *Beyond Objectivity*. Nieman Reports 47(4), 48-53.

Rosen, J. (1994) Making Things More Public: On the Political Responsibility of the Media Intellectual. *Critical Studies in Mass Communication* 11(4), 363-88.

Rosen, J. (2003) *The View from Nowhere*, Pressthink: Ghost of Democracy in the Media Machine, accessed 18 February 2012 at: 〈http://archive.pressthink.org/2003/09/18/jennings.html〉.

Rosen, J. (2004a) *What Time Is It in Political Journalism?*, Pressthink: Ghost of Democracy in the Media Machine, accessed 18 February 2012 at: 〈http://archive.pressthink.org/2004/02/23/gopnik_time.html〉.

Rosen J. (2004b) *Journalism Is Itself a Religion: Special Essay on Launch of the Revealer*, Pressthink: Ghost of Democracy in the Media Machine, accessed 14 November 2011 at: 〈http://archive.pressthink.org/2004/01/07/press_religion.html〉.

Rosen, J. (2010a) *Objectivity as a Form of Persuasion: A Few Notes for Marcus Brauchli*, Pressthink: Ghost of Democracy in the Media Machine, accessed 18 February 2012 at: 〈http://archive.pressthink.org/2010/07/07/obj_persuasion.html〉.

Rosen, J. (2010b) *The View from Nowhere: Questions and Answers*, Pressthink: Ghost of Democracy in the Media Machine, accessed 18 February 2012 at: 〈http://pressthink.org/2010/11/the-view-from-nowhere-questions-and-answers/〉.

Rosenthal, A. M. (1969) In *New York Times Company records (Box 70, in the Editorial Policy [General] folder for 1967-1970)*. New York Public Library.

Ross, C. G. (1911) *The Writing of News: A Handbook*. Henry Holt and Company, New York.

Rosteck, T. (1989) Irony, Argument, and Reportage in Television Documentary: *See It Now* Versus Senator McCarthy. *Quarterly Journal of Speech* 75(3 August), 277-98.

Rule, P. C. (1971) CBS, the White House and the

Myth of Objectivity.*America* 22 May,541-2.

Rusbridger, A. (2007) *Ombudsmen in the Digital Future*,presented at:Conference of the Organizanon of News Ombudsmen, Harvard University, Cambridge, MA, 21 May, accessed 27 April 2012 at:〈http://newsombudsmen.org/rusbridger.html〉.

Russell,N.(1995) Public Journalism:An Old Game with a New Name?,*Media*, 2(1),16-17.

Ryan, M. (2001) Journalistic Ethics, Objectivity, Existential Journalism, Standpoint Epistemology, and Public Journalism. *Journal of Mass Media Ethics* 16 (1),3-22.

Saad, L. (2002) *Al-Jazeera: Arabs Rate Its Objectivity*,Gallup,23 April,accessed 27 April 2012 at:〈http://www.gallup.com/poll/5857/aljazeera-arabs-rate-its-objectivity.aspx〉.

Sambrook, R. (2004) *America—Holding onto Objectivity*,presented at:The Poliak Lecture,Columbia University, 27 April, accessed 24 November 2011 at:〈http://www.bbc.co.uk/print/pressoffice/speeches/stories/sambrook_poliak.shtml〉.

Sánchez-Aranda,J.J.& Barrera,C.(2003) The Birth of Modern Newsrooms in the Spanish Press.*Journalism Studies* 4(4),489-500.

Santos, J. P. (1997) (Re) Imagining America. In: Dennis,E.E.& Pease,E.C.(eds.) *The Media in Black* and White. Transaction Books, New Brunswick, NJ, pp. 121-7.

Sargent, G. (2012) What Are Newspapers For? *The Washington Post*, accessed 27 April 2012 at: ⟨http://www.washingtonpost.com/blogs/plum-line/post/what-are-newspapers-for/2012/01/12/gIQAuUCqtP-blog.html⟩.

Schiller, D. (1979) An Historical Approach to Objectivity and Professionalism in American Newsgathering. *Journal of Communication* 29(4), 46-57.

Schiller, D. (1981) *Objectivity and the News: The Public and the Rise of Commercial Journalism*. University of Pennsylvania Press, Philadelphia, PA.

Schudson, M. (1978) *Discovering the News: A Social History of American Newspapers*. Basic Books, New York.

Schudson, M. (1995) *The Power of News*. Harvard University Press, Cambridge, MA.

Schudson, M. (2001) The Objectivity Norm in American Journalism. *Journalism* 2(2), 149-70.

Schudson, M. (2008) The 'Lippmann-Dewey Debate' and the Invention of Walter Lippmann as an Anti-Democrat 1986-1996. *International Journal of Communication* 2, 1031-42.

Schudson, M. & Anderson, C. (2009) Objectivity, Professionalism, and Truth Seeking in Journalism. In: Wahl-Jorgensen, K. & Hanitzsch, T. (eds.) *The*

Handbook of Journalism Studies. Routledge, New York, pp.88-101.

Schultz, J. (1998) *Reviving the Fourth Estate: Democracy, Accountability and the Media*. Cambridge University Press, Cambridge.

Seaton, J. (2005) *Carnage and the Media: The Making and Breaking of News about Violence*. Allen Lane, London.

Shapiro, B.J. (2000) *A Culture of Fact: England, 1550-1720*. Cornell University Press, Ithaca, NY.

Shaw, D.L. (1967) News Bias and the Telegraph: A Study of Historical Change. *Journalism Quarterly* 44(1), 3-12.

Shepard, A. C. (1994) The Gospel of Public Journalism. *American Journalism Review* 16(7), 29-34.

Sherwin, A. (2010) Mark Thompson: Britain Needs a Channel Like Fox News. *The Guardian*, 17 December, accessed 27 April 2012 at: 〈http://www.guardian.co.uk/media/2010/dec/17/mark-thompson-bbc-fox-news/print〉.

Shi, D. E. (1995) *Facing Facts: Realism in American Thought and Culture, 1850-1920*. Oxford University Press. New York.

Shuman, E.L. (1894) *Steps into Journalism: Helps and Hints for Young Writers*. Correspondence School of Journalism, Evanston, lL.

Siebert, F. S., Peterson, T. & Schramm, W. (1956) *Four Theories of the Press: The Authoritarian, Libertarian, Social Responsibility and Soviet Communist Concepts of What the Press Should Be and Do*. University of Illinois Press, Urbana, IL.

Sigal, L. V. (1973) *Reporters and Officials: The Organization and Politics of Newsmaking*. D. C. Heath, Lexington, MA.

Sinclair, U. (1919) *The Brass Check, a Study of American Journalism*. The author, Pasadena, CA.

Singh, M. (2006) PM Gives Away the Goenka Journalism Awards. Express media awards. New Delhi, 12 April, accessed 1 May 2012 at: 〈http://pmindia.nic.in/speech-details.php? nodeid=301〉.

Smith, A. (1978) The Long Road to Objectivity and Back Again. In: Boyce, G., Curran, J. & Wingate, P. (eds.) *Newspaper History: From the Seventeenth Century to the Present Day*. Constable & Company, London, pp. 153-71.

Society of Professional Journalists (1973) *Code of Ethics Sigma Delta Chi*[1973], Center for the Study of Ethics in the Professions, accessed 24 November 2011 at: 〈http://ethics.iit.edu/indexOfCodes-2.php? key=18_479_762〉.

Society of Professional Journalists (1996) *Society of Professional Journalists—Code of Ethics* [September

1996], Center for the Study of Ethics in the Professions, accessed 24 November 2011 at: ⟨http://ethics.iit.edu/indexOf-Codes-2.php?key=18_479_764⟩.

Spivak, C. (2010) The Fact Checking Explosion. *American Journalism Review* 32(4).

Starkey, G. (2007) *Balance and Bias in Journalism: Representation, Regulation and Democracy.* Palgrave Macmillan, Basingstoke.

Stensaas, H. S. (1986) Development of the Objectivity Ethic in US Daily Newspapers. *Journal of Mass Media Ethics* 2(1), 50-60.

Stoker, K. (1995) Existential Objectivity: Freeing Journalists to Be Ethical. *Journal of Mass Media Ethics* 10(1), 5-22.

Streckfuss, R. (1990) Objectivity in Journalism: A Search and a Reassessment. *Journalism Quarterly* 67(4), 973-83.

Strout, R. L. (1950) Ordeal by Publicity. *The Christian Science Monitor*, 27 May.

Sugiyama, M. (2000) Media and Power in Japan. In: Curran, J. & Park, M.-J. (eds.) *De-Westernizing Media Studies.* Routledge, London, pp.191-201.

Taflinger, R. F. (1996) The Myth of Objectivity in Journalism: A Commentary, accessed 13 June 2012, ⟨http://public.wsu.edu/~taflinge/mythobj.html⟩.

Tait, R. (2007) *From Seesaw to Wagon Wheel:*

Safeguarding Impartiality in the 21st Century, BBC Trust, accessed 27 April 2012 at:〈http://www.bbc.co.uk/bbctrust/our_work/other/centurv21.shtml〉.

Taylor, C. A. & Condit, C. M. (1988) Objectivity and Elites: A Creation Science Trial.*Critical Studies in Mass Communication* 5(4), 293-312.

Tharoor, I. (2011) Why the US Needs Al Jazeera, *Time US*, accessed 22 February 2012 at:〈http://www.time.com/time/nation/article/0,8599,2052934,00.html〉.

The Economist (2011) Impartiality: The Foxification of News.*The Economist*, 7 July, accessed 27 April 2012 at:〈http://www.economist.com/node/18904112〉.

The New York Times (1952) Better Reporting Held Modern Need.*The New York Times*, 27 August.

The New York Times Company (2005) *The New York Times Company Policy on Ethics in Journalism*, accessed 23 October 2011 at:〈http://www.nytco.com/press/ethics.html〉.

The Times [London]. (1852) The Earl of Derby Remarked with Considerable... *The Times*, 7 February.

Thomas, A. (1980) *Broadcast and Be Damned: The ABC's First Two Decades*. Melbourne University Press, Melbourne.

Thompson, H. S. (1973) *Fear and Loathing: On the Campaign Trail '72*. Straight Arrow Books, San Francisco, CA.

Thompson, H. S. (1994) *Better Than Sex: Confessions of a Political Junkie*. Random House, New York.

Thompson, M. (2005) *Broadcasting and the Idea of the Public*, presented at Worth Abbey Gaudium Et Spes Conference, 5 July, accessed 27 April 2012 at: ⟨http://www.bbc.co.uk/print/pressoffice/speeches/stories/thompson_catholic.shtml⟩.

Thompson, M. (2006) *Whose Side Are We On?*, presented at: International Press Institute World Congress, Edinburgh, 28 May, accessed 27 April 2012 at: ⟨http://www.bbc.co.uk/pressoffice/speeches/stories/thompson_ipi.shtml⟩.

Thorsen, E. (2008) Journalistic Objectivity Redefined? Wikinews and the Neutral Point of View. *New Media & Society* 10(6), 935-54.

Tiffen, R. (2010) The Press. In: Turner, G. & Cunningham, S. (eds.) *Media and Communications in Australia*. Allen & Unwin, Crows Nest, NSW, pp.81-96.

Tracey, M. (2003) *BBC and the Reporting of the General Strike: Introduction to the Microfilm Edition by Michael Tracey*, East Ardsley, Wakefield, accessed 27 April 2012 at: ⟨http://www.microform.co.uk/guides/R97608.pdf⟩.

Trades Union Congress (2004) *The Build Up*, TUC History Online, accessed 2 December 2011 at:

〈http://www.unionhistory.info/generalstrike/buildup.php〉.

Tucher, A. (1994) *Froth & Scum: Truth, Beauty, Goodness, and the Ax Murder in America's First Mass Medium*. University of North Carolina Press, Chapel Hill, NC.

Tuchman, G. (1972) Objectivity as Strategic Ritual: An Examination of Newsmen's Notions of Objectivity. *The American Journal of Sociology* 77(4), 660-79.

Tuchman, G. (1978) *Making News: A Study in the Construction of Reality*. Free Press, New York.

Tumber, H. & Prentoulis, M. (2003) Journalists Under Fire: Subcultures, Objectivity and Emotional Literacy. In: Thussu, D. K. & Freedman, D. (eds.) *War and the Media: Reporting Conflict 24/7*. Sage, London, pp.215-30.

Turner, G. (1996) Post-Journalism: News and Current Affairs Programming in the Late '80s to the Present'. *Media, International Australia* No. 82 (November), 78-91.

van Ginneken, J. (1998) *Understanding Global News: A Critical Introduction*. Sage, London.

Voloshinov, V. N. (1973 [1929]) *Marxism and the Philosophy of Language*. Seminar Press, New York.

Voltmer K. (2012) How Far Can Media Systems Travel? Applying Hallin and Mancini's Comparative

Framework outside the Western World. In: Hallin, D. C. & Mancini, P. (eds.) *Comparing Media Systems beyond the Western World*. Cambridge University Press, Cambridge, pp.224-45.

Vos, T. P. (2012) 'Homo Journalisticus': Journalism Education's Role in Articulating the Objectivity Norm. *Journalism* 13(4), 435-49.

Waisbord, S. (2000) Media in South America: Between the Rock of the State and the Hard Place of the Market. In Curran, J. & Park, M.-J. (eds.) *De-Westernizing Media Studies*. Routledge, London, pp. 50-62.

Wall, M. (2005) 'Blogs of War'. *Journalism* 6(2), 153-72.

Ward, S. J. (1998) An Answer to Martin Bell: Objectivity and Attachment in Journalism. *The Harvard International Journal of Press/Politics* 3(3), 121-5.

Ward, S. J. A. (2004) *The Invention of Journalism Ethics: The Path to Objectivity and Beyond*. McGill-Queen's University Press, Montreal & Kingston.

Ward, S. J. A. (2011) Multidimensional Objectivity for Global Journalism. In: Fortner, R. S. & Fackler, M. (eds.) *The Handbook of Global Communication and Media Ethics*, Vol. I. Wiley-Blackwell, Malden, MA, pp. 215-33.

Wark, M. (1994) *Virtual Geography: Living with*

Global Media Events. Indiana University Press, Bloomington, IN.

Weaver, D. H. (1998) *The Global Journalist: News People around the World*. Hampton Press, Cresskill, NJ.

Weaver, P. H. (1975 [1974]) The New Journalism and the Old. In: Merrill, J. C. & Barney, R. D. (eds.) *Ethics and the Press: Readings in Mass Media Morality*. Hastings House, New York, pp.89-107.

Weinberger, D. (2009) *Transparency Is the New Objectivity*, Joho the Blog, accessed 16 December 2011 at: 〈http://www.hyperorg.com/blogger/2009/07/19/transparency-is-the-new-objectivity/〉.

Westerhahl, J. (1983) Objective News Reporting: General Premises. *Communication Research* 10(3), 403-24.

White, A. R. (1971) *Truth*. Macmillan, London.

White, L. & Leigh, R. D. (1946) *Peoples Speaking to Peoples: A Report on International Mass Communication from the Commission on Freedom of the Press*. University of Chicago Press, Chicago, IL.

White, P. R. R. (2000) Media Objectivity and the Rhetoric of News Story Structure. In: Ventola, E. (ed.) *Discourse and Community: Doing Functional Linguistics*. Gunter Narr Verlag, Tübingen, pp.379-97.

Wiebe, R. H. (1967) *The Search for Order, 1877-*

1920. Hill and Wang, New York.

Wikinews (2010) *Wikinews: Neutral Point of View*, accessed 22 December 2011 at: 〈http://en.wikinews.org/wiki/Wikinews:Neutral_point_of_view〉.

Williams, J. H. (2005) The American Revolution and the Death of Objectivity. In: Knowlton, S. R. & Freeman, K. L. (eds.) *Fair and Balanced: A History of Journalistic Objectivity*. Vision Press, Northport, AL, pp.51-63.

Williams, W. & Martin, F. L. (1911) *The Practice of Journalism: A Treatise on Newspaper Making*. E. W. Stephens Publishing Co., Columbia, MO.

Windschuttle, K. (1998) Journalism Versus Cultural Studies. *Australian Studies in Journalism* 7, 3-31.

Winston, B. (1999) How Are Media Born? In: Marris, P. & Thornham, S. (eds.) *Media Studies: A Reader*. Edinburgh University Press, Edinburgh, pp.786-801.

Wolfe, T. (ed.) (1973) *The New Journalism, with an Anthology Edited by Tom Wolfe and E. W. Johnson*. Picador, London.

Wright, N. T. (1992) *The New Testament and the People of God*. Fortress Press, Minneapolis. MN.

Xinhua News Agency (1994) Amended Text of 'Norms of Professional Ethics of Journalists'. *BBC Monitoring Service: Asia Pacific*, 14 June.

Xu, X. (2005) *Demystifying Asian Values in Journalism*.Marshall Cavendish Academic,Singapore.

Zayani, M. (ed.) (2005) *The Al Jazeera Phenomenon:Critical Perspectives on New Arab Media*. Paradigm Publishers,Boulder,CO.

Zelizer, B. (1993) Journalists as Interpretive Communities.*Critical Studies in Mass Communication* 10(3),219-37.

Zelizer, B. (2004) *Taking Journalism Seriously: News and the Academy*.Sage, Thousand Oaks,CA.

Zhao, Y. (2012) Understanding China's Media System in a World Historical Context.In: Hallin,D.C.& Mancini, P. (eds.) *Comparing Media Systems beyond the Western World*. Cambridge University Press, Cambridge,pp.143-73.

索 引

ABC（Australian Broadcasting Corporation）ABC（澳大利亚广播公司），16，221-2，223，224

Australian Broadcasting Corporation Act（1983）1983年澳大利亚广播公司法，221

Boyer，Richard 理查德·博耶尔，223

accountability 责任，17

accuracy 准确性，11，13，16，31，48，72，94，219，112

additive objectivity 加法式的客观性，125-6

adversary culture 敌对文化，146-7，150

adversary journalism 对抗性新闻，146，150

advertising 广告，31，32，44，54

advocacy journalism 倡导性新闻，146，150

Afghanistan 阿富汗，184

agenda-setting 议程设置，154-5

aggregate objectivity 总体客观性，193

Agnew，Spiro T. 斯皮罗·阿格纽，131

Al-Jazeera 半岛电视台，178-9，183-8，199

Allan，Stuart 斯图尔特·艾伦，5，17，22，28，31-2，77，99，151，191，193-4，217，219

Altschull，J. Herbert 赫伯特·阿尔特舒尔，133-4，

146

 Amanpour, Christiane 克里斯蒂安·阿曼普, 73-4

 American Civil War (1861-5) 美国内战 (1861—1865年), 37

 American Society of Newspaper Editors 美国报纸编辑协会, 16

 Anglo-American model of journalism 英美新闻模式, 6, 212-13, 215, 220

 Asian values 亚洲价值观, 224-6

 Associated Press 美联社, 28, 34, 134, 135, 138

 attachment, journalism of 倾向附着性新闻, 73-4, 126-8, 151-3

 Australia 澳大利亚, 5, 6, 36-7, 38, 208, 221-4

 Australian Broadcasting Corporation *see* ABC 澳大利亚广播公司, 参见 ABC

 Australian Journalists' Association (AJA) 澳大利亚新闻工作者协会, 16, 141, 222-3

 autonomy 自主性, 27, 69-70, 149, 170

 Bacon, Francis 弗朗西斯·培根, 87

 Baggini, Julian 朱莉安·巴基尼, 80, 104-5

 balance 平衡性, 20, 61, 64, 69, 78, 157, 167

 Baldasty, Gerald J. 杰拉尔德·百德丝, 22, 36, 43

 Barth, Alan 艾伦·巴斯, 133

 Bay of Pigs (1961) 猪湾入侵事件 (1961年), 145

 BBC (British Broadcasting Corporation) 英国广播

公司,73,152,179,181-3,199,216-21
 College of Journalism 新闻学院,183
 and General Strike(1926)英国大罢工(1926年),216-19
 and impartiality 公正性,216,217-18,219-20
 objectivity and overseas broadcasts 客观性和海外广播,219
 Reith,John 约翰·里斯,217,218
 Royal Charter and Agreement(2006)《皇家宪章和协议》(2006年),16,220
 Sambrook,Richard 理查德·萨姆布鲁克,81,182
 Thompson,Mark 马克·汤普森,94,177,179,182,183
Bell,Martin 马丁·贝尔,73,126-7,128,152,153
Bennett,James Gordon 詹姆斯·戈登·班尼特,43,87
Berger,Peter L. 彼得·伯格,101
Berry,Stephen J. 史蒂芬·拜里,113,121
bias 偏见,5,19-20,54-6,63-4,115,156,158
biblical objectivity 圣经客观性,172
bin Laden,Osama 奥萨马·本·拉登,184
blogging 博客,179,189-99
Bosnia 波斯尼亚,74,126
Brazil 巴西,202
Briggs,Asa 阿萨·布里格斯,217,219
Britain 英国,5,6,36-7,39-40,214-16

British Broadcasting Corporation *see* BBC 英国广播公司,参见 BBC

British Gazette《英国公报》,219

Bush,President George W. 总统乔治·布什,192

bystander journalism *see* attachment,journalism of,旁观者新闻,参见倾向附着性新闻

cable news channels 有线新闻频道,177,182
    Al-Jazeera 半岛电视台,178-9,183-8,199
    Cable News Network(CNN)美国有线电视新闻网,177
    Fox News Channel(FNC)福克斯新闻频道,72,177,179-81,182,199
    MSNBC 微软全国有线广播电视公司,180,199
    SkyNews 天空新闻,177

campaign journalism 竞选新闻,153

Canada 加拿大,5,6,220

Canadian Association of Journalists 加拿大新闻从业者协会,15

Canadian Broadcasting Corporation(CBC)加拿大广播公司,14,72,220-1

Canadian Press(CP)加拿大通讯社,220

Canberra Times《堪培拉时报》,156-7

Carey,James W. 詹姆斯·凯瑞,2,22,24-5,26,29,30,47,48,62-3,65,89,109,110-11,123,128,171

Carroll,Wallace 华莱士·卡罗尔,138,177

Cater, Douglass 道格拉斯·卡特, 136, 164

CBS 哥伦比亚广播公司, 192

Chalaby, Jean K. 让·查拉比, 212-14, 215

Chicago Tribune《芝加哥论坛报》, 48

China 中国, 202

citizen journalism 公民新闻, 179, 189-99

civic journalism *see* public journalism 公共新闻, 参见公众新闻

civil rights 公民权利, 3

CNN (Cable News Network) 美国有线电视新闻网, 177

codes of ethics 伦理准则, 25, 27, 41, 54

and Al-Jazeera 半岛电视台, 188

Australian Journalists' Association 澳大利亚新闻从业者协会, 16

Media Ethics Charter (1995) (Poland)《媒体伦理宪章》(1995年, 波兰), 17

Norms of Professional Ethics of Chinese Journalists (1994)《中国新闻工作者职业道德准则》(1994年), 202

coherence theory of truth 真理的连贯性理论, 86, 90

coherency 连贯

and defence of journalistic objectivity 维护新闻客观性, 104-6

Cold War 冷战, 145

collaboration 合作, 175, 189, 190, 191, 199

commercial press, rise of 商业化报刊的兴起, 43-4
commercialization 商业化, 31-4, 49, 222
Commonwealth of Nations 英联邦, 220
communication 传播, 109
 facticity and issues of 真实性和议题, 95-8
communications revolution 传播革命, 26
community 社群
 and public journalism 公众新闻, 166-71
Comte, Auguste 奥古斯特·孔德, 88
Conboy, Martin 马丁·康博伊, 3, 31, 51, 100, 102, 214
consensus 共识, 59, 68, 197, 198, 199
contextual objectivity 语境客观性, 185-6, 187, 188
controversy 争论, 68, 188
conventionalism 传统主义, 93, 94
conversation 对话, 62, 81
conversion downwards 向下转换, 26-7, 63, 123, 128
cooperative newsgathering associations 合作采编协会, 30-1
 Associated Press 美联社, 28, 34, 134, 135, 138
 Canadian Press (CP) 加拿大通讯社, 220
correspondence theory of truth 真理的一致性理论, 85-6, 90, 95, 117
counter-culture, reporting the critical 报道批判性的反主流文化, 145-51
Crawford, Nelson Antrim 纳尔逊·安特里姆·克劳

福德,39
　　credibility 可信度,54-6,169
　　critical realism 批判现实主义,93-4,109,182
　　critical/adversary journalism 批判性/对抗性新闻,146
　　Cronkite,Walter 沃尔特·克朗凯特,7
　　culture,journalistic 新闻文化,207
　　Curran,James 詹姆斯·柯伦,39-40,214

　　Daily Courant《每日新闻》,41
　　Daily Mail《每日邮报》,216-17
　　Daily Show,*The*《每日秀》,72
　　Daston,Lorraine 洛琳·达斯顿,19,41
　　Davies,Nick 尼克·戴维斯,83
　　Davis,Elmer 埃尔默·戴维斯,137,138,139
　　Day,Benjamin H. 本杰明·戴,43
　　democracy 民主,11-12,161
　　　　monitory 监督,192-3
　　Dennis,Everette E. 埃弗里特·丹尼斯,8,114
　　Derrida,Jacques 雅克·德里达,102
　　detachment 超然,61,72,73,78,140,159,168,170
　　deviance 越轨,68
　　Dewey,John 约翰·杜威,89,91,167
　　digital technology 数字技术,174,177
　　Donsbach,Wolfgang 沃尔夫冈·多斯巴赫,207,211,212

Durham, Meenakshi Gigi 内科米纳克·吉吉·达勒姆, 114-16

El-Nawawy, Mohammed 穆罕默德·埃尔-纳瓦伊, 185-6, 187
 Emery, Edwin 埃德温·埃默里, 30-1
 empiricism 经验主义, 47, 53, 86-8, 110, 119, 123-5
 empty facts 空洞的事实, 61-3
 engaged journalist 参与式记者
  and public agenda 公众议程, 153-7
 epistemology 认识论, 83
 ethics 伦理, 14-15, 140-5, 151-7, 172, 176, 193
  and caring journalist 有关怀的记者, 151-3
 ethnicity 种族, 76, 113
 ethnocentrism 种族中心主义, 115
 European journalism 欧洲新闻业, 210-14
 experience 经验
  and coherence theory 连贯性理论, 86
  as source of knowledge *see* empiricism 作为知识来源, 参见经验主义

facts/facticity 事实/真实性, 14, 25, 53, 59-60, 82-103, 107-8, 173
 empty 空洞的, 61-3
 and issues of communication 传播议题, 95-8
 and postmodernism 后现代主义, 100-3

separation of values from 将价值从……分离出来, 74, 89, 95, 98-100, 108, 112, 116, 120-1, 124, 142
  and truth 真理, 84-95, 175
  web of 网络, 75, 97-8
Fallows, James 詹姆斯·法洛斯, 56
Federation of Arab Journalists 阿拉伯新闻工作者联合会, 209
feminism 女性主义, 76, 99, 113, 114, 115
Feyerabend, Paul 保罗·费耶阿本德, 74
Finland 芬兰, 202
Foucault, Michel 米歇尔·福柯, 74-5, 102
fourth estate 第四等级, 64, 135, 157, 161-5, 172
  Burke, Edmund 埃德蒙·伯克, 162
  Carlyle, Thomas 托马斯·卡莱尔, 162
  Fielding, Henry 亨利·菲尔丁, 161
  Macaulay, Thomas 托马斯·麦考利, 162
Fox News Channel (FNC) 福克斯新闻频道, 72, 177, 179-81, 182, 199
frame-blindness 框架盲症, 66-70, 75, 77, 147
France 法国, 6, 212-14
Free Republic 自由共和国, 192

Gadamer, Hans-Georg 汉斯-格奥尔格·伽达默尔, 74
Galison, Peter 彼得·盖利森, 19, 41
Galtung, Johan 约翰·加尔东, 157, 160
Gans, Herbert 赫伯特·甘斯, 2, 77, 191

Deciding What's News《什么在决定新闻》,60-1

gatekeeping 把关人理论,76,149,158,190

gatewatching 看门人理论,190

gender 性别,113

General Strike(1926)英国大罢工(1926年),38,216-19

Germany 德国,208,211-12

Gitlin,Todd 托德·吉特林,65,66,67,147-8,149

Glasgow University Media Group 格拉斯哥大学媒体集团,13

Glasser,Theodore L. 西奥多·格拉瑟,33,55,64,141,144,161,163

'Objectivity and News Bias'《客观性与新闻偏见》,55

gonzo journalism 怪诞新闻,71

Gramsci,Antonio 安东尼奥·葛兰西,69

Greece,ancient 古希腊,41

Greeley,Horace 霍勒斯·格里利,45

Guardian《卫报》,177-8

Habermas,Jürgen 尤尔根·哈贝马斯,31-2

hack 骇客,12

Hackett,Robert A. 罗伯特·哈克特,20,22,33,49,67,76,94,103,129,130,143,146,162,220

Hall,Stuart 斯图亚特·霍尔,69,147

Hallin,Daniel C. 丹尼尔·哈林,27-8,67,68,106,

202,210,215

 Harding, Sandra 桑德拉·哈丁, 115

 Harrison, Jackie 杰克·哈里森, 143, 176

 Hartley, John 约翰·哈特利, 69, 76, 196, *see also* redactional society 参见编辑性社会

 Hearst, William Randolph 威廉·伦道夫·赫斯特, 49, 153

 hegemony 霸权, 69, 77, 147, 149

 Hoe rotary press 转轮式印刷机, 28

 Hong Kong 香港, 226

 horizontal school of journalism 横向新闻学派, 123

 Hulteng, John L. 约翰·胡尔腾, 132

 Hume, David 大卫·休谟, 87

 Hutchins Commission 哈钦斯委员会, 13

 Hutton Inquiry 赫顿调查组, 182

  Kelly, Dr David 戴维·凯丽, 182

 hypertext-based media 基于超文本的媒体, 180

 idealism 理想主义, 111

 ideology 意识形态, 68, 69, 147

  and framing 框架, 69

  and objectivity 客观性, 59-60, 161

  and values exclusion 价值观排除, 61

 Iggers, Jeremy 杰里米·伊格尔斯, 9, 17, 58, 84, 86, 89, 90, 91, 118, 137-8, 168

 impartiality 公正性, 13, 17, 19, 33, 45, 69, 113, 140,

178,183

　　　and BBC 英国广播公司,216,217-18,219-20

　　Inconvenient Truth, *An*（documentary）《难以忽视的真相》(一部纪录片),72

　　Independent Broadcasting Authority Act（1993）(South Africa)《独立广播管理局法案》(1993年,南非),17

　　Independent Television News（ITN）独立电视新闻,219

　　India 印度,227

　　Information Society 信息社会,182

　　informational model of objectivity 客观性的信息模式,5,29,49-51,53,93,94,145

　　infotainment 娱乐信息节目,17

　　integration 整合,79-80

　　Internet 互联网,4,174,*see also* on-line journalism 参见在线新闻

　　interpretation 阐释,106-7,108

　　interpretive reporting 解释性报道,3,54,122,128-30

　　　　reassessing of in McCarthy era 重新评估麦卡锡时代,130-8

　　intersubjectivity 主体间性,77

　　inverted pyramid form 倒金字塔结构,11,29,30,53,98,195,198

　　investigative journalism 调查性新闻,131,161,163

　　invisible frame 无形的框架,10,66,121,142,155,

167, 195

    Iskander, Adel 阿德尔·伊斯坎达尔, 185-6, 187

    Italy 意大利, 212

James, William 威廉·詹姆斯, 90-1

Janowitz, Morris 莫里斯·亚诺维茨, 149, 150

Japan 日本, 202

Journalism 新闻

    of attachment 倾向附着性, 73-4, 126-8, 151-3

    campaign journalism 竞选新闻, 153

    caring journalist 有关怀的记者, 151-3

    five 'Ws' of 5W 模式, 41

    gonzo journalism 怪诞新闻, 71

    muckraking journalism 揭丑新闻, 49

journalism schools 新闻学院, 25

journalistic objectivity 新闻客观性

    across different cultures 跨越不同文化的, 5, 201-29

    active 积极的, 155

    additive 加法式, 125-6

    ambiguity 模糊的, 8, 13-14, 107, 122, 146, 150

    camera 摄像机, 122-3, 124

    as contradiction in terms 作为一种矛盾, 70-1

    dating of 确定起源, 38-56

    defense of 辩护, 104-21

    defining 定义, 8-11

    drivers of 驱动因素, 23-38

hollowness 空虚的, 53, 61-2
ideal of, post-World War I 第一次世界大战后的理念, 51-4, 57, 134
　　as a norm 作为一种规范, 203-6
　　objections to 反对意见, 1, 4, 58-81
　　passive 被动的, 111, 122-39
　　procedural dimension 程序层面的, 9, 112-14
　　reasons for importance of 重要的理由, 11-15
　　starting points 出发点, 17-21
　　subtraction, objectivity through 基于减法的客观性, 123-5
judgement 判断, 14

Kant, Immanuel 伊曼努尔·康德, 109-12
　　a posteriori 后天的, 110
　　a priori 先验的, 110
　　Critique of Pure Reason 纯粹理性批判, 74
　　reason 理性, 111
Kaplan, Richard 理查德·卡普兰, 22, 35-6, 37
Kingston, Margot 玛戈特·金斯顿, 175
Klett, Bettina 贝蒂娜·克莱特, 207, 211
Knowlton, Steven R. 史蒂夫·诺尔顿, 40, 55
Koppel, Ted 泰德·科佩尔, 180, 181
Kuhn, Thomas 托马斯·库恩, 74
Kurspahic, Kemal 凯尔莫·库斯法克, 73, 126

labour press 工人报刊,45-6

language 语言,67

language game 语言游戏

    formation of by journalistic objectivity 新闻客观性的形成,9-10

lead sentence 导语,46

legislation 立法,15-17

Lichtenberg, Judith 朱迪思·利希滕贝格,105,107,108,109,111,112,122

    'In Defense of Objectivity'《捍卫客观性》,105

Lippmann, Walter 沃尔特·李普曼,84-5,91,110,143,167,183

    Liberty and the News《自由与新闻》,11-12

Locke, John 约翰·洛克,87,125

logical positivism 逻辑实证主义,89

London Tube bombings (2005) 伦敦地铁爆炸事件(2005年),196

Loyn, David 大卫·洛恩,80,126,159,160

Luckmann, Thomas 托马斯·卢克曼,101

Lynch, Jake 杰克·林奇,80,157,160

lynching 私刑

    racist reporting of in *New York Times*《纽约时报》的种族主义报道,66

McCarthy era 麦卡锡时代,55

    reassessing of interpretive reporting in 重新评估解释性报道,130-8

McCarthy,Joe 约瑟夫·麦卡锡,132,133

McDonald,Donald 唐纳德·麦克唐纳,85,112-13,138-9

MacDougall,A. Kent 肯特·麦克杜格尔,145

MacDougall,Curtis D. 柯蒂斯·麦克杜格尔,134-5

McGill,Doug 道格·麦吉尔,62,64-5,73,113,193

McGoldrick,Annabel 安娜贝尔·麦戈德里克,143,157,158

McQuail,Denis 丹尼斯·麦奎尔,13-14,59,85-6,96,187,214

Media Performance《媒体表现》,13

Mancini,Paolo 保罗·曼奇尼,27-8,106,202,210,212,215

Markel,Lester 莱斯特·马克尔,129

Mattelart,Armand 阿尔芒·马特拉特,59

May,Ronald 罗纳德·梅,132,136

Media Ethics Charter (1995) (Poland)《媒体伦理宪章》(1995年,波兰),17

media malaise thesis 媒体萎靡论,179

media ownership,consolidation of 媒介所有权的集中化,4

media performance 媒体表现,13-14

media power 媒体权力,12-13

'memogate' *see* 'Rathergate'"备忘录门",参见"拉瑟门"

Merrill,John C. 约翰·美林,59

Merritt, Davis 戴维斯·梅利特, 168

metaphysics 形而上学, 108-12

Mexican-American War (1846-48) 美墨战争 (1846—1848年), 28

Meyer, Philip 菲利普·迈耶, 169, 170

middle classes 中产阶级, 26, 44, 45, 46, 214, 220

Middle East 中东, 183, 209, *see also* Al-Jazeera 参见半岛电视台

Mill, John Stuart 约翰·斯图亚特·密尔, 88

Milton, John 约翰·弥尔顿
  Areopagitica《论出版自由》, 76

mimesis 拟态, 91

Mindich, David T.Z. 大卫·米迪奇, 76-7

Modernism 现代主义, 52

monitory democracy 监督民主, 192-3

Morgan, William 威廉·摩根, 14, 72

MSNBC 微软全国有线广播电视公司, 180, 199

muckraking journalism 揭丑新闻, 49

Murdoch, Rupert 鲁珀特·默多克, 178

myth of objectivity 客观性神话, 1, 55, 70-2, 114, 176

Nagel, Thomas 托马斯·纳格尔, 79, 80-1, 140

National Union of Journalists (UK) 英国新闻工作者全国联盟, 16

naturalism 自然主义, 94-5

neutral point of view (NPOV) 中立的观点, 197-9

neutrality 中立性, 61, 69, 73, 167, 168

new journalism 新新闻, 46, 50, 71, 146

New Republic《新共和》, 91

New York 纽约, 45

New York Herald《纽约先驱报》, 43, 46

New York Journal《纽约新闻报》, 49

New York Sun《纽约太阳报》, 43

New York Times《纽约时报》, 32, 49, 50, 55-6, 66, 129, 145-6, 173, 174

New York Tribune《纽约论坛报》, 45

New York World《纽约世界报》, 49

news journalism 新闻报道

 and social order 社会秩序, 66-7

news management 新闻管理, 34

news net 新闻网, 96-7, 194

news-speak 新闻用语, 98

Newspaper Guild 报纸行业协会, 141

newspapers 报纸

 and advertising 广告, 54

 decline in circulation 订阅量下降, 174

 role of in 1830-80s 19世纪30—80年代的角色, 44

Nieman Fellows report (1950) 尼曼研究员报告 (1950年), 129-30

Nigeria 尼日利亚, 203

Nixon, President Richard 理查德·尼克松总统, 70-1

norm(s)规范,201,226
    conditions for codification of 编纂的条件,204-5
    dimensions of 层面,204
    objectivity as a 客观性,203-6
Norris,Pippa 皮帕·诺里斯,12

objectivity 客观性,18-19
    journalistic *see* journalistic objectivity 新闻的,参见新闻客观性
    scientific 科学,19,41
Ochs,Adolph S.阿道夫·奥克斯,32,50
Olbermann,Keith 基斯·欧伯曼,180-1
on-line journalism 在线新闻,174,176,178
    and blogging and citizen journalism 博客和公民新闻,189-99
        OhmyNews 韩国新闻网站,189-90
        Slashdot 资讯科技网站,196
        Webdiary 网站名,175-6
        Wikinews 维基新闻,197-9
O'Reilly,Bill 比尔·赖利,180
organizational ethic 组织伦理
    objectivity as reporter-focused 记者关注的客观性,47-9
Orwell,George 乔治·奥威尔,154

Pacific Island journalists 太平洋沿岸记者,202

pack journalism 套装新闻,147

paradigm 范式,60

partisan press 党派报刊,35-6,37,43,178,179

passivity 被动
    versus activity 主动,111,122-39

Pavlik,John 约翰·帕维里,189

Pax,Salam 萨拉姆·帕克斯,196

peace journalism 和平新闻,158-60
    Galtung,Johan 约翰·加尔东,157,160
    Loyn,David 大卫·洛恩,80,126,159,160
    Lynch,Jake 杰克·林奇,80,157,160
    McGoldrick,Annabel 安娜贝尔·麦戈德里克,143,157,158

penny press 便士报,6-7,13,29-30,33,43,44-6,51,99

Pentagon Papers 五角大楼文件,131,164

perception 观点,19,84,98,110,125

perspective 视角,60,160,186

Petersen,Neville 内维尔·彼得森,221,222,223,224

Phillips,E. Barbara 芭芭拉·菲利普斯,32,58

philosophy,uses and abuses of 哲学的运用和滥用,82-4

photography 摄影,46

Pilger,John 约翰·皮尔格,153,155-6

Poland 波兰,17

politics/political journalism 政治/政治新闻,34-6,

78,140-72

　　orientation towards social justice 社会公正的倾向,153-7

　　and public/civic journalism 公众/公共新闻,56,166-71

　　reporting the critical counter-culture 报道批判性的反文化,145-51

　　and watchdog journalism 监督式新闻,161-5

popular press 民粹报刊,12

positivism 实证主义,46-7,87,88-9,94,100

post-truth journalism 后真相新闻,76-7

postal service 邮政服务,30

postmodernism 后现代主义,100-3,194-5

pragmatic objectivity 实用主义客观性,107

pragmatism 实用主义,89-91,100,117-19,120,125

Pray,Isaac 艾萨克·帕雷,46

procedure 程序

　　journalistic objectivity as 新闻客观性,9,112-14

professional communicator 专业传播者,26,175

professionalization 专业化,23-8,40,42,149,206,225,226

professions,rise of 专业的兴起,26

propaganda 宣传,52,54,155,158,193

proto-objective era of news as commodity (1830-80) 新闻作为一种商品的原始客观性时代(1830—1880年),42-6,49

pseudo-objectivity 伪客观性,73,113
public agenda 公众议程
　　and engaged journalist 参与式记者,153-7
public journalism 公众新闻,56,166-71
public relations 公共关系,52,54,155,158,193
public service broadcasting 公共服务广播,5,36-7
Pulitzer,Joseph 约瑟夫·普利策,49

radical press 激进报刊,46
radio broadcasting 广播电台,31
'Rathergate' "拉瑟门",192
realism 现实主义,47,91-3,95,109,110,111
　　critical 批判的,93-4,109,182
reality 现实,74-7,79,83,111,194-5
　　pre-existing 先在的,109
　　reality effect 现实作用,10
　　reality first,representation later argument 现实在前,表征在后争论,108-9,111
　　reality TV 真人秀,17
redactional society 编辑性社会,196-7
Reeb,Richard H. 理查德·雷布,143
Reese,Stephen D. 斯蒂芬·里斯,60,144,193,197
reflexivity 自反性,116-17,159-60
relativism 相对主义,115
reporter-power movement 记者权力运动,149
reporters 记者

as standing apart from the world 与世隔绝的, 142-4

Reston, James B. 詹姆斯·莱斯顿, 143

Romano, Carlin 卡林·罗马诺, 74, 95

Rorty, Richard 理查德·罗蒂, 75, 77, 117

Rosen, Jay 杰伊·罗森, 9, 62, 64, 77-9, 83, 99, 165, 166, 169, 180

Rosenthal, A.M. 罗森塔尔, 55-6, 145-6

Ross, Charles 查尔斯·罗斯

The Writing of News《新闻写作》, 39

Rusbridger, Alan 艾伦·拉斯布里杰, 177-8

Russia 俄罗斯, 209

Russian Revolution (1917) 俄国革命(1917年), 216

Ryan, Michael 迈克尔·瑞恩, 105, 113, 114, 116

Sarajevo Times《萨拉热窝时报》, 73

Schiller, Dan 丹·席勒, 2, 9, 10, 11, 22, 27, 31, 45-6, 47, 54, 87, 205-6

Schudson, Michael 迈克尔·舒德森, 2, 8, 22, 23-4, 27, 34, 37, 38-56, 86, 94, 102, 104, 107, 131-2, 134, 135, 144, 146, 148, 150, 158, 183, 203, 208, 215

Discovering the News《发掘新闻》, 42, 203, 204

'The Objectivity Norm in American Journalism'《美国新闻业中的客观性规范》, 203-5, 206, 208, 210-11, 213

'Schudson-Schiller problem' "舒德森—席勒"问

题,38-56

    Schultz,Julianne 朱莉安·舒尔茨,139,162,163,208

    science 科学,59,113

      and journalism 新闻,46-7

    Scientific American《科学美国人》,46

    scientific journalism 科学新闻,61-3

    scientific naturalism 科学自然主义,110

    scientific objectivity 科学客观性,19,41

    Seaton,Jean 肖恩·西顿,181

    selection/selectivity 选择/可选择性,14,59,82,83,106,160

    sensationalist press 耸人听闻的报刊,49,51

    separation theories 分离理论,74,89,95,98-100,108,112,116,120-1,124,142

    Shaw,Donald L. 唐纳德·肖,28

    Shi,David E. 戴维·施,52,91-2,94-5

    Shuman,Edwin 埃德温·舒曼,30

    Singh,Dr.Manmohan 曼莫汉·辛格,227

    six-penny press 六便士报,44,45

    60 Minutes Wednesday《周三新闻六十分》,192

    SkyNews 天空新闻,177

    social constructionism 社会建构论,101,108,109

    social media 社交媒体,190,192

    social order 社会秩序

      and news journalism 新闻报道,66-7

    Society of Professional Journalists(US)美国职业

记者协会, 16

 source dependence 信源独立, 65-6, 67-8, 75

 South Africa 南非, 17

 South America 南美洲, 202

 South Korea 韩国, 189-90

 Spanish journalists 西班牙记者, 202

 speed, impact of 速度的影响, 177-8

 Springfield Union 斯普林菲尔德联盟, 51

 standpoint epistemology 立场认识论, 114-17, 120, 121, 140, 186

 steam press 蒸汽印刷机, 28

 straight reporting 直接报道, 128, 131, 132, 135-7, 139

 strategic ritual 策略性仪式, 56, 197, 205

 Strout, Richard L. 理查德·斯特劳特, 128

 subjectivity 主观性, 18, 19, 79

 subtraction, objectivity through 基于减法的客观性, 123-5

 Suez Crisis (1956) 苏伊士运河危机 (1956 年), 219-20

 Sulzberger, Arthur Hays 阿瑟·海斯·苏兹伯格, 129

 Sunday supplements 周末版增刊, 44

 survival of the fittest 适者生存, 94

 Sydney Morning Herald《悉尼先驱晨报》, 175

 tabloid press 小报, 12

technical writing 技术性写作,63

technological change 技术变迁,176-7

technology 技术,28-31

telegraph 电报,28-9,30,46,48

Television Act, UK（1954）英国电视法案（1954年）,219

Thompson, Hunter S.亨特·汤普森,70-1

Times, *The*《泰晤士报》,164,214,215

transcendental cognition 先验认知,110

transparency 透明度,79,157,160,174,175,180,200

truth 真理,74-7,118,175

    and blogging 博客,195

    coherence theory of 连贯性理论,86,90

    correspondence theory of 一致性理论,85-6,90,95,117

    and facts 事实,84-95,175

    and postmodernism 后现代主义,101-2

Tuchman, Gaye 盖伊·塔奇曼,2,56,60,75,97,98,147,194,197

    Making News《做新闻》,96

24/7 news *see* cable news channels 24/7 新闻,参见有线新闻频道

Twitter 推特,177,192

U-2 incident (1960) U-2 事件(1960年),145

underground journalism 地下新闻,146

universality 普遍性,5-7,201-29

US presidential campaign（1988）美国总统大选（1988年）,166

values 价值观

 objection to journalistic objectivity based on 新闻客观性的反对意见根据,59-61

 separation of facts from 将事实从……分离,74,89,95,98-100,108,112,116,120-1,124,142

vertical school of journalism 纵向新闻学派,123

Vienna Circle 维也纳学派,89

Vietnam War 越南战争,4,55,67,131,132,139

'view from nowhere, the' "本然的观点",77-81

Wall Street Journal, *The*《华尔街日报》,145

war reporting/journalism 战争报道/新闻,73,151,152-3,157-60

Ward, Stephen J.A. 斯蒂芬·沃德,11,15,22,34-5,38,40-1,43,77,87,88,89,91,100,107,109,122,127

 The Invention of Journalism Ethics《新闻伦理学的发明》,118-19

Waring, Houston 休斯顿·沃林,132

Washington Post《华盛顿邮报》,56

watchdog journalism 监督式新闻,161-5

Watergate 水门事件,55,131,132

Weaver, Paul H. 保罗·韦弗,124,133,147,150

web offaticity 真实性网络,75,97-8
wire services 通讯社,28-9,30,31
Wolfe,Tom 汤姆·沃尔夫,71
World War I 第一次世界大战,5,135
World War II 第二次世界大战,181

yellow journalism 黄色新闻,12,49,50,51

Zelizer,Barbie 芭比·泽利泽,2,75,132-3
Zhao,Yuezhi 赵月枝,22,33,49,76,94,103,129,130,143,146,162,220